토의와 토론으로 수업하기

장경원 · 이병량 공저

학지사

∎ 머리말 ∎

어디서 누구를 가르치느냐에 따라 다르겠지만, 같은 대학에서 10년 이상 가르치면서 학생들에게 받은 느낌은 요즘 학생들이 10년 전 학생들보다 적극적이고 밝고 쾌활하다는 것이다. 10년 전에도 저자들은 다양한 방식의 토의와 토론 방법으로 수업을 운영하였다. 그때의 학생들은 진지했지만 처음에는 토의와 토론을 부담스러워했다. 물론 학생들은 토의와 토론에 여러 번 참여하면서 유능한 학습자로 성장하지만, 학기 초에는 대부분 자신의 의견을 제시하여 다른 사람과 논의하고 조율하는 활동을 어색해했다. 그러나 10년이 지난 지금, 학생들은 토의와 토론 활동을 좋아하고 즐길 줄 안다. 저자들은 이러한 변화가 초·중·고등학교의 교사들 덕분이라고 생각한다. 많은 교사가 교실수업에서 다양한 형태의 토의와 토론 기회를 제공하였고, 이를 경험한 학생들은 토의와 토론 활동의 즐거움과 학습효과를 알게 되었다. 이러한 학생들은 자신의 생각과 의견을 이야기하고, 다른 사람의 생각을 듣고, 제시된 내용을 분석하고 종합하는 것을 잘하고 재미있어한다. 이처럼 토의와 토론을 잘할 수 있는 학생들에게 강의식 수업만을 제공한다면 그들은 학습에 대한 흥미는 물론 개발된 역량을 잃을 수도 있을 것이다.

이 책은 토의와 토론 수업이 학생들의 역량을 개발하는 데 도움이 된다는 저자들의 경험을 알리기 위해 쓰였다. 또한 강의식 수업에 익숙한 교수자에게 토의·토론수업의 중요성과 방법을 안내하여 잘 해낼 수 있도록 용기를 주기 위한 것이며, 동시에 학생들에게 토의와 토론 기회를 제공하고자 하는 교수자에게 다양한 방법을 소개하여 교수자로서의 전문성을 향상시켜 주기 위한 것이다. 토의와 토론 수업을 통해 학생들에게 의미 있는 학습기회를 제공할 수 있는데도 의구심 때문에 강의식으로만 수업한다면 학생들이 성장할 수 있는 기회를 빼앗는 셈이다. 또한 학생들은 이미 토의와 토론 수업에 익숙해져 있는데 교수자가 익숙하지 않다는 이유로 강의식 수업만 고집하거나, 수업의 특성에 따라 다양한 토의와 토론 방법을 선택할 수 있는데도 교수자의 편의를 위해 늘 하던 방법만으로 수업한다면 이 또한 학생들에게 매우 미안한 일이다. 토의수업과 토론수업은 학생들이 즐겁게 학습하고 성장할 수 있는 학습기회를 제공할 것이다.

이 책은 총 4부 12개의 장으로 구성되어 있다. 제1부 '토의 · 토론수업의 이해'에서는 토의수업의 개념 및 특성(제1장), 토론수업의 개념 및 특성(제2장), 토의 · 토론수업을 위한 기본 의사소통 전략(제3장)을 소개하였다. 토의수업과 토론수업이 각각 어떠한 특성을 갖고 있으며, 교수자와 학습자의 역할이 무엇인지, 성공적으로 운영하기 위해 필요한 기본적인 의사소통 전략은 무엇인지 소개하였다. 제2부 '토의 · 토론수업방법'에서는 중 · 소형수업을 위한 토의방법(제4장), 대형수업을 위한 토의방법(제5장), 경쟁 · 비경쟁 토론방법(제6장), 내 수업을 위한 나만의 토의 과정 설계(제7장)를 제시하였다. 초 · 중 · 고등학교와 대학의 교실에서 수업의 규모와 목적 등에 따라 선택하여 활용할 수 있는 다양한 방법을 구체적으로 안내함으로써 교수자가 수업 전문성을 향상시키는 데 도움을 주고자 하였다. 제3부 '토의 · 토론수업 준비와 운영'에서는 토의수업을 위한 수업설계(제8장), 토론수업을 위한 수업설계(제9장), 토의 · 토론을 포함하는 교수 · 학습 방법(제10장)을 제시하였다. 토의수업과 토론수업을 계획, 운영, 평가하기 위한 교수자의 역할을 안내하고, 다른 교수 · 학습 방법과 함께 토의와 토론을 어떻게 활용할 것인지 구상하는 데 도움을 주고자 하였다. 제4부 '토의 · 토론수업 사례'에서는 토의수업 사례(제11장)와 토론수업 사례(제12장)를 제시하였다. 제4부에서 소개한 초등학교, 고등학교, 대학교의 수업 사례는 제2부에서 소개한 여러 가지 토의 · 토론 방법들이 수업에서 어떻게 활용될 수 있는지에 대해 생생히

들려줄 것이다.

이 책은 저자들의 토의수업과 토론수업에 대한 연구와 오랜 기간의 수업 경험을 바탕으로 작성되었다. 내용상 부족한 부분은 차후에 저자의 경험에 더해 다른 교수자들의 경험을 수집하여 보완할 계획이다. 아무쪼록 이 책이 초 · 중 · 고등학교와 대학교에서 학생들에게, 또 토의수업과 토론수업을 운영하고자 하는 교수자들에게 구체적인 안내를 제공하고 실천을 이끌어 낼 수 있기를 희망한다.

이 책을 집필하고 자료를 수집하는 데 도움을 주신 열정적인 선생님과 교수님들, 토의와 토론 활동에 밝은 태도로 성실히 참여하여 용기를 준 경기대학교 학생들, 그리고 꼼꼼하게 편집 작업을 진행해 주신 학지사 관계자 여러분께 감사의 말을 전한다.

2018년 7월
저자 일동

▎차례▎

제4부 **토의 · 토론수업 사례**

우리는 일반적으로 학습자 중심 수업을 이야기할 때 토의수업과 토론수업을 떠올린다. 그리고 자신이 참여했던 수업이 토의수업이었는지 토론수업이었는지, 토의와 토론이 어떤 방식으로 진행되었는지 떠올려 보지만, 아마도 대부분의 사람은 그 수업에 대해 구체적으로 소개하는 데 어려움을 겪을 것이다. 토의와 토론은 많은 사람의 입에 오르내리고는 있지만, 우리는 그 특성에 대해 대략적으로만 이해하고 경험해 왔다. 그래서 교수자와 학습자 모두토의와 토론보다는 강의가 더 편안하고 익숙하다. 또한 토의수업과 토론수업이 필요하고 좋다는 것은 알고 있지만 진도, 학습자들의 소극적인 태도, 시험, 소음 등의 이유로 이를 수업방법으로 선택하지 못한다고 이야기한다. 교수 · 학습 방법으로 토의와 토론을 선택한다는 것은 어떤 의미를 지니는 것일까? 제1부에서는 토의수업과 토론수업에 대한 전반적인 이해를 높이는 데필요한 내용을 살펴볼 것이다. 즉, 교수 · 학습 방법으로서의 토의와 토론의개념, 목적과 효과, 교수자와 학습자의 역할 등에 대해 소개하고자 한다.

토의수업의 개념 및 특성

토의는 강의식 수업을 지양하고 학습자 참여 수업을 원하는 교수자들이 가장 많이 활용하는 방법 중 하나이다. 수업시간에 토의를 한 번도 해 보지 않은 교수자는 거의 없을 것이다. 많은 교수자들이 토의는 '주제'만 준비하면 진행할 수 있는 쉽고 평이한 교수 · 학습 방법이라 생각한다. 그러나 수업에서 토의활동을 해 보면 수업 전에 생각했던 것과 달리 진행이 매끄럽지 않고, 의미 있는 토의 결과가 도출되지 않는 경우가 많다. 왜 그러한 일이 생기는 것일까? 토의수업을 운영하기 위해서는 우리가 생각했던 것보다 조금 더 토의에 대한 이해와 준비가 필요하기 때문이다. 이 장에서는 토의수업이 무엇이며, 왜 토의수업을 해야 하는지, 그리고 토의수업에서 교수자와 학습자는 어떠한 역할을 해야 하는지 안내할 것이다.

1. 토의와 토의수업의 개념과 특성

다양한 상황에서 이루어지는 토의활동을 수업에서 활용하는 것이 토의수업이다. 토의와 토의수업의 개념과 주요 특성은 다음과 같이 정리할 수 있다.

1) 토의와 토의수업의 개념과 요소

토의는 동양에서는 기원전 1세기 중국 한나라에서 시작되어 국정을 논하던 경연제도에서부터, 서양에서는 기원전 5세기 소크라테스에서부터 시작되었다. 또한 정치, 경제, 사회, 문화, 교육 모든 부분에서 중요한 의사결정 방법으로 사용되어 왔다(차우규, 2000). 사회가 민주화될수록 보다 정확하고 합리적으로 의사결정하기 위해서 토의 절차를 거치는 것이 중요하다. 학교교육에서 토의와 토론 문화를 강조하는 것은 바로 이 때문이다(정문성, 2017).

토의란 어떤 주제에 대해서 여러 사람이 정보와 의견을 교환하여 그 주제에 대해 학습하거나 문제를 해결하는 말하기와 듣기 활동이다. 즉, 토의는 토의에 참여하는 사람들이 정답을 가지고 있는 것이 아니라 여러 사람이 함께 정답을 만들어 가는 것이다(정문성, 2017). 다음의 상황을 토의라고 할 수 있을까?

"추석 날 오후, 자주 만나지 못했던 사촌들이 한자리에 모였습니다. 가볍게 인사를 나누고 함께 TV를 보았고, 간간히 서로의 안부를 묻고 답하였습니다."

토의의 정의에 따라 분석해 보면, '서로의 안부'가 토의주제이고, 사촌들이 토의 참석자들이고, 각자 생활한 내용이 정보가 될 것이다. 그러나 이러한 상황을 토의라고 하지는 않는다. 주제에 대해 학습하거나 문제를 해결하려는 목적이 없기 때문이다.

토의가 이루어지기 위해서는 다음과 같은 구성요소가 필요하다(정문성, 2017).

첫째, 주제가 있어야 한다. 주제는 토의를 위해 모인 모든 사람에게 관련된 공통된 주제이다. 주제가 없다면 그것은 단순한 대화이다. 둘째, 토의에 참여할 사람들이 있어야 한다. 혼자서는 토의를 할 수 없으므로 반드시 2명 이상의 사람이 필요하다. 셋째, 정보와 의견이 교환되어야 한다. 참여자들이 자신이 가지고 있는 정보와 생각을 제시하고 공유하는 활동이 있어야 한다. 넷째, 토의의 목적이 있어야 한다. 목적이 없다면 이것 역시 단순한 대화에 불과하다. 학습, 문제해결, 의사결정 등의 목적이 존재해야 한다. 다섯째, 말하기와 듣기 활동이 있어야 한다. 일방적으로 한 사람만 말하고 다른 사람들은 듣기만 한다면 토의라고 할 수 없다. 즉, 토의가 이루어지기 위해서는 주제, 목적, 사람이 있어야 하고, 토의를 통해 정보와 의견의 교류가 있는 상호작용이 이루어져야 한다.

토의수업은 토의활동을 통하여 학습하는 것을 말한다. 토의수업의 개념은 다양하게 소개되고 있는데, 공통적인 강조점은 '상호작용을 통한 지식 및 의견 교환'이다. 토의수업은 학습자와 교수자 간 또는 학습자들 간에 일어나는 의사소통을 전제하기 때문에, 토의에 참여하는 학습자와 교수자의 역할과 교류되는 정보와 경험이 중요하다(김주영, 2005). 토의가 의미 있는 학습활동이 되기 위해서는 혼자서는 해결하기 어려운 문제를 토의를 통해 해결할 수 있어야 한다. 토의는 단순한 대화가 아니라 합리적인 의사결정과 문제해결을 위한 것이기 때문이다.

토의는 하나의 교수·학습 방법이기 때문에 수업의 목표를 달성하는 데 적합한 방법일 때 선택, 활용되어야 한다. 따라서 앞서 제시한 토의의 구성요소는 다음과 같은 토의수업의 구성요소로 구체화될 수 있다. 첫째, 토의수업에서 다루는 주제는 교육목표에 해당되거나 관련된 것이어야 한다. 교수자가 어떤 주제에 대해 구체적으로 설명하거나 자료를 제시하지는 않더라도 학습자들이 함께 이야기하는 과정에서 관련 내용에 대해 충분한 지식과 정보를 습득할 수 있어야 한다. 둘째, 토의활동이 교수자의 교육의도에 부합해야 한다. 교수자가 토의활동을 하는 경우는 학습자들이 학습한 것을 재검토하고 확장하기를 원할 때, 학습자들에게 자신의 의견이나 생각을 점검할 수 있는 기회를 주고자 할 때, 문제해결 또는 문제해결 능력을 향상시킬 수 있는 기회를 제공하고자 할 때, 그리고 의사소통 능력, 대인관계 능력, 그룹기술과 같은 능력을 개발시키고자 할 때이다. 셋째, 토의수업에서는 모든 학습자가 역할을 가지고 참여해야 한다. 토의가 이루어지기 위해 필요한 역할로는 사회자, 기록자, 의견제시자 등이 있다. 넷째, 토의를 통해 주제와 관련된 다양한 정보와 의견의 공유가 이루어져야 한다. 이를 위해서 학습자들이 자신의 생각, 의견, 학습 내용 등을 이야기하고 듣고 논의해야 하며, 필요한 경우 수업 전에 사전 학습을 하여 토의활동에 참여할 수 있도록 준비해야 한다.

2) 토의수업의 절차

토의수업은 일반적으로 토의주제 제시-모둠별 토의활동 실시-전체 토의의 과정을 거친다. 토의수업이 이루어지기 위해서는 [그림 1-1]과 같이 보다 구체적인 토의수업을 위한 준비활동이 선행되어야 하고, 토의를 실시한 이후에는 토의 내용을 공유하는 시간을 갖는 것이 필요하다. 단계별 주요 내용은 다음과 같다.

1단계(토의 준비)	2단계(토의 실시)	3단계(토의 정리)
• 토의집단 편성 • 주제 제시/설명 • 팀별 토의 결과 정리 양식 준비 • 토의 관련 자료 제시 • 토의수업 사전 훈련 - 동기화, 토의 예절, 진행자 훈련	• 팀별 주제 할당 • 팀별 진행자 선정 • 팀별 토의 • 토의 결과 정리 • 교수자의 토의 결과 검토	• 교수자의 진행 • 팀별 발표 • 전체 토의 • 종합 정리

[그림 1-1] 일반적인 토의수업 절차

출처: 김주영(2005).

첫째, 토의 준비 단계에서는 토의가 이루어지기 위해 필요한 환경을 설정한다. 즉, 토의를 위해 집단을 편성하고, 주제를 제시하고, 토의 결과를 정리할 양식을 준비하여 제시하여야 한다. 또한 필요한 경우 관련된 자료를 제시하고, 토의 때 지켜야 할 기본 예절이나 진행 절차 등에 대해 안내해야 한다. 그런데 많은 교수자들이 토의주제를 선정하여 제시하는 것에는 주의를 기울이지만, 집단 편성, 토의 결과 정리 양식 준비, 사회자 역할 훈련 등에는 상대적으로 소홀하다. 주제만 제시한다고 토의가 원활하게 이루어지는 것은 아니다. 토의에 익숙하지 않은 학습자들을 위해서는 교수자가 토의가 잘 이루어질 수 있도록 여건을 구축해 주는 것이 필요하다. (토의 결과 정리 양식은 제7장의 '2. 토의 매트릭스'에서 자세하게 다룬다.)

학습자들이 토의에 적극적으로 참여하지 않으면 교수자들은 토의수업에 대해 부정적 · 회의적 인식을 갖게 된다. 즉, 대부분의 교수자는 토의수업을 하기 위해서는 시간이 많이 필요한데 사용하는 시간 대비 중요 내용을 효과적으로 다루지 못한다고 이야기한다. 이때 짚고 넘어가야 할 것은 '효과적으로 다룬다'는 것의 의미이다. 어떠한 내용을 교수자가 학습자들에게 하나도 빠짐없이 다 언급하는 것이 효과적으로 다루는 것인지, 학습자들이 어떤 내용에 대해 자신이 이해한 것과 경험 및 생각을 이야기하고 이를 다른 학습자들과 공유해 보는 것이 효과적으로 다루는 것인지에 대해 생각해야 한다. 일반적으로 토의수업이 효과적이지 않다고 이야기하는 경우는 전자의 경우인데, 많은 경우 사전 준비 없이 토의수업을 진행하기 때문에 나타나는 결과이다.

둘째, 토의 실시 단계에서는 학습자들의 토의 과정을 모니터링하고 토의가 이루어질 수 있도록 촉진해야 한다. 만약 학습자들의 토의 내용이 주제에서 벗어나 있거나 의견제시가 잘 안 된다면, 교수자로서 당신은 어떻게 할 것인가? 아마도 많은 교수자들이 힌트를 제공하거나, 정답을 알려 줄 것이다. 학습자들의 침묵을 견디어 내는 것이 생각보다 쉽지 않기 때문이다. 이때 교수자가 해야 할 바람직한 행동은 힌트나 정답 제시가 아니라 '질문'이다. 학습자들이 교수자가 제시한 질문에 대답하는 과정에서 자신이 이해한 것을 정리하고, 점검하고, 비교하고, 적용할 수 있어야 한다. (질문은 제3장에서 자세하게 다룬다.)

셋째, 토의 정리 단계에서는 팀별로 토의 결과를 발표하고, 토의 내용에 대해 교수자가 요약 · 정리한다. 종종 학습자들이 발표만 하고 수업이 마무리되는 경우가 있는데 교수자의 요약 · 정리는 매우 중요하다. 학습자들은 토의 과정에서 많은 것을 학습했을 것이다. 그러나 해당 내용에 대한 전문가인 교수자가 주요 내용을 요약해 주는 디브리핑(debriefing)이 있어야 해당 내용에 대해 명확하게 이해하고 이를 다양한 맥락에 적용할 수 있게 된다.

2. 토의수업의 목적과 효과

토의 과정에서 학습자는 자유롭게 의견을 발표하고, 타인의 의견을 받아들이는 동시에 스스로 탐구할 문제나 학습과제에 대한 결론을 내리게 되며, 인지적 갈등 상황을 극복해야 한다. 따라서 일반적으로 토의수업을 하는 목적과 기대하는 효과는 주로 학습자들의 문제해결 능력과 메타인지적 사고능력을 함양하는 데 있다. 이를 좀 더 세분화하면 토의수업의 목적은 네 가지로 정리할 수 있다.

첫째, 학습자들이 학습한 것을 재검토하고 확장하게 한다. 학습과정을 설명하는 정보처리모형에 따르면 감각등록기를 통해 받아들인 정보는 단기기억 저장소를 거쳐 장기기억 저장소에 저장된다. 그리고 다시 단기기억 저장소에서 활성화되어 감각기관을 통해 표현된다. 의미 있는 학습이 이루어지기 위해서는 다양한 정보를 기억하는 것에 그치지 않고, 이를 다시 활성화시켜 사용해야 한다. Gagné(1985)는 학습하여 기억하고 있는 내용을 다시 회상하여 활용하게 하는 교수자 행동을 '수행 유도하기'라고 표현하였다. '수행 유도하기'는 학습자가 통합된 학습의 요소들을 활성화시키도록 하는 것이다. 학습자가 이전 단계에서 새로운 정보나 기능을 저장하는 '학습'을 했다면, 수행은 학습했는지를 증명하는 기회가 된다. 이미 머릿속에 저장한 내용을 활용하여 다른 학습자들과 논의하는 토의는 학습자들에게 학습한 것을 검토하고 확장할 수 있는 지식 사용 및 활용의 기회를 제공한다.

둘째, 학습자에게 자신의 의견이나 생각을 점검하는 기회를 준다. 토의에서 이미 알고 있는 내용만 이야기하는 것은 아니다. 학습자들은 토의주제와 관련된 다양한 경험과 생각을 이야기한다. 그리고 이러한 경험과 생각은 다른 사람들에게 이야기하는 과정에서 검토되고, 다듬어지고, 정교화된다. 또한 다른 사람들의 이야기를 듣는 과정에서 비교, 분석, 종합된다. 따라서 토의수업은 토의 중 다루어지는 주제와 관련하여 학습자들이 자신의 의견이나 생각을 점검하고, 더 나아가 확대 발전할 수 있는 기회를 제공한다.

셋째, 학습자에게 문제해결의 기회와 문제해결 능력을 향상시킬 수 있는 기회를 준다. 문제해결은 다양하게 정의될 수 있다. 인지주의자들은 문제해결을 지적 도식이나 인지구조의 재구조화를 통한 인지과제의 해결로 설명한다(박성익, 1997). Gagné(1985)는 이미 배운 원리를 응용하며 여러 가지 새로운 상황에서 당면하는 문제들에 대한 해결방안을 발견하는 것이라고 하였고, Ausubel(1963)은 이전에 배운 규칙을 조합하는 방식을 발견하고 새로운 상황에 적용하는 것을 배우는 과정이라 하였다. 반면, 구성주의자들은 복잡하고 실제적인 상황에서 무엇이 문제인지 파악하고, 문제해결을 위해 필요한 자료를 스스로 수집, 분석하여 적용하는 것이 문제해결의 과정이자 문제해결 능력을 향상시킬 기회라고 강조한다(최정임, 장경원, 2015; Jonassen, 2004). 토의수업은 두 가지 형태의 문제해결 기회를 모두 제공한다. 강의 등을 통해 학습한 내용을 활용하여 문제를 해결하는 기회도 제공하고, 상황이나 맥락에서 문제를 파악, 분석, 학습, 적용, 해결하는 기회도 제공한다. 교수자가 의도한 목적에 따라 다양한 수준의 문제해결 기회를 제공할 수 있다.

넷째, 학습자들이 의사소통 능력, 대인관계 능력, 그룹기술을 개발하도록 돕는다(Lang & Evans, 2006). 토의에서 학습자들은 자신의 의견을 이야기하고, 다른 사람의 의견을 듣는다. 이때 의견이 일치하는 경우도 있지만, 대립되어 조정이 필요한 경우도 있다. 또한 토의가 원활하게 진행되기 위해서는 사회자, 조정자, 기록자 등의 역할도 필요하다. 토의는 학습자들에게 해당 주제와 관련된 지식을 습득할 수 있는 기회뿐만 아니라 다른 사람과 소통하는 방법, 대인관계에서 발생하는 문제를 해결하는 방법, 팀원으로 역할하는 방법과 리더십에 대한 것을 연습하고 학습하는 기회를 제공한다.

토의수업을 운영하는 교수자의 의도에 따라 이상의 네 가지 목적은 하나의 토의수업에서 모두 공존할 수도 있고, 이 중 하나 혹은 일부만 적용될 수도 있다. 그러나 어떤 목적으로 설계, 운영된 토의수업이라 할지라도 토의수업을 통해 학습자들은 집단사고의 과정에서 자유로이 의견을 발표하고, 타인의 의견을 받아들여 문제를 해결해 나가는 능력을 기르게 된다. 또한 학습자 스스로 탐구할 문제나 학습문제에 대한 결론을 내릴 기회가 주어지기 때문에 좀 더 학습자 중심적이고 자율적이며 적극적으로 학습한다. 토의수업은 적극적인 사고와 문제해결 활동, 인지적 갈등상태를 유발하므로 메타인지적 사고능력을 배양하는 데 효율적인 교수·학습 방법이다.

Brookfield와 Preskill(2012)은 학습자들이 토의수업을 통해 많은 이점을 얻을 수 있다고 강조하였다. 다음에 제시된 것처럼 토의수업에 참여하는 과정에서 학습자들은 다양한 관점을 탐색할 수 있고, 다른 사람의 이야기를 존중하는 태도와 자신의 생각과 의견을 정확하게 전달할 수 있는 능력을 키우고, 내용을 종합하고 통합하는 고차적 사고능력을 개발할 수 있다.

▎토의의 효과

- 토의는 학습자들이 다양한 관점을 탐색하도록 한다.
- 토의는 애매성이나 복잡성에 대한 학습자들의 인식과 관용을 증진시킨다.
- 토의는 학습자들이 각자의 가정을 인지하고 탐구하도록 한다.
- 토의는 다른 사람의 이야기를 존중하는 마음으로 경청하도록 장려한다.
- 토의는 해소되지 않은 차이점을 새롭게 이해하도록 한다.
- 토의는 지적 민첩성을 증진시키다.
- 토의는 학습자들이 새로운 주제를 접할 수 있도록 도와준다.
- 토의는 학습자들의 목소리와 경험이 존중된다는 것을 보여 준다.
- 토의는 학습자들이 민주적 담론의 과정과 습관을 배우도록 도와준다.
- 토의는 학습자들이 지식의 공동 창조자임을 확인시켜 준다.
- 토의는 아이디어와 의미를 분명하게 전달하는 능력을 발달시켜 준다.
- 토의는 학습자들이 다양한 내용을 종합·통합하는 기능을 개발하도록 도와준다.
- 토의는 변화를 유도한다.

※ 출처: Brookfield & Preskill(2012).

앞서 제시한 것 이외에도 토의수업은 많은 강점을 갖고 있다. 아마도 가장 큰 강점은 개방적인 의사소통과 협조적인 분위기에서 학습자가 적극 참여하게 되므로 학습동기와 흥미를 유발할 수 있다는 것이다. 초·중·고등학교의 교사들은 토의수업의 강점으로 학습자들이 졸지 않고 눈을 뜨고 있다는 것을 강조한다. 어찌 보면 매우 슬픈 현실이지만, 가장 중요한 강점이기도 하다. 많은 교수·학습 전문가들이 언급하는 것처럼 학습자가 학습에 흥미와 동기를 갖게 하는 것은 교수자가 해야 하는 가장 중요한 활동이다. Keller의 학습동기설계모형이나 Gagné의 아홉 가지 수업활동 등에서도 가장 먼저 언급되는 것은 학습자들을 주의집중시켜야 한다는 것이다. 토의는 학습자들이 잠들지 않도록 하며, 직접 참여하는 과정에서 흥미를 갖고 주의를 기울이게 한다. 학습자들은 토의 과정에서 서로 의견을 교환하고 함께 문제를 해결하는 협력의 과정을 경험하면서 사회적 기능 및 태도를 형성할 것이다.

토의수업에는 장점과 함께 제한점도 있다. 첫째, 집단의 크기가 크면 원활한 토의가 이루어질 수 없으므로 집단 크기에 따라 토의수업의 가능 여부가 결정된다. 둘째, 토의의 리더가 미숙하면 효과적인 토의가 이루어질 수 없으므로 리더의 영향력이 크다. 셋째, 적극적인 소수의 학습자들에 의해 토의가 주도될 우려가 있다. 넷째, 토의 과정 중 정답을 말해야 한다는 불안감 때문에 평가불안이나 사회적 태만을 보일 수 있다. 다섯째, 학습자들이 토의주제에 관해 충분히 이야기할 수 있을 만큼의 지식과 수준에 도달해 있지 않은 경우 토의에서 기대하는 만큼의 효과를 거두기 어렵다.

토의수업을 계획할 때는 이러한 단점이 최소화되도록 다음과 같은 전략을 활용할 수 있다. 첫째, 집단의 크기를 고려하여 적절한 토의방법을 선택한다. 2~3명에서 1,000명 이상도 함께 참여할 수 있는 다양한 토의방법이 존재한다. 따라서 토의수업이 이루어지는 학급 또는 집단 크기에 따라 적절한 방법을 선택, 활용할 수 있다. 둘째, 리더의 역할을 훈련시킨다. 많은 교수자들이 학습자들에게 리더의 역할에 대해 가르치지 않고 잘해 줄 것을 기대하기 때문에 어려움이 생긴다. 학습자들에게 토의 진행방법, 여러 사람의 의견을 수렴하는 방법, 토의 내용

을 정리하는 방법을 가르친 후 토의수업을 운영하면 된다. 셋째, 팀 활동을 모니
터링하여 소극적인 학습자들이 이야기할 수 있도록 적절하게 질문하고 격려한
다. 넷째, 토의 시작 전에 충분한 아이스 브레이크 활동과 팀규칙 수립 등의 활동
을 한다. 이러한 활동을 통해 학습자들은 다른 사람을 배려하고 조금 더 편안하
게 이야기할 수 있는 마음의 준비를 할 수 있다. 다섯째, 토의를 위해 선행지식이
필요한 경우에는 사전에 예습할 수 있도록 충분히 안내한다.

　토의수업에서 발생할 수 있는 제한점과 이에 대한 해결전략은 〈표 1-1〉과
같다.

〈표 1-1〉 토의수업의 제한점과 해결전략

제한점	해결전략
집단 크기가 크면 토의집단을 구성하는 데 한계가 있다.	• 다양한 토의방법이 있으므로, 수업에 참여하는 전체 집단의 크기, 교수자가 운영할 수 있는 집단의 수 등을 고려하여 토의방법을 선택하고, 토의방법에 맞게 집단을 구성한다. (예: 원탁토의 10~15명, 버즈토의 6명 등)
리더의 능력에 따라 토의 성과가 좌우될 수 있다.	• 교수자가 먼저 리더 역할을 시범 보이거나, 리더 역할에 대한 오리엔테이션을 수행한다. • 토의 정리 양식을 제공하여 양식이 어느 정도 토의를 안내하는 사회자의 역할을 할 수 있게 한다.
소수에 의해 토의가 주도될 우려가 있다.	• 토의가 시작되기 전 '모두 한 번 이상 발언하기'와 같은 팀 운영 규칙을 수립하게 한다. • 토의 시 참여 학습자들에게 의견 주장, 반대 입장, 근거 제시 등의 역할을 주어 자신의 역할에 맞는 준비 후 토의에 참여하게 한다. • 교수자가 적절히 개입하여 참여가 저조한 학습자가 발언할 수 있도록 격려한다.
평가불안으로 인해 토의 참여자가 적극적으로 참여하지 않는다.	• 토의 시작 전 자기소개와 팀빌딩 등의 허용적인 분위기를 형성할 수 있는 시간을 갖는다. • 팀에서 지켜야 하는 규칙을 정하도록 한다. 일반적으로 학습자들은 '팀 활동에 열심히 참여하기' 등의 규칙을 만드는데, 스스로 만든 규칙이기 때문에 대부분의 학습자가 이를 지키려고 노력한다.

학습자들이 토의주제에 대한 지식이 부족하면 토의 효과가 적을 수 있다.	• 선행지식이 필요한 토의의 경우 토의활동을 사전에 안내하여 학습자들이 준비할 수 있도록 한다. • 토의활동에 대한 흥미와 관심이 없는 학습자들이라면 우선 선행지식 없이 개인의 경험과 의견을 제시할 수 있는 주제에 대해 토의를 계획하여 운영한다. • 토의활동 중 '학습하기'가 포함된 '직소우(Jigsaw)토의'를 활용한다.

3. 토의수업에서 교수자와 학습자의 역할

토의수업은 교수자가 중심이 되는 전통적 수업과 달리 학습자가 중심이 된다. 토의수업에서는 교수자와 학습자 모두에게 전통적 수업과는 다른 역할이 요구된다. 효과적이고 의미 있는 토의수업이 되기 위해 교수자와 학습자가 어떤 역할을 해야 하는지 살펴보면 다음과 같다.

1) 교수자의 역할

많은 교수자들이 성공적인 토의 모습에 대해 다음과 같은 이미지를 갖고 있다 (Brookfield & Preskill, 2012). 그러나 교실에서 이루어지는 토의 중 이러한 특성을 모두 담고 있는 토의 장면은 쉽게 볼 수 없다.

❙ 교수자들이 가지고 있는 성공적인 토의 장면에 대한 이미지

- 침묵 없이 자연스럽게 학습자들이 이야기를 주고받는다.
- 적절하고 세련된 수준에서 상호관련성이 있는 주제들에 대해서만 이야기한다.
- 어떤 주제에서 다른 주제로 화제가 전환될 때에도 활기가 식지 않으며 끊어짐 없이 이야기가 연결된다.
- 학습자들이 제시하는 의견 중에는 날카로운 풍자나 심오한 표현이 있다.
- 모든 학습자들이 다른 사람들이 이야기할 때 경청한다.
- 학습자들이 토의주제에 대한 식견을 가지고 사려 깊은 통찰력을 보이며 정중하게 이야기한다.

많은 교수자들이 토의방식으로 수업하고서 학습자들에게 즉각 변화가 나타나지 않으면 토의수업을 포기해야 한다고 생각한다(Brookfield & Preskill, 2012). 그러나 토의수업이 실패한 원인이 전적으로 학습자들만의 잘못 때문인지 생각해야 한다. 어쩌면 앞서 소개한 것처럼 교수자가 토의에 대한 지나치게 비현실적인 기대를 가지고 있거나, 학습자들이 알아서 스스로 잘할 것이라는 근거 없는 믿음을 가지고 있거나, 토의수업이라고는 하지만 강의식 수업과 동일하게 교수자가 너무 많은 이야기를 했기 때문일 수 있다.

▮ 교수자들이 토의수업에 실패하는 이유

> • 토의수업에 대해서 비현실적인 기대를 갖는다.
> • 토의에 대비해서 학습자들을 준비시키지 않는다.
> • 토의를 위한 기본 규칙에 대해서 충분한 관심을 쏟지 않는다.
> • 토의활동과 보상 체계를 분명하게 연관시키지 않는다.
> • 학습자들에게 토의 과정에 참여하라고 요구만 할 뿐 교수자 자신은 모범을 보이지 않는다. 즉, 토의를 할 때도 너무 많은 말을 하거나 너무 어려운 이야기를 한다.

Brookfield와 Preskill(2012)은 토의수업을 하고자 할 때 교수자가 하지 말아야 할 일을 다섯 가지로 제안하였다.

첫째, 강의를 하지 않는다. 토의를 시작할 때 교수자가 토의주제에 대해 특징적인 사항을 요약하거나 상이한 관점의 개요를 설명하거나 교수자의 관심사를 소개하는 등의 강의를 하지 않는 것이 바람직하다. 학습자들은 교수자의 강의내용을 토대로 교수자가 원하는 방향으로 사고하고 발언하며 자신의 토의 내용을 교수자의 생각이나 기대에 맞추려 할 수 있기 때문이다.

둘째, 모호한 질문을 하지 않는다. 즉, "어떻게 생각해?" "누가 대답해 볼까?" 또는 "먼저 이야기를 하고 싶은 사람?"과 같은 질문이다. 실제로 많은 교수자들이 이러한 질문을 한다. 물론 대부분의 경우 학습자들은 어떤 이야기도 하지 않는다. 적어도 교수자가 이러한 질문을 하려면 그전에 학습자들이 서로를 잘 알고 신뢰하고 있어서 자유롭게 말할 수 있는 분위기가 형성되어 있어야 하고, 토의주제에 대해 사전 학습이 이루어져 주제에 대해 자신의 생각을 이야기할 수 있는 상태여야 한다. 그렇지 않으면 이러한 질문은 활발한 토의를 이끌어 낼 수 없다.

셋째, 편애하지 않는다. 일반적으로 평소 수업시간에도 적어도 한두 명의 학습자들은 열심히 참여한다. 그리고 많은 교수자들이 이 한두 명의 학습자가 질문에 답변하고 이야기하는 것에 대해 매우 고마워한다. 그러나 특정 학습자들이 답변하고 이야기하는 것이 두세 번 반복된다면 다른 학습자들은 당연히 그 학습자들이 이야기할 것이라고 짐작하고 자신은 참여하려 하지 않을 것이다.

넷째, 침묵을 두려워하지 않는다. 토의가 시작될 때 또는 토의 과정에서 학습자들은 제시된 새로운 내용을 파악하고 자신의 생각을 정리하기 위해 비교적 긴 침묵의 시간을 가질 수 있다. 많은 교수자들은 침묵이 흐르면 무엇인가 잘못되어 가고 있다고 생각한다. 그러나 침묵을 통해 새로운 깨달음을 얻을 수 있다. 학습자들은 종종 아무 말도 하지 않고 가만히 있을 것이다. 이때 침묵을 참지 못하고 교수자가 먼저 이야기한다면 학습자들은 이후에도 자기들이 생각을 하지 않아도 교수자가 대신해서 생각할 것이라 믿게 된다.

다섯째, 침묵을 오해하지 않는다. 학습자들의 침묵을 지적 무기력, 혹은 지적 이탈로 착각하지 말아야 한다. 말이 없다고 해서 생각이 없는 것은 아니다. 또 말하는 순간에도 주저하거나 생각을 재구성하려는 모습을 보일 때도 있다. 학습자들이 생각하기 위해 갖는 침묵의 시간을 인정하고 기다려 주어야 한다.

그렇다면 이상의 다섯 가지만 하지 않으면 토의수업은 원활하게 이루어질 것인가? 그렇지 않다. 토의수업을 위해 필요한 교수자의 역할은 수업설계자, 안내자, 동기유발자, 촉진자, 요약 정리자, 평가자이다. 그 내용을 자세히 살펴보면 다음과 같다.

첫째, 수업설계자이다. 토의수업을 위해 교수자는 수업을 구체적으로 계획하고 설계해야 한다. 이때 설계의 대상은 토의 주제, 방법, 시간, 그리고 학습자들 간의 상호작용, 토의 결과물 등이다. 즉, 학습자들이 어떤 주제에 대해 토의하게 할 것인지, 어떤 방법으로 토의하게 할 것인지, 토의활동에 어느 정도의 시간을 할애할 것인지 설계해야 한다. 또한 토의 중 학습자들 간에 어떠한 형태의 상호작용이 이루어지도록 할 것이며 어떤 형태와 수준의 토의 결과물을 요구할 것인지도 설계해야 한다.

둘째, 토의활동에 대한 안내자이다. 토의수업은 활용하는 방법이나 모형에 따라 다양한 형태로 진행되며, 각각의 방법과 모형에 따라 학습자들에게 요구되는 역할도 다르다. 따라서 교수자는 학습자들이 활용하는 토의의 방법이나 모형에서 어떠한 활동을 해야 하는지 명확하게 안내해야 한다. 토의방법에 대한 안내가 명확하지 않을 때 학습자들은 토의에서 다루어지는 지식과 함께 방법도 숙지해야 하기 때문에 인지과부하(cognitive overlord)가 일어날 수도 있다.

셋째, 동기유발자이다. 토의수업은 학습자들의 적극적인 참여가 있을 때 원활하게 이루어진다. 학습자들이 토의주제가 무엇인지 명확하게 인지하지 못하거나 주제에 대한 관심과 흥미를 갖지 않는다면 의미 있는 토의활동이 이루어지기 어렵다. 특히 학습자들이 어리거나 학습수준이 높지 않을 경우에는 더욱 그러하

[그림 1-2] 토의활동에 대한 안내

다. 교수자가 토의주제에 대해 많은 정보를 제시하는 것은 바람직하지 않지만, 토의 참여에 대한 동기를 불러일으킬 수 있을 만큼 주제에 대해 안내하여야 한다. 예를 들어, 관련 동영상이나 사진 등을 제시하고, 생각을 자극할 수 있도록 질문하는 것이 필요하다.

넷째, 촉진자이다. 교수자는 학습자들이 토의에 적극 참여할 수 있도록 촉진해야 한다. 토의방법에 따라 토의가 이루어지는 모습은 다를 것이다. 그러나 어떤 경우라 할지라도 교수자는 학습자들이 자신의 생각과 의견을 이야기할 수 있도록 촉진해야 한다. 이를 위해서 교수자는 학습자들이 토의하는 동안 교탁 뒤에 머물러 있거나 한곳에 서 있는 것은 지양해야 한다. 토의활동을 하고 있는 팀들에 고르게 방문하여 학습자들의 이야기를 경청하고, 격려하고, 독려해야 한다. 또한 학습자들이 각자 이야기한 내용을 분석, 종합, 연결할 수 있도록 질문해야 한다. 교수자의 경청, 격려, 질문은 학습자들의 참여도를 높이고, 토의 내용에서 중요한 점을 찾게 하고, 심화학습이 이루어지도록 하는 중요한 요인이 된다.

다섯째, 요약 정리자이다. 교사는 토의수업 과정이 끝날 때 과정과 결론에 대해 요약하고 정리하는 역할을 담당한다. 토의수업은 어떠한 목적으로 운영하느냐에 따라 달라질 수 있지만, 대체로 토의 과정에서 많은 내용의 정보, 경험, 지식이 다루어진다. 따라서 학습자들이 많은 내용과 정보를 개인 수준에서 접하고 받아들인 상태로 수업이 종료되면 혼란스러울 수 있다. 일부 토의수업에서는 학습자들이 토의 내용을 발표하는 것으로 수업이 마무리되기도 하는데, 이때 학습자들은 혼란을 겪을 수 있다. 학습자들을 무시하는 것은 아니지만, 이들은 전문가가 아니다. 따라서 토의주제와 관련하여 열심히 논의하고 정리하여 발표한 내용이라 할지라도 다른 학습자들에게는 명료하지 않을 수 있다. 이러한 혼란을 예방하기 위해 다루어진 내용을 정리하는 것이 교수자의 역할이다.

여섯째, 평가자이다. 학습자들이 직접 토의 내용과 과정에 대한 평가자 역할을 수행하는 것이 바람직하기 때문에 토의수업에서는 학습자들에게도 평가의 권한을 준다. 그러나 가장 중요한 평가 주체는 교수자이다. 학습자들 역시 자신

만 평가에 참여하는 것보다는 교수자가 평가자로 참여하는 것을 원한다. 교수자
의 공정하고 정확한 평가는 학습자들의 토의활동에 대한 만족도를 높이고, 학습
자들이 성장하고 발전하는 데 도움이 된다.

2) 학습자의 역할

토의수업에서 학습자는 의견을 제시하고, 다른 학습자들의 의견을 적극적으
로 청취하는 적극적인 역할을 수행해야 한다. 이를 위해 토의수업에서는 학습자
에게 필요한 역할과 능력에 대한 사전 훈련을 제공하는 것도 필요하다. 토의수업
을 위해 필요한 학습자의 역할은 자기주도적ㆍ적극적ㆍ협력적 학습자로서 자세
한 내용은 다음과 같다.

첫째, 자기주도적 학습자이다. 토의수업에서는 학습자들이 주제와 관련하여
자신의 생각과 의견을 제시해야 한다. 물론 토의주제에 따라 사전 지식 없이도
자유롭게 의견을 제시할 수 있지만, 토의주제와 관련된 사전 지식과 경험이 있
을 때보다 설득력 있게 자신의 의견을 제시할 수 있다. 따라서 학습자들은 토의
에 참여하기 전 해당 주제와 관련하여 교과서, 논문, 신문기사 등 다양한 형태의
자료를 탐색하는 것이 필요하다. 그리고 교수자들은 학습자들이 토의주제와 관
련하여 자기주도적으로 학습할 수 있도록 토의수업이 이루어지기 전에 토의활
동에 대해 안내하고, 토의활동에 참여하기 전 참고할 수 있는 자료를 소개하는
것이 필요하다. 교수자들의 이러한 노력이 학습자들을 자기주도적 학습자로 만
들고, 토의활동에서 성공 경험을 할 수 있는 토대가 될 수 있다.

둘째, 적극적 학습자이다. 토의수업에서 요구되는 적극성은 두 가지이다. 즉,
자신의 의견을 명확하게 제시하는 적극성과 다른 사람의 의견을 경청하는 적극
성이다. 이는 토의수업뿐만 아니라 다른 유형의 팀활동에서도 동일하다. 학습자
들은 토의 과정에서 다양한 의견에서 비롯한 혼란을 경험할 수 있는데, 이때 충
분한 논의와 협의를 거쳐 갈등을 최소화하면서 의사결정을 잘해 나가길 원한다.
이를 위해서는 자신의 의견을 명확하게 제시하고 서로를 배려하고 이해하는 것

이 필요하다(장경원, 성지훈, 2012).

셋째, 협력적 학습자이다. 토의과정은 협력이 요구된다. 협력(collaboration)은 공동작업의 과정을 강조하는 것으로, 공동의 목표 달성을 위한 학습자들 간의 상호작용과 피드백이 중요하다. 이는 1/N의 참여를 강조하여 발언 기회나 자료 조사의 양을 동등하게 해야 한다는 것은 아니다. 물론 성실한 참여와 협동도 중요하지만, 보다 중요한 것은 토의 내용에 대해 자신의 의견을 명확하게 제시하고, 질문하고, 답변하고, 논의하는 참여이다.

4. 토의수업에 대한 논쟁

토의수업은 다른 학습자 중심 교수·학습 방법에 비해 비교적 손쉽게 수업에 적용할 수 있다. 그럼에도 교수자들은 여전히 다양한 이유를 들어 토의수업을 활용하는 것이 어렵다고 이야기한다. 여기서는 토의수업과 관련하여 흔히 제기되는 질문을 중심으로 토의수업에 대한 의문을 해소하고자 한다.

1) 토의수업은 적정 규모의 수업에서만 가능하지 않은가

토의수업은 최소 2명 이상, 공간만 허락한다면 1,000명 이상이 모인 경우에도 가능하다. 토의는 하나의 주제에 대해 여러 사람의 의견을 공유하면서 답을 찾는 과정이다. 다만, 학습자 수가 적은 소규모 수업인 경우와 대학의 교양수업이나 특강처럼 100명 이상인 경우에 사용하는 방법은 상이하다. 구체적인 방법은 제4장과 제5장에서 다루겠지만, 일반적으로 학습자 수가 2명인 경우에는 1:1 교차인터뷰 방식을, 3~15명인 경우에는 원탁토의를, 15~30여 명인 경우에는 버즈토의를, 50명 이상인 경우에는 월드카페나 오픈 스페이스 기법 등을 추천한다. 이처럼 특정 방법을 활용할 때 적정 규모는 제안할 수 있지만, 토의수업을 위한 적정 규모는 없다. 집단 크기에 맞는 토의방법을 선택하면 된다.

2) 무임승차하는 학습자가 있어도 토의수업이 유용한가

무임승차하는 학습자가 있다면 토의수업은 원활하게 이루어지지 않을 것이다. 그러나 한두 명의 소극적인 학습자들 때문에 토의수업을 포기할 수는 없다. 따라서 교수자는 가능한 무임승차하는 학습자가 생기지 않도록 주의를 기울여야 한다. 먼저 명목집단법, 팀 규칙 등의 학습자 참여 촉진기법을 활용하여 모든 학습자가 참여할 수 있도록 하고, 학습자들의 행동을 관찰하여 적절하게 참여를 독려하고, 칭찬하고, 질문해야 한다. 또한 수업 외 시간에 해당 학습자와 상담시간을 갖는 등의 노력도 기울여야 할 것이다.

3) 학습자들이 토의할 수 있는 능력을 갖추고 있는가

토의능력은 저절로 갖게 되는 능력이 아니다. 몇몇 학습자들은 이전의 경험이나 학습의 결과로 토의활동에 잘 참여하겠지만, 대부분의 학습자는 그렇지 않다. 따라서 토의수업을 할 때는 먼저 학습자들에게 토의방법을 알려 주어야 한다. 즉, 활용하고자 하는 토의방법과 절차, 사회자의 역할, 참여자의 역할, 토의주제, 의견제시 방법, 질문방법, 토의 내용 정리방법 등에 대해 간단하지만 명확하게 안내해야 한다. 토의방법을 배운 학습자들은 교수자들의 기대보다 훨씬 더 훌륭하게 토의에 참여할 것이다.

토 의 와
토 론 으 로
수 업 하 기

제**2**장

토론수업의 개념 및 특성

때때로 토론(Debate)과 토의(Discussion)가 구분되지 않고 사용된다. 특히 수업방법으로서 토론은 강의식 수업과 달리 어떤 주제에 대하여 학습자들이 자신의 의견을 개진하는 방식을 통칭하는 것으로 이해되기도 한다. 또는 토론수업은 넓은 의미의 토의수업의 한 형태로 이해되기도 한다. 그러나 수업방법으로서 토론은 토의와는 구별될 필요가 있다. 이 장에서는 토론수업의 개념과 특성에 대해 논의하고자 한다.

1. 토론과 토론수업의 개념과 특성

1) 토론과 토론수업의 개념

사전적인 의미에서 토론은 "어떤 문제에 대해 여러 사람이 각각 의견을 말하며 논의"하는 것을 말한다.[1] 이는 '어떤 문제에 대해 검토하고 협의'한다는 의미의 토의의 개념과는 구분된다. 그야말로 의견을 모으기 위해 협의하는 과정에 초점을 맞춘, 그렇기 때문에 어떤 주제에 대해 자유로운 의견 교환이 이루어지는 토의와 달리 토론은 어떤 주제에 대해 주로 찬성과 반대 입장에서 의견을 논리적으로 제시하고 이를 바탕으로 상대방의 의견을 반박하는 과정에 초점이 맞추어진다. 따라서 토론수업은 어떤 논제에 대해 학습자들이 찬성과 반대 입장에서서 각자의 주장과 논거를 제시하고 상대방의 주장과 논거를 반박하는 과정으

[그림 2-1] 토론 장면

---

1) 국립국어원 표준국어대사전의 정의를 인용하였다.

로 진행되는 수업이라 정의할 수 있다(전명남, 2006).

토론은 하나의 논제에 찬성과 반대 입장을 정하여 각각 가능한 논거들을 조사하고, 발굴된 논거들을 정리하여 몇 분 분량의 말할 수 있는 형태로 재가공하며, 다른 사람 앞에서 그 주장을 옹호하기 위해 '몸'으로 연설하는 것, 그리고 상대방의 주장을 듣고, 분석하고, 반론의 논거를 찾아 공박하는 일련의 활동으로 구성된다.

그래서 훌륭한 토론자는 잘 읽고 요약할 줄 알고, 상대방의 말을 잘 들으며, 논거들을 잘 기억하고 분석하고 비판할 수 있고, 상대방 주장에 반대 논거를 들어 반론을 제기할 수 있는 사람이다. 또한 상대방을 존중하며 함께 배우는 동반자로 인식하는 사람이다. 토론은 혼자서 할 수 없는 것이며, 상대방과의 논의를 통해 논제에 대해 깊이 있는 분석과 비판을 하는 것이기 때문이다.

토론수업은 학습자에게 스스로 학습할 수 있도록 충분한 자극을 줄 수 있으며, 어느 정도 토론능력이 길러지면 토론하는 중에 자기도 모르게 논제와 주장을 옹호하고 반박하는 데 몰입하여 흥미진진한 지적 게임으로서 토론을 즐길 수 있게 한다. 따라서 토론수업에서는 교수자가 설명하고 학습자들이 듣는 방법으로 학습이 이루어지는 것이 아니라 학습자들이 주도적·협력적으로 토론을 준비하고 전개하며 토론 후 토론 내용 및 태도에 대한 평가를 받는 과정에서 학습이 이루어진다(하재홍, 2010).

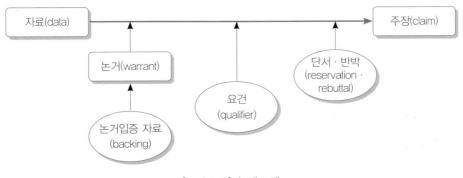

[그림 2-2] 논쟁 모델

출처: Toulmin(1969).

토론은 논쟁의 과정이므로 논쟁의 구조를 따른다. Toulmin(1969)이 제시한 [그림 2-2]의 논쟁 모델처럼 토론의 내용에는 자료, 논거, 논거입증 자료, 요건, 단서 · 반박, 주장 내용을 포함해야 한다. 이러한 내용을 포함한 토론 원고를 토론 개요서라고 하는데, 실제 토론도 중요하지만 논제에 대한 논점을 분석하고 토론 개요서를 작성하는 과정에서 의미 있는 학습이 이루어진다. [그림 2-2]에 제시된 논쟁 모델을 구성하는 요소들의 주요 특성은 〈표 2-1〉과 같다.

〈표 2-1〉 Toulmin(1969)의 논쟁 모델 구성요소의 특성

구성요소	특성
자료	자료는 주장을 정당화하는 근거로 증거, 사실, 자료, 정보 등을 포괄하는 개념이다. 자료는 논쟁의 기반을 조성하고 있다는 점에서 매우 중요한 요인이다.
논거	논거는 자료와 주장 사이에 논리적 연결을 성립시키는 요인으로, 자료로부터 출발하여 주장에 도착하기까지 거치는 추론 과정이다.
논거입증 자료	논거입증 자료는 논쟁의 논거를 뒷받침해 주는 입증 자료로, 논거에 사용된 논리를 청중이 이해하도록 도와준다. 가장 자주 사용되는 유형은 통계, 사례, 증언이다.
요건	요건이란 논쟁의 상대적 설득력을 구두로 구축 · 표현하는 것이다. 요건은 논쟁에서 신뢰 차원의 어감을 좌우하는 요인이며, 설득 효과를 위해 화자는 요건을 활용하여 청중에게 논쟁의 신뢰 가치를 나타낼 수 있다.
단서 · 반박	단서 · 반박은 현재 제시되고 있는 주장에 대한 예외를 의미한다. 단서조항이나 반박은 논쟁 범위의 한계를 명시화해 논쟁의 설득력을 강화하는 전략이다.
주장	주장은 쟁점 · 사안에 대한 입장이며 논쟁의 이면에 내재해 있는 논쟁의 목적이다. 주장은 논쟁의 요점이자 화자가 옹호하는 결론이다.

토론을 준비할 때는 자신의 입장뿐 아니라 상대의 입장도 고려해야 한다. 즉, 논제의 양면성 중에서 어느 쪽을 선택해도 선택한 쪽의 '약점 · 위협요인'과 선택하지 않은 쪽의 '강점 · 기회요인'을 감수해야 한다. 논쟁의 승패는 논제의 내용적 선택을 넘어서 자신이 선택한 입장과 시각을 얼마나 전술 · 전략적으로 '대변(代辯)'할 수 있는가에 따라 좌우될 수 있기 때문이다(이두원, 2008; Rank, 1976).

2) 토론수업의 절차

토론수업의 진행 절차는 토론을 준비하는 단계와 실제 토론이 이루어지는 단계로 구성된다. 박삼열(2012)은 토론 준비 단계를 세분화하여 논제 선정, 논제에 대한 논점 분석, 토론 개요서 작성, 실제 토론의 네 단계로 제시하면서, 실제 토론을 하는 것은 교육과정의 중심부라기보다는 지금까지 훈련한 것을 실습하는 마무리 과정임을 강조하였다. 토론의 단계와 각 단계의 구체적인 내용은 다음과 같이 요약할 수 있다.

첫째, 논제 선정이다. 일반적으로 논제 선정은 교수자의 몫으로, 교수자는 주요 학습 내용 중 논쟁적인 것, 논쟁을 통해 여러 관련된 쟁점이 드러날 수 있는 것을 선별하여 논제를 선정해야 한다(박삼열, 2012; 하재홍, 2010). 논쟁성, 중요성, 흥미, 탐구의 효과성은 논제 선정의 중요한 준거이다(Onosko & Swenson, 1996). 또한 선정할 논제에 대해 '정말 중요한가?' '지속적으로 반복되어 온 문제인가?' '수업의 목표에 도움이 되는가?' '비판적 사고력을 길러 주는가?' '학습자들의 수준에 적합한 주제인가?' 등과 같은 질문을 하여 논제의 적합성을 다시 확인해야 한다(Skeel, 1996).

둘째, 논제에 대한 논점 분석이다. 학습자들은 제시된 논제를 이해한 후, 논제와 관련된 다양한 주장을 주제별로 구분하고 정리해야 한다.

셋째, 토론 개요서 작성이다. 학습자들은 모든 논거를 논점 분석한 것들에 대해 합당한 증거 자료를 찾아 정리해야 한다.

넷째, 실제 토론이다. 학습자들은 준비한 내용을 가지고 토론한다. 이때 주장과 함께 상대방의 의견에 대해 질문하는 등 다양한 활동을 하게 된다. 현재 대학에서 이루어지는 토론수업은 많은 경우 실제 토론에 많은 시간을 할애하는데, 이는 토론이 가지고 있는 최고의 가치인 '반성과 협동을 통한 지식의 창출'과는 거리가 멀다는 의견이 많다. 따라서 교수자들은 토론을 준비하는 과정에서 충분한 학습이 이루어지도록 수업을 설계하고 운영해야 할 것이다.

하재홍(2010)은 토론 준비 과정과 실천 과정을 보다 세분화하여 논제 정하기,

토론자 정하기, 토론 준비하기, 자료 수집하기, 자료 분석하여 논거 발굴하기, 논거 배열하기, 주장 내용 작성하기, 작성 내용 암기하기, 연습하기, 발표하기 · 상대방 연설 듣기, 상대방 연설에 대한 반박 준비하기, 질문하기 · 반박하기의 12단계로 제시하였다. 12단계 중 9단계는 토론을 준비하는 단계이고, 발표하기 · 상대방 연설 듣기, 상대방 연설에 대한 반박 준비하기, 질문하기 · 반박하기의 3단계만 실제 토론 과정이다. 이런 논의를 통해 실제 토론도 중요하지만 토론을 준비하는 과정이 중요하다는 것을 알 수 있다. 각 과정을 구성하는 활동의 내용 및 전개 순서는 [그림 2-3] 및 〈표 2-2〉와 같다(하재홍, 2010).

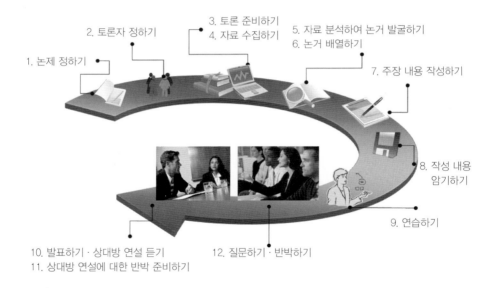

[그림 2-3] **토론수업 진행 과정**

〈표 2-2〉 토론의 주요 활동

단계	주요 활동	비고
1. 논제 정하기	교수자가 학습목표에 맞게 정한다.	일반적으로 논제는 학습목표에 맞게 교수자가 선정하지만, 필요에 따라 학습자들이 정할 수도 있다.
2. 토론자 정하기	학습자는 자신이 토론하게 될 논제에 대해서는 사전에 공지를 통해 알게 되지만, 찬반 어느 입장에 서게 될 것인지는 미정인 상태로 학습하는 것이 바람직하다. 일반적으로 토론 당일 제비뽑기로 찬반 입장을 정한다.	토론수업에서 토론자를 미리 결정할 경우 선정되지 않은 학습자들이 해당 내용에 대한 학습을 미룰 수 있다. 따라서 토론자 결정은 토론을 시작하기 전에 미리 짜인 대진표에 따라 진행하거나 제비뽑기 등으로 결정하는 것이 바람직하다.
3. 토론 준비하기	토론자로 뽑힌 학습자가 먼저 토론의 논제에 대해 자기주도적인 학습을 한다.	일반적으로 팀 단위로 토론 내용을 준비한다.
4. 자료 수집하기	학습자는 논제와 관련한 서적, 논문, 기사, 통계 등의 자료를 충분히 찾아 읽는다.	
5. 자료 분석하여 논거 발굴하기	수집된 자료들을 정리하고 분석하여 찬성 또는 반대의 주장에 부합하는 논거로 어떤 것이 있는지 발굴한다.	
6. 논거 배열하기	발굴한 논거들을 일정한 논리적인 흐름에 따라 배열한다.	
7. 주장 내용 작성하기	주장할 내용을 일정한 분량의 연설문으로 스토리보드에 맞추어 작성한다. 시작 부분에서는 어떤 말로 말문을 열어야 하는지 생각한다. 본론에서는 논제의 성격이 어떠한가에 따라 어떤 분위기나 어조로 말할 것인지, 표정이나 몸동작은 어떻게 할 것인지, 필요한 소도구는 무엇이며 언제 어떻게 활용할 것인지 염두에 두고 자연스럽게 말한다. 결론에서는 지금까지의 논거들을 간략하게 정리하여 언급한 다음, 논제에 관한 찬성 또는 반대 입장을 명확하게 제시한다.	

8. 작성 내용 암기하기	연설문이 작성되면, 내용을 암기한다.	내용을 암기하는 것이 필수는 아니지만, 작성된 내용을 보고 읽는 것은 좋지 않으므로 가능하면 대략의 내용을 암기하여 말하는 것이 좋다.
9. 연습하기	실제 토론에 임하게 되면, 청중 앞에 나서서 말해야 하는 상황 때문에 경직되고, 여기에 그동안 암기하고 연습한 것이 기억나지 않으면 어쩌나 하는 두려움이 생긴다. 이런 불안감은 누구나 겪기 마련인데, 연습과 경험을 통해 차츰 해소될 수 있다. 연습할 때는 직접 청중 앞에서 연설하는 것처럼 반복해서 연습한다. 강조할 부분이나 감정을 고양할 부분이 있으면 적절한 동작이나 표정이 나올 수 있도록 한다.	
10. 발표하기 · 상대방 연설 듣기	실제 토론에서 연습한 대로 발표하고 난 후에는 상대방의 연설을 듣게 된다. 방심하는 사이에 상대방의 연설이 끝나면 무엇을 반박해야 할지 알 수 없으므로 상대방의 주장을 경청한다.	상대방 주장의 주요 내용은 메모하는 것이 좋다.
11. 상대방 연설에 대한 반박 준비하기	상대방의 연설도 주의 깊게 들으면서, 듣는 즉시 그 자리에서 연설의 흐름을 따라가며 요지를 기억하고 메모한다. 상대방이 말을 마친 다음에는 상대방의 주장에 대해 반박할 수 있어야 한다. 상대방의 말을 듣고 메모하면서 반박할 부분(공격포인트)를 찾는다.	
12. 질문하기 · 반박하기	질문이나 반박 기회가 주어지면, 차분하고 조리 있게 상대방 주장의 논거를 요약하여 제시하고 논리적 허점을 지적하거나 부정확한 부분이 무엇인지 언급한다. 또한 자신의 주장에 대해서도 반론이 제기될 수 있으므로, 처음 주장을 하면서 어떤 반대 논거가 거론될 수 있는지 미리 예상한 내용으로 반론한다. 경험 있는 능숙한 토론자라면 자신의 논거들을 검토하고, 용어를 정리하고 주장의 범위와 한계를 철저히 해 반론의 여지를 없앨 수 있다. 영리한 토론자라면 상대방이 횡재라 생각하고 좋아할 법한, 그러나 철저히 재반론이 준비된 논거(미끼)를 언급할 수도 있다.	질문이 명료하지 않고 장황할 경우 논리를 흐릴 수 있으므로 간결하고 명확하게 질문하는 것이 필요하다.

※ 출처: 하재홍(2010)의 내용을 요약 정리함.

팀을 이루어 토론을 준비하는 과정에서 학습자들은 소속감, 도전, 배움의 즐거움을 느낀다(김향숙, 조인희, 2014). Lynch(1996)는 학습자들이 토론수업을 좋아하는 것은 비공식적이고 자연스러운 분위기, 다양한 정보 획득 기회, 서로 다른 다양한 사람과의 만남, 하고 싶은 주제로 토론할 수 있는 기회 등이 있기 때문이라고 하였다. 그러나 찬반 논쟁으로 이루어지는 토론은 경쟁이 이루어져 활발한 논쟁이 진행될 수 있도록 도와주지만, 토론에서 진 쪽이 기꺼운 마음으로 승리한 쪽의 의견을 따라 주는 경우가 별로 없다는 한계를 갖는다. 오히려 토론에 진 쪽에서 분한 마음을 가지고 힘이나 논리를 기르면서 보복할 기회를 엿보는 경우가 많다. 그래서 토론은 활발하게 일어나도 전체적인 의사결정이나 진행이 매끄럽지 않은 경우가 많다(Johnson & Johnson, 1994).

이러한 단점을 보완하기 위해서는 불가피하게 승패를 판정해야만 하는 때라도, 학습자들이 토론을 일종의 게임으로 여기고 지나치게 경쟁적인 분위기가 되지 않게 해야 한다. 따라서 단순히 토론 과정을 점수화하고 승패를 결정하는 방식보다는 논제 작성과 논제에 대한 논점 분석 그리고 개요서 작성 등에서 팀원들의 유기적 관계까지 평가하여 토론능력을 측정하고 향상시킬 수 있는 방향으로 나아가야 한다(박상준, 2009). 또한 토론수업을 시작하기 전에 수업에 대해 충분히 안내해야 한다. 예를 들면, 출석, 수업 태도, 수업 참여도, 토론 점수, 발표, 토론 과제, 수업도우미에 관한 규정을 만들고 이를 학습자들과 공유해 토론수업을 보다 원활하게 운영할 수 있다(박삼열, 2012). 성공적인 토론수업이 이루어지기 위해서는 논제 준비, 토론방법 결정, 토론수업 안내 자료 개발 등 교수자의 세심한 준비가 필요하다.

2. 토론수업의 목적과 효과

토론을 수업에서 활용하려는 노력은 오래전부터 있어 왔다. 소크라테스가 아테네의 거리에서 플라톤을 비롯한 제자들을 가르쳐 온 방법도 토론수업의 한 유형이라고 할 수 있을 것이다. 강의를 포함한 다른 교육방법들과 마찬가지로 토론수업도 기본적으로는 해당 교육과정에 포함된 지식을 습득하는 것을 목표로한다. 학습자의 참여를 중시하는 교육방법에 대한 오해 중 하나는 지식의 습득을 덜 중요시한다는 것이다. 그러나 학습자의 참여를 중시하는 다른 교육방법과마찬가지로 토론수업 역시 지식의 습득은 매우 중요한 의미를 지닌다. 다만, 습득의 대상이 되는 지식이 무엇이며, 그것이 어떤 과정을 거쳐 이루어질 수 있는가에 대한 관점의 차이가 존재하는 것뿐이다. 토론수업에서는 지식의 습득과 함께 자신의 입장이나 생각을 표현하는 과정에서 학습자의 논리적 사고력, 발표능력, 자기주도적 학습능력의 향상을 기대한다. 또한 상대방과 의견을 주고받는과정에서 자신과 다른 견해의 존재에 대해 인정하고 이를 바탕으로 공동체의 생각을 모아 간다는 점에서 민주주의를 체험하는 장을 제공한다. 더불어 직접 참여하는 과정에서 학습자들의 수업에 대한 몰입도를 증가시킨다(Bligh, 2000). 이는 토론수업이 가지는 비공식적이고 자연스러운 분위기, 다양한 정보 획득 기회, 다양한 사람과의 만남 등이 학습자들의 토론수업에 대한 선호도를 높이는이유가 되기도 한다(Lynch, 1996). 수업에 대한 몰입도와 선호도를 높이는 것은수업 자체의 성과를 높일 수 있는 기본 조건이 된다. 따라서 토론수업은 수업 자체의 효과성을 제고하기 위한 하나의 방편이 된다.

그렇다면 토론수업을 통해서 어떠한 학습 효과를 기대할 수 있을까? 토론과스피치 등 말하기 훈련과 같은 의사소통교육은 인지능력, 합리적 사고능력, 조직화능력, 언어능력, 신체적 능력, 대인관계 능력 등 종합적 능력을 향상시킨다.그 내용을 하나씩 살펴보면 다음과 같다. 첫째, 인지능력이다. 이는 주제에 대한이해력과 증거 수집, 정리능력, 정보 처리 및 가공 능력, 독립적인 사고능력, 돌발적인 상황 대처능력을 포함한다. 둘째, 합리적(자주적, 논리적) 사고능력이다.이는 말할 내용의 개요를 작성하는 능력, 주장과 논거들을 분석하는 능력, 논리적 대응능력, 추론(결론 도출)능력을 포함한다. 셋째, 조직화능력이다. 이것은 메시지 구성능력, 정보종합 능력, 시간관리 능력, 시청각 자료 등의 활용능력을 포함한다. 넷째, 언어능력이다. 이는 다양한 상황에서 언어전달력, 정확한 발음과 효과적인 발성훈련을 포함한다. 다섯째, 신체적 능력이다. 이는 자세와 태도, 제스처, 시선, 외관과 외모 등 비언어적 표현능력을 포함한다. 끝으로, 대인관계 능력이다. 이는 협동능력, 의사소통 능력, 조정능력을 포함한다.

3. 토론수업에서 교수자와 학습자의 역할

토론수업에서 교수자의 역할과 학습자의 역할은 전통적인 수업에서의 역할과는 다르다. 일반적으로 강의식 수업에서는 교수자가 교육의 내용을 충실히 준비하여 효과적으로 전달하고, 학습자는 그 내용을 충실히 습득하기만 하면 된다. 그러나 토론수업에서는 교수자와 학습자 모두 다른 역할을 수행해야 한다. 특히 학습자는 강의식 수업과는 달리 스스로 토론을 준비하여 수행하고, 토론팀이 원활하게 운영될 수 있도록 적극적으로 참여하는 역할 또한 수행해야 한다.

1) 교수자의 역할

토론수업을 위한 교수자의 첫 번째 역할은 토론수업을 설계하고 실행하는 것이다. 토론수업에 대해서 교수자가 가질 수 있는 오해 중 하나는 학습자들에게 특정 쟁점을 제시해 주고 토론활동을 평가만 하면 되기 때문에 수업에 대한 부담이 가벼워질 수 있다는 것이다. 그러나 학습자들이 쟁점에 대해 활발하게 토론할 수 있는 여건을 만들고, 토론활동에 대해 공정하다고 느끼는 평가를 내리기 위해서는 교수자들의 많은 준비와 노력이 필요하다. 명확하고 세심하게 계획된 설계에 따라 진행되지 않는 토론은 중구난방의 말잔치에 그칠 수 있다. 또한 많은 경우에 예외적인 몇 명을 제외한 대부분의 학습자가 배제된 의견 교환에 머물 수도 있다. 또한 기대보다 활발히 진행되지 않는 토론에 대해서 교수자나 학습자 모두 실망감만 안고 마는 수업이 될 수도 있다. 따라서 토론수업에서 교수자는 토론수업이 원활하게 이루어져 애초에 기대한 학습목표를 달성하도록 면밀한 계획을 세워 수업을 진행할 필요가 있다. 이를 위해서 교수자에게 요구되는 구체적인 역할은, 첫째, 토론을 위한 사전 준비, 둘째, 실제 토론 과정 관리, 셋째, 토론 이후의 평가 및 피드백으로 나누어 볼 수 있다. 그 가운데 세 번째 항목으로 제시한 토론 이후의 평가 및 피드백은 제9장에서 구체적으로 다루고, 이장에서는 토론을 위한 사전 준비와 실제 토론 과정 관리에서 교수자에 요구되는 역할에 대해서 설명한다.

(1) 토론을 위한 사전 준비

우리 학생들에게 토론은 아직 익숙하지 않다. 이는 실제로 수업을 진행해 본 교수자들이 대부분 공감하겠지만 우리나라 학생들은 대부분 아주 간단한 의견을 묻는 경우에도 매우 소극적이고, 간단한 대답을 하는 것도 어려워한다. 이러한 학생들을 상대로 준비 없이 갑자기 토론수업을 하겠다고 하면 애초에 기대했던 성과를 달성하기 힘들 것이다. 따라서 토론수업을 하기 위해서 교수자는 학습자들에게 어느 정도 몸과 마음을 풀 기회를 제공해야 한다. 예를 들어, 어떤 교수자는 학습자들에게 몇 가지 쟁점에 대해서 자신의 의사를 밝히고 이야기하는 기회를 꾸준히 제공한다. 이런 기회를 통해 학습자들은 자신의 의사를 공개적으로 밝히고, 이를 통해 타인과 의사소통하며 평가받는 과정에 어느 정도 익숙해진다.

다음으로 필요한 사전 준비는 학습자들에게 토론의 규칙을 명확하게 전달하는 것이다. 일반적으로 토론수업은 공정한 의견 표명의 기회를 제공하기 위해 토론경연 방식을 따른다. 토론경연은 발표 시간, 순서 등을 포함한 일정한 과정과 규칙에 따라 진행되는데, 학습자들이 이러한 규칙을 충분히 숙지하지 못한다면, 실제 토론 과정에서 자신이 어떤 역할을 수행해야 하며 어떤 내용과 형식으로 의견을 피력해야 하는지 혼란을 겪게 된다. 이와 같은 혼란은 원활한 토론의 진행을 방해하고 평가도 곤란하게 만든다. 따라서 토론의 규칙을 명확하게 전달하여 학습자들이 불필요한 혼란을 겪는 것을 방지할 필요가 있다.

(2) 토론 과정 관리

잘 준비된 토론수업이라고 하더라도 실제 토론경연을 진행하는 과정에서는 여러 예상치 못한 일이 발생할 수 있다. 실제 토론경연이 진행되면 학습자들이 주도적으로 수업에 참여하고 이끌어 가기 때문에 학습자들 스스로 문제를 해결하도록 할 수 있다. 그러나 많은 경우 이런 문제들은 교수자의 적절한 개입을 통해 훨씬 적은 노력으로 바람직한 방향으로 해결되기도 한다. 따라서 교수자는 실제 토론 과정을 적절히 관리할 필요가 있다. 이는 구체적으로 준비 과정 관리, 논쟁에 대한 태도 관리, 팀 내 의사소통 관리로 나눌 수 있다.

① 준비 과정 관리

토론 과정 관리 가운데 가장 우선 필요한 것은 정해진 쟁점에 대해 찬성 및 반대 입장에서 실제로 토론을 준비하는 학습자나 팀의 준비 과정을 검토하는 것이다. 토론경연에 참여하는 학습자나 팀은 자신이 선택한 혹은 자신에게 주어진 입장에 따라 쟁점을 명확히 하여 관련된 자료를 수집·정리하여 논리적으로 구성해야 한다. 그런데 이 경우 많은 학습자들은 혼란을 겪을 수 있고, 그 결과 쟁점이 제대로 정리되지 않으면 토론경연이 제대로 이루어지지 않을 가능성이 크다. 따라서 교수자는 토론경연 이전에 참여 학습자나 팀의 준비 과정을 검토하여 쟁점 정리나 자료 수집의 방향을 함께 점검하고, 필요한 경우 적절한 조언을 제공해야 한다.

물론 이 과정에서 교수자는 쟁점에 대한 자신의 입장이 드러나지 않도록 주의를 기울일 필요가 있다. 일반적으로 토론의 논제에 대한 쟁점은 사회적으로 찬성과 반대로 의견이 나뉘어 있기 때문이다. 그 문제에 대한 입장이나 결정이 개인에게만 영향을 주는 것에 그치지 않고 사회의 여러 사람과 관련되어 있으며, 여러 개의 선택 가능한 대안 중에서 어느 하나를 결정해야 하는 문제, 즉 논쟁문제를 학습에서 다룰 때는 교사의 역할에 따라 다른 결과가 나오지 않도록 주의를 기울여야 한다(이광성, 2002).

② 논쟁에 대한 태도 관리

논쟁문제와 연관한 학습에서 교수자가 취할 수 있는 태도로는 배타중립형(가치중립적인 입장에서 논쟁문제는 교수·학습의 내용이 될 수 없다고 이해), 배타편파형(하나의 올바른 입장을 가정하여 그 입장에 대해서만 교수·학습함으로써 학습자를 혼란과 타락으로부터 보호할 수 있다고 이해), 중립공정형(교수자는 중립적인 입장에서 다양한 의견이 개진될 수 있도록 허용하며, 자신이 어떤 의견을 취하여서는 안 된다고 이해), 신념공정형(다양한 문제에 대해 논쟁을 부치는 것을 허용하되, 교수자의 교육 신념에 따라 지도할 의무가 있다고 이해) 등의 네 유형이 있는데, 학업성취도 향상을 가져올 수 있는 유형은 중립공정형과 신념공정형이며, 서양과 달리 보수성이 강한 한국 사회에서는 신념공정형이 바람직하다고 설명된다(차경수, 1994).

어떤 논제가 학습자들의 찬반토론에 부쳐진다는 점, 그리하여 그 토론이 어느 방향으로 전개되며 결과는 또 어떻게 되는가 하는 점에 대해 교수자는 노심초사할지 모른다. 그러나 앞에서 언급한 바와 같이 토론에서 논제가 아무리 당연하고 정당하다고 여겨져도 그것이 충분한 논거 위에 구축되지 않으면 안 된다. 찬성이든 반대든 그 주장은 확실하게 언명되어야 하며, 그에 대한 논거도 충분히 제시되고 검토되어야 한다. 한국 사회가 서양 사회와 달리 보수적인 측면이 있다 하더라도 토론에서는 토론자들이 가지고 있는 지식과 논증의 기술, 토론 전략 등이 어우러져 토론이 전개되는 것이고, 토론수업의 목적은 그 기량을 향상시키는 데 있다. 교수자는 토론 과정에 참여하지 않아야 한다. 또한 교수자가 토론 과정의 밖에서 토론의 방향이나 결론에 영향을 미치려는 것 역시 토론 자체의 논리에 어긋나며 토론을 왜곡시키는 것이라 할 수 있다.

③ 팀 내 의사소통 관리

팀 단위로 이루어지는 토론 과정에서 나타날 수 있는 문제는 팀 내의 의사소통이나 역할과 책임의 분배와 관련하여 발생하는 문제이다. 이는 기본적으로 팀 구성 과정에서 학습자들에게 팀 구성에 필요한 의사소통의 중요성을 강조하고, 이를 위해 명확한 규칙을 수립하여 공유하도록 하는 것으로, 어느 정도는 예방할 수 있다. 실제로 문제가 발생한다면 팀 내의 의사소통이나 규칙을 통해 학습자들이 스스로 조정하고 관리할 수 있도록 한다. 그러나 학습자들이 해결하기 힘든 수준의 문제라 판단될 때는 교수자가 사전에 학습자들과 공유한 규칙에 따라 적절하게 개입할 필요가 있다.

2) 학습자의 역할

토론수업에서는 학습자가 수업에 적극적으로 참여해야 한다. 물론 토론수업에서 가장 중심이 되는 학습자의 역할은 토론경연에 참여하여 자신이 취한 혹은 취하게 된 입장을 논리적으로 제시하는 것이지만, 토론을 위한 준비 과정 역시 성실하게 수행해야 한다.

(1) 토론 자체에 대한 준비

학습자는 토론을 위해 무엇을 준비해야 할까? 일단 토론의 논제가 정해지고 해당 학습자 혹은 학습 팀이 토론경연의 참가자로 결정되면 학습자는 쟁점을 파악하고 이를 중심으로 자신이 선 입장의 생각과 주장을 논리적으로 구성해야 한다. 물론 이 과정에서 교수자가 토론을 위해 필요한 자료의 범위를 한정 지어 주거나 기초 자료 내지 정보의 습득 경로 정도를 안내할 수도 있다. 그러나 토론을 준비하는 학습자는 기본적으로 스스로 자료를 찾아 읽고, 분석하고, 논거를 발견하고, 재구성하고, 연설문을 만들고, 암기하고, 연기하듯 연습해야 한다. 또한 토론경연이 어떤 논제에 대한 찬성 혹은 반대 입장을 논리적으로 설득하고 이를 평가받는 과정이라는 점을 고려하여 필요하다면 효과적인 설득을 위해 시각 자료도 미리 준비한다.

(2) 팀 활동에서 요구되는 역할

실제 토론경연 방식은 대부분 복수의 참여자가 역할을 분담하여 토론에 참여하는 것을 전제로 설계되어 있다. 따라서 토론수업은 팀을 구성하여 진행되는 경우가 대부분이다. 팀을 구성하여 토론이 이루어지기 위해서는 기본적으로 팀이 그야말로 팀으로서 작동하기 위한 여러 노력이 수반되어야 한다.

우선 팀은 구성원 간의 역할과 책임의 분담을 전제로 구성된다. 따라서 토론 자체의 준비 과정에서 토론경연에 실제 참여할 구성원과 이들을 보조할 구성원의 역할이 분담되어야 한다. 이런 역할이 적절히 분담되지 않은 상황에서는 문제가 발생할 수 있다. 따라서 적절한 역할 분담을 위해 팀 구성원 간에 공유된 규칙을 형성하고 이를 준수하여야 한다. 그러나 이런 규칙이 구성원들의 역할을 기계적으로 구분하는 것에 머무른다면 좋은 성과를 기대하기 어렵다. 토론경연에서 팀이 취한 입장에 대한 이해, 팀의 입장을 효과적으로 설득하기 위한 자료, 논거, 주장의 내용은 구성원 모두가 준비 과정에서 숙지해야 한다. 또한 상대방 입장에서 제기할 수 있는 예상되는 반론에 대한 대응 논리 역시 함께 준비하고 공유해야 한다. 토론경연 방식 중에는 토론 과정 중 숙의 시간을 제공하는 경우도 있기 때문에 실제 참여자뿐만 아니라 다른 학습자들도 자신의 팀이 지닌 입장에 대하여 충분히 숙지하고 있어야 이 숙의 시간을 토론의 흐름을 반전시키는 중요한 기회로 사용할 수 있다.

이를 위해서 토론 팀의 구성원들은 충분히 의사소통하여야 한다. 의사소통을 통해 팀이 공동의 목표를 지향하게 하는 한편, 혹시나 발생할 수 있는 다양한 문제에 대응할 수 있다. 물론 팀 구성원들의 의사소통은 시간을 비롯한 비용을 발생시키는 일이기도 하다. 그러나 좀 더 의미 있는 성과를 얻어 내려고 하는 공동의 노력이 학습자들을 함께 성장시키는 원동력이 된다는 점도 기억할 필요가 있다. 또한 팀의 의사소통은 개인적 신념과 토론에서 취한 입장 차이에서 발생하는 문제를 해결할 수 있는 방편이 되기도 한다. 토론경연에서 자신의 팀이 지닌 입장에 대한 준비를 하면서 반대되는 의견이 개진되고 이에 대해 활발하게 논의가 이루어지는 경우 구성원들은 자신의 개인적 신념에 기초한 입장이 어떤 한계가 있는지 좀 더 용이하게 확인할 수 있다. 부수적으로 이 과정에서 상대방의 입장에 대한 대응력도 높아질 것이다.

4. 토론수업에 대한 논쟁

토론수업은 우리가 수업에서 자주 사용하는 익숙한 방식은 아니다. 더구나 우리나라와 같이 자신의 생각을 가감 없이 표출하기보다는 공동체를 위한 침묵을 미덕으로 보는 문화에서 토론을 수업에 도입한다는 것은 쉽지 않은 도전이 될 수 있다. 따라서 토론수업이 효과적인 수업방식이 될 수 있을지에 대해 다양한 각도에서 의문이 제기되기도 한다. 그뿐만 아니라 토론이라는 의사소통 방식에 대한 기본적인 의문도 존재할 수 있다. 따라서 여기서는 토론을 수업방식으로 도입할 때 제기될 수 있는 몇 가지 질문을 정리하고 이에 대한 답변을 제시한다.

1) 토론은 단지 말솜씨의 기술을 겨루는 것인가

토론과 논증이란 그저 자신의 생각을 말하는 것이 아니다. 토론은 '입'이 혼자 하는 것이 아니라 반드시 '뇌'가 함께 작용해야 한다. 예를 들어, '내용은 없지만 말만 잘하는 토론'과 '어눌하지만 내용이 있는 토론'과 같은 극단적인 이분법은 현실에서 존재하기 힘들다는 것이다. 물론 상대적으로 말솜씨를 타고난 사람과 그렇지 않은 사람이 존재할 수는 있지만, 토론은 단순히 말하는 것이 아니라 쟁점에 대한 입장을 논리적으로 설득하는 것을 의미한다. 따라서 토론의 기술은 단순히 형식이 아니라 내용을 담고 있는 것으로 이해할 수 있다. 이 점에서 토론과 논증의 기술은 곧 철학에서 말하는 '비판적 사고'의 기술이라고 이해하는 견해도 있다(배석원, 2003). 기술은 논증의 내용을 보다 효과적으로 드러낼 수 있는 형식으로서 의미를 가지며, 이를 위해서는 다양한 방법이 사용될 수 있다. 한때 논증이란 형식논리적 증명을 의미하는 것으로 여겨졌으나, 페렐만(Perelman), 툴민(Toulmin) 이래 형식논리적 증명 외에 자연언어를 사용한 비형식논리적 논증방법도 포함하는 것으로 이해된다. 그리하여 연역법(deductive reasoning), 귀납법(inductive reasoning), 개연적 삼단논법(abductive reasoning), 인과추론

(cause-effect reasoning), 징표법(argument from sign) 등은 물론 분리, 비유, 예화법, 이익−손실법 등이 논증의 기술로 사용될 수 있다.

2) 토론에서 개인적인 신념은 어떤 의미를 가지는가

토론자는 어떤 논제에 대해서 개인적인 신념을 소유하고 있을 수도 있다. 그리하여 자신은 자신의 소신에 반대되는 것이라는 이유로 주어진 찬성 또는 반대의 역할을 할 수 없다고 거절하는 태도를 보일 수도 있다. 물론 토론수업에서 학습자가 자신의 소신에 반대되는 입장을 논증하게 되었다고 해서 실제 토론을 거부하는 일은 거의 없겠지만 토론의 준비나 실제 토론 과정에서 소극적인 자세를 취할 가능성은 얼마든지 있다.

그러나 토론자가 논제에 대해 개인적인 소신을 가질 수 있다는 것은 그가 자신의 소신에 반대되는 입장에 서서 적극적으로 논쟁을 펼치는 것과 전혀 모순되지 않는다. 개인적 소신은 '설득'을 대신할 수 없다. 토론은 기본적으로 지적 게임이다. 토론자가 선호하는 입장이 소신이라 하더라도, 토론수업은 학습자에게 논제에 대해 찬성과 반대 중 어느 역할이 주어지든 자유자재로 주장을 펼치고 이를 뒷받침할 논거를 찾아내는 사고능력과 비판능력을 길러 준다. 학습자가 개인적인 소신에 치우치면 그러한 학습자는 자신이 정당하게 믿는 바가 있다 하더라도 그것이 왜 정당한 것인지 논거 개발에 나서지 않게 될 가능성이 크고, 결국에는 자기 자신을 좁은 세계 속에 가두게 될 것이다.[2] 따라서 교수자는 학습자가 자신의 입장의 장막을 걷고 더 넓은 논증의 세계로 나올 수 있도록 인도해야 한다.

3) 학습자들은 토론을 위한 충분한 능력을 갖추고 있는가

앞의 두 질문과 달리 이번 질문은 토론을 수업방식으로 도입하는 과정에서 제기될 수 있는 현실적인 고민을 담고 있다. 바로 우리 학습자들이 토론에 참여할 만큼 충분한 능력을 갖추고 있는가이다. 사실, 많은 교수자는 학습자들이 소극적이며 수업 중에 제시하는 간단한 질문에도 반응하지 않는다고 이야기한다. 이는 다음과 같은 몇 가지 근거를 가지고 있다. 그러나 이러한 한계는 극복이 불가능한 것만은 아닐 것이다. 교육은 기본적으로 교수자와 학습자들이 지적인 상호 작용을 통해 서로의 능력을 키워 가는 과정이기 때문이다.

(1) 남 앞에 나서서 말하기 꺼리는 문화적 풍토

남 앞에 나서서 말하기를 꺼려 하는 문화 풍토가 존재한다면, 교수자는 먼저 수업 초기에 자연스러운 대화와 토론이 이루어질 수 있는 분위기를 조성해야 한다. 교수자와 학습자 간에, 또는 학습자들 간에 권위적인 분위기가 존재하는지 살펴보고, 자연스럽고 자유롭게 의견을 진술할 수 있는 여건을 조성해야 한다. 또한 주어진 논제에 있어 오로지 하나의 올바른 입장이나 정답이 존재할 것이라는 인식은 가급적 조기에 불식시켜야 한다. 어떤 논제에 대해 찬반 역할을 정해 토론해 보는 목적은, 그 사안에 대해 더 잘 알고, 상대방에게서 배우고, 내 주장의 질을 높이기 위해서이다.

(2) 토론을 어떻게 하는지에 대한 교육 경험 부족 혹은 부재

토론교육의 문제점으로는, 첫째, 민주시민교육의 중요성을 강조하지만 정작 교육 자체는 허술한 느낌이 있다는 것이다. 둘째, 글쓰기 교육은 보편적이지만 지나치게 초보적인 수준에 머물러 있다는 것이다. 셋째, 비판적 사고의 중요성이 간과되고 있다는 것이다. 넷째, 글쓰기와 의사소통 교육이 체계적으로 이루어지지 못하고 있다는 것이다. 물론 이러한 문제들을 단번에 해결하기는 어려우며, 차츰차츰 토론 경험과 이해의 범위를 넓혀 가는 것이 현실적이다. 토론수업을 본격적으로 시작하기 전 간단한 토론게임을 하거나 기존에 이루어진 토론 모습을 볼 수 있는 동영상 자료 등을 제공할 수 있다. 토론게임을 할 때는 여러 토

---

2) 토론자가 자신의 소신에 맞는 입장에서 적극적인 논증을 전개할 것이라는 점은 부인할 수 없다. 하지만 자신의 소신에 반대되는 주장을 전개해 보면, 그 주장의 강점과 약점을 잘 이해하게 되어 오히려 자신의 소신에 맞는 주장을 더 잘 펼칠 수 있게 된다.

론규칙 중 수업의 형편에 맞는 적절한 규칙을 선정하여 숙지시키고, 찬성과 반대 팀을 구성하여 번갈아 가면서 논거를 말해 보게 하고, 적당히 마무리되면 다시 찬반 입장을 바꾸어서 동일한 순서로 말해 보게 한다.

(3) 강의식 교수법에 익숙한 교사와 예습하지 않는 학습자들

학습자들의 습관과 경향은 몇 차례 토론수업을 진행하면 자연스레 해소될 것이다. 토론은 흥미진진한 게임으로 학습자의 승부욕을 자극하기 때문이다. 학습자들은 토론수업의 진행에 익숙해지면서 스스로 학습에 흥미를 느끼고 다음번 토론 준비에 만전을 기하려 할 것이다. 중요한 것은 교사가 기존의 익숙한 강의식 방법에서 벗어나 '토론'이라는 교수방법을 선택하는 것이다.

(4) 논제와 관련된 내용을 유기적으로 연결지어 논지를 전개하는 능력 부족

어떤 주장이든 그 주장을 뒷받침하는 논거가 미약하거나 오류가 있을수록 그 주장은 반박되기 쉽다. 이러한 이유로 토론 과정에서 서로가 상대방의 논거를 반박할 수 있는 것이다. 토론은 각자의 주장을 일방적으로 발표하는 데 그치지 않고 상대방의 주장을 공격하고 자신의 주장은 방어하는 일련의 흐름에 놓이게 되며, 그것이 토론의 긴장과 흥미를 높이는 요소가 된다. 그렇기 때문에 학습자의 논지 전개 능력이 부족하다는 것은 토론이 성립 가능하며 토론에 흥미와 묘미, 긴장감을 더하여 앞으로의 토론이 더 잘되게 촉진하는 요인으로 이해된다. 이러한 문제는 궁극적으로는 토론이 반복될수록 토론을 통해 보완되고 해결될 것이다.

4) 토론을 교수 · 학습 방법으로 활용하는 것이 적절한가

학습자들의 토론능력에 대한 의문과는 별개로 토론을 교수 · 학습 방법으로 활용하는 것이 적절한가에 대한 의문도 존재할 수 있다. 많은 경우 토론수업에 대해서 교수자가 수업에 대해 방관적 태도를 취할 수 있다는 것, 토론주제가 어럽고 준비하는 것이 힘들어 소수 학습자만 참여하는 수업이 되지 않을까 하는 걱정, 그리고 평가가 공정하게 이루어질 수 있을까에 대한 의문이 제기되고, 이는 수업 자체의 불만족을 높이는 요인으로 여겨지고 있다(박명희, 2006). 이러한 요인들이 교수·학습 방법으로서의 토론의 의미를 퇴색시키는 것은 아니지만 토론수업도 잘 조직되지 않으면 실패할 수 있다는 것을 시사한다. 따라서 이러한 의문은 토론식 수업이 성공하기 위해서는 그만큼 사전에 잘 준비되고 조직되어야 함을 환기시키는 것으로 받아들이는 것이 좋다.

　토론수업이 의도하지 않게 실패로 돌아갈 가능성은 언제든지 있다. 실패의 가능성은 토론수업이 무엇을 의미하는가에 대한 혼선에서 비롯될 수 있다. 이러한 혼선—더 근본적으로는 토의수업과 토론수업을 구별하지 못하는 경우도 많다—은 토론수업에 대한 오해와 수업 진행상 불편을 초래할 수 있다.

　'토론수업'에서 '토론'이 의미하는 바가 무엇인가 하는 질문에 대한 답변은 다양하다. ① 토론을 암송으로 이해하는 입장(즉, 교사가 질문하고 학습자가 이에 대해 대답하는 데 그 과정이 빠르게 진행되는 것), ② 교수자가 주도하는 교수자−학습자 간 대화라는 입장, ③ 대화는 대화인데 열린 대화라는 입장(자신의 입장을 정해 두고 상대방에게 강요하려 하지 않는다는 것), ④ 도전적인 질문 부과라는 입장(상대방이 가지고 있는 입장에 대해 그것이 무엇이든 그 입장의 특성과 주장 범위, 한계를 질문을 통해 드러낸다는 것), ⑤ 교실 밖 세계에 대한 앎으로 안내하는 것이라는 입장, ⑥ 구술적 상호작용('말'로 묻고 답하는 방법으로 상호작용하는 것)이라는 입장 등이 있다. 또한 사회과 교사를 상대로 한 실증조사 결과에 의하면 ①, ②, ④ 외에 ⑦ 학습자 간 갑론을박형, ⑧ 다양한 학습자발표형(교수가 학습자들에게 개별적으로 질문하고 대답을 유도하는 것이 목적으로, 학습자 간 의견 조율이나 피드백은 중요하게 취급되지 않음), ⑨ 교실 밖 현실세계 문제를 다루는 과정형(현실성 있는 사례로 흥미를 돋우고, 여기에 교과 내용을 접목하여 가치관계 갈등 문제를 직접 다루는 것), ⑩ 토론 그 자체로서의 토론(토론의 규칙과 화법의 습득 자체를 목적으로 하는 것) 등의 개념군이 존재한다(오연주, 2008). 따라서 교수자가 토론수업을 하겠다고 할 때 교수자나 학습자가 '토론'의 의미에 대해 상이하게 이해할 수 있으리라는 것은 어쩌면 당연한 귀결이다. 어떤 연구에 의하면, 다른 조건이 모두 동일하다고 할 때 토론수업이 진행된 경우 고급 사고력이 더 신장되었다고 볼 수 있지만, 토론수업의 시간이나 횟수가 늘어났음에도 고급 사고력이 그에 비례하여 증가하는 것이 아니라 오히려 낮아지는 현상도 볼 수 있다고 한다(이광성, 2002). 이러한 현상은 토론수업의 운영상 문제에서 비롯된 것이겠지만 더 근본적으로는 토론수업의 개념 정립상 혼선에서 비롯된 것이다. 따라서 토론수업이 의미하는 바는 가급적 명확하게 정립될 필요가 있다. 혼선을 피하기 위해서는 가급적 수업 초기에 토론수업의 의미에 대해 확실하게 주지시킬 필요가 있다.

5) 토론수업은 반드시 정형화된 형식을 갖추어야 하는 것인가

토론수업은 대체로 정형화된 형식을 갖추고 있다. 이는 경연방식의 토론을 수업에 적용하는 경우에도 그렇지만 비경연방식의 토론을 수업에 적용하는 경우에도 비슷하게 나타난다. 이처럼 토론에 정형화된 형식을 갖추어야 할 필요는 토론이 기본적으로 찬성과 반대 혹은 대립되는 입장이 존재하는 경쟁적인 성격을 지닌다는 점에서 찾을 수 있다. 물론 이러한 경쟁이 반드시 승자와 패자를 결정해야 하는 승부의 성격을 띠는 것은 아니다. 경연방식으로 이루어져 승자와 패자를 결정하는 토론방법이 있는가 하면 토론을 통해 쟁점을 더 심도 깊게 이해하는 것에 초점을 맞춘 토론방법도 존재한다. 하지만 어떤 경우라도 토론수업을 하기 위해서는 이러한 경쟁이 공정하게 이루어질 수 있는 세심한 설계가 필요하다. 토론 과정 역시 찬성과 반대 입장이 충분하고도 공정하게 개진될 수 있도록 사려 깊게 마련되어야 한다.

앞에서 제기한 학습자들의 능력 문제와도 관련이 있지만 실제로 세심하게 설계하고 준비하기만 한다면 학습자들은 토론수업에 매우 능동적으로 적응한다. 토론수업을 통해 짧은 시간 안에 자신의 잠재된 능력을 발휘하고 개발하기도 한다. 그런 과정을 통해서 처음에는 정형화된 형식 안에서 주어진 발언 기회나 시간마저 부담스러워하던 학습자가 자신의 생각을 더 많이 이야기하고 싶어 하는 욕구를 드러내기도 한다. 실제로 필자가 진행한 토론수업에서 상당수 학습자가 정형화된 형식을 넘어선 끝장토론을 해 봤으면 하는 아쉬움을 표하기도 했다.

그러나 토론수업은 어디까지나 수업이고, 배움의 과정이라는 점을 이해할 필요도 있다. 토론은 섬세하게 설계되고 관리되지 않으면 공정성을 잃고, 공정성이 지켜지지 않는 순간 타인에 대한 배려와 예의도 사라질 수 있다. 토론은 자신의 생각을 표현하는 과정과 더불어 타인의 입장을 듣고 이해하는 과정의 상호작용을 통해 완성된다. 따라서 수업으로서의 토론에서는 어느 정도 정형화된 형식에 대해 교수자와 학습자들이 충분히 동의하고, 이를 지키면서 토론을 해 나갈 필요가 있다. 물론 이는 정형화된 형식을 기계적으로 고수해야만 한다는 의미는 아니다. 학습자들의 토론에 대한 욕구를 수용하는 과정에서 정형화된 형식은 서로가 합의된 선에서 새로운 형식으로 진화할 수 있을 것이다. 이러한 성장의 과정 역시 토론수업이 지닌 묘미라 할 것이다.

토의 · 토론수업을 위한
기본 의사소통 전략[1]

토의수업과 토론수업이 원활하게 이루어지기 위해서는 학습자들이 적극적으로 자신의 의견과 생각을 제시하고, 다른 사람의 이야기를 잘 들어야 한다. 또한 토의와 토론 과정에서 제기된 다양한 내용을 이해, 적용, 분석, 평가, 창조할 수 있도록 질문해야 한다. 이러한 기본적인 의사소통이 원활하게 이루어질 때 토의수업과 토론수업이 성공적일 수 있다. 토의수업과 토론수업을 진행하기 전 학습자들을 대상으로 효율적 · 효과적 의사소통을 위한 전략을 알려 준다면 보다 성공적인 토의 · 토론수업이 이루어질 것이다. 이 장에서는 토의 · 토론수업, 나아가 팀 단위로 이루어지는 다양한 학습자 중심 교수 · 학습 활동을 하는 데 도움이 되는 기본적인 의사소통 전략을 안내할 것이다.

---

1) 이 장은 장경원, 고수일(2014)의 『액션러닝으로 수업하기』의 내용을 요약 · 제시하였다.

1. 아이스 브레이크와 팀빌딩

토의수업은 학습자들 간의 상호작용에 기반하며, 상호작용은 편안하고 허용적인 분위기가 형성되었을 때 보다 활발하게 이루어진다. 아이스 브레이크와 팀빌딩 활동은 토의를 시작하기 전 학습자 전체 또는 팀 단위에서 편안하고 친밀한 분위기를 형성하도록 도와준다.

1) 아이스 브레이크

아이스 브레이크(Ice-Break)는 '마음 열기'로, 서먹한 분위기를 깨고 활기찬 분위기를 만들기 위한 활동이다. 학습자들이 토의나 토론활동에 적극적으로 참여하기 위해서는 학습자들이 서로 친근하고 편안함을 느끼는 것이 중요하다. 따라서 수업에서 토의나 팀 활동을 시작하기 전에 가볍게 아이스 브레이크 활동을 하면 수업의 효과를 높일 수 있다. 일반적으로 다음과 같이 구성원들이 자유롭게 자신의 의견을 이야기하는 것이 어색하고 부자연스러울 때 아이스 브레이크를 권장한다.

- 팀원들이 서로 잘 모르는 경우
- 팀원들 대부분이 토의와 토론에 익숙하지 않은 경우
- 분위기가 경직되어 있거나 가라앉은 경우

그러나 이 같은 상황이 아닌 경우 토의·토론 때마다 다루는 주제와 무관한 아이스 브레이크를 의무적으로 하는 것은 바람직하지 않다. 오히려 토의나 토론활동을 산만하게 할 우려가 있기 때문이다. 학교 수업에서는 학기의 첫 수업시간에 한 번, 그리고 학기의 중간 정도에 수업 분위기 전환이 필요할 경우에 과하지 않은 범위에서 다시 한 번 아이스 브레이크를 하는 것이 적절해 보인다(장경원, 고수일, 2014).

　아이스 브레이크 방법으로는 간단한 게임 또는 자기소개 등이 있다.

　첫 수업시간의 아이스 브레이크 활동으로는 자기소개가 적절할 것이다. 자기소개는 가장 간단한 아이스 브레이크 방법이기도 하고, 팀 중심의 활동이 이루어지기 전 팀원들이 자신을 소개하고 서로를 알기 위해 수행해야 하는 가장 기본적인 단계이기도 하다. 자기소개는 교수자와 학습자들, 전체 학습자들, 팀 구성원들 간에 모두 이루어지도록 한다.

Teaching Tips **자기소개를 위한 네임텐트 만들기**

　포럼이나 세미나에서 흔히 볼 수 있는 발표자 명패를 A4 용지를 사용해서 쉽게 만들 수 있다. 텐트 모양을 하고 있기 때문에 네임텐트(name tent)라 하며, 많은 워크숍에서 활용하고 있다. 네임텐트는 접힌 선대로 다시 펼칠 수 있으므로, 수업이 끝나면 교재 사이에 넣어 보관하여 다음 수업시간에도 다시 사용할 수 있다. 또한 교수자와 학습자가 서로의 이름을 기억하는 데 유용하다.

[만드는 법]
① A4 용지를 3등분한 후 지지대 역할을 할 수 있도록 한쪽 끝을 조금 접는다.

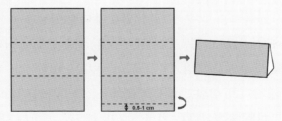

0.5-1 cm

② 접힌 선을 이용하여 그림처럼 삼각형의 텐트 모양을 만든다.
③ 앞면의 중앙에 자신의 이름을 쓰고, 네 귀퉁이에는 자신을 소개할 수 있는 내용(학과, 전공, 사는 곳, 고향, 취미, 특기, 방학에 한 일 중 가장 기억에 남는 것, 추천하고 싶은 책이나 영화, 가장 좋아하는 단어, 나의 꿈, 나의 감정 등)을

쓴다. 교수자 혹은 팀 리더는 네 귀퉁이에 무엇을 쓸지 안내한다.

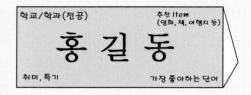

④ 네임텐트가 완성되면 다른 사람이 잘 볼 수 있도록 책상 위에 올려놓고, 돌아가며 자기소개를 한다.

※ 출처: 장경원, 고수일(2014).

2) 팀빌딩

팀 단위로 이루어지는 토의나 토론의 경우 팀워크가 매우 중요하다. 팀빌딩이란 팀워크를 다지는 활동으로서, 팀 활동의 성공 여부는 팀빌딩에 있다고 해도 과언이 아니다. 학습자들이 서로 서먹서먹해서 팀 분위기가 활기차지 않거나 함께 해 보자는 팀 분위기가 이루어지지 않은 상태에서 팀 과제가 성공적으로 수행되기는 어려울 것이다.

팀빌딩을 위해 팀 이름 만들기와 팀 구성원들이 자발적으로 지킬 수 있는 팀 규칙(ground rule) 만들기를 할 수 있으며, 필요에 따라 활동을 추가할 수 있다.

팀 규칙은 팀에서 지켜야 하는 기본 규칙으로, 팀원으로서 어떻게 행동할 것인지에 대해 서로 약속하고 분위기를 만들어 나가는 활동이다. 팀 규칙은 교수자가 정하는 것이 아니라 팀원들이 상의하여 스스로 정하는 것이 좋다. 사람은 타인에 의해 요구되는 규칙보다는 자발적으로 제안하고 정한 규칙을 지키려는 성향이 있기 때문이다. 자발적으로 정한 팀 규칙은 집단의 활동을 촉진할 수 있으며, 일부 학습자들이 무임승차하는 것을 방지하는 효과가 있다. 팀 규칙을 정하는 것은 서로를 격려하고 활발한 참여를 도모하기 위한 장치이다.

팀 규칙이 의미 있는 효과를 내기 위해서는 내용이 구체적이어야 한다. '적극적으로 참여하기'나 '항상 즐거운 마음으로 하기'처럼 포괄적이거나 추상적인 표현보다는 '팀 모임에 오기 전에 자신의 생각을 미리 메모한 후 토의에 임하기' '토의 중 최소한 한 번 이상 다른 사람 칭찬해 주기' 식으로 구체적인 것이 바람직하다. 교수자는 팀 규칙의 예시를 보여 주면서 가능하면 구체적인 규칙을 만들도록 지도한다.

교수자는 각 팀별로 이루어지는 팀빌딩 활동에 참여하면서 학습자가 개방적이고 편안함을 느끼도록 해야 한다. 시간이 허락한다면, 팀별로 결정된 팀 이름, 팀 규칙 등을 다른 팀 앞에서 발표할 기회를 주는 것도 팀워크에 매우 효과적이다. 수업을 위한 온라인 커뮤니티를 마련한다면 팀빌딩 결과를 온라인 공간에 게시하도록 한다.

팀빌딩을 위한 팀 이름, 팀 규칙을 정하는 활동은 자연스럽게 의견을 제시하는 연습 기회가 되기도 한다. 특정 주제에 대한 의견을 제시하기 전 팀 이름, 팀 규칙 등을 정하는 과정에서 부담 없이 의견을 제시해 볼 수 있다.

2. 명목집단법

명목집단법(Nominal Group Technique: NGT)은 집단 구성원으로부터 아이디어나 정보를 모으는 구조화된 절차로, 집단의 모든 구성원이 다른 구성원의 영향을 받지 않고 자신의 아이디어를 표현할 수 있는 방법이다(Bartunek & Murnighan, 1984). 명목집단법을 활용하면 학습자 개개인은 집단 속에 있지만 각자 자신의 생각이나 의견을 제시하도록 할 수 있다. 명목집단법은 집단에서 토의를 하기 전에 토의에 참가한 참가자 개개인이 다른 사람과 이야기하지 않고 (침묵 속에서) 토의주제에 대한 자신의 생각을 노트나 분임토의 양식 또는 카드 등에 정리할 수 있도록 일정한 시간을 부여하는 방법이다. 이 방법을 명목집단법이라 부르는 이유는 명목상으로는 집단이지만 다른 사람과 이야기하지 않고 각자 작업하는 동안은 실질적으로 개인 작업이기 때문이다.

[그림 3-1] 명목집단법 후 의견을 붙이고 다른 사람의 의견을 읽어 보는 모습

1975년 명목집단법이 처음 제안되었을 때는 3″×5″ 크기로 종이를 잘라 사용했지만, 현재는 포스트잇을 활용한다. 명목집단법을 이용하면 다음과 같은 효과가 있다(Evaluation Research Team & Centers for Disease Control and Prevention, 2011).

┃ 명목집단법의 효과

- 더 많은 아이디어 촉진
- 모든 구성원들에게 균등한 발언 기회 제공
- 지위에 인한 합의 압력 및 경쟁 분위기 감소
- 구성원들의 논의활동 활성화
- 아이디어 선택 및 우선순위의 민주적 결정

토의나 회의에서는 일부 소수자가 토의를 주도하고 대부분의 참가자들이 침묵을 지키는 상황이 종종 발생한다. 명목집단법을 실시할 경우 전원이 아이디어를 제시하면서 토의에 참가할 수 있으며, 아이디어를 쉽게 정리할 수 있다. 명목집단법은 다음과 같은 순서로 활용한다(최정임, 장경원, 2015).

① 사회자(교수자)가 토의주제와 명목집단법 진행 순서를 안내한다.

② 참여자(학습자)들은 주제에 대한 자신의 의견이나 아이디어를 각자 포스트 잇에 적는다. 이때 아이디어를 생각해서 적을 수 있도록 3~5분 정도의 시간이 주어지며, 이 시간에는 서로 상의하지 않는다. 아이디어를 작성할 때는 가독성과 이동성을 높일 수 있도록 다음의 사항을 따른다.

- 포스트잇 한 장에는 한 가지의 개념, 단어, 아이디어만 적는다.
- 모두가 볼 수 있도록 네임펜, 컬러펜 등을 사용하여 굵은 글씨로 적는다.
- 모두가 잘 읽을 수 있도록 인쇄체로 크게 적는다.
- 팀별, 주제별로 색깔을 구분할 필요가 있을 때는 색깔을 구분하여 적는다.

바람직한 작성 예시   바람직하지 않은 작성 예시

③ 각각의 의견이 적힌 포스트잇을 직접 벽이나 큰 종이에 붙인다. 이때 특정 의견이 누구의 것인지 밝히지 않는다.

④ 비슷한 내용끼리는 합치면서 내용별로 분류한다. 사회자 또는 팀 리더는 나열된 아이디어 중 뜻을 이해하기 어려운 것은 아이디어 제안자의 설명을 들어 명료하게 조정한다. 기록된 모든 의견을 공유하며 논의한다.

⑤ 여러 의견 중 몇 개를 선택하거나 우선순위를 결정해야 하는 경우에는 투표하거나 아이디어를 평가하여 적절한 아이디어를 선택한다.

Teaching Tips 명목집단법을 활용하여 학습자들의 전체 의견 정리하기

　토의에 참여한 학습자들의 전체 의견을 정리할 때 명목집단법을 활용할 수 있다. 예를 들어, '왕따 없는 학급 만들기'라는 주제로 전체 학습자들의 의견을 수렴하여 정리할 경우 다음에 제시된 사례처럼 운영할 수 있다.

> 　샛별초등학교 6학년 1반은 모두 36명으로, 6명이 한 모둠으로 구성되어 모두 6모둠이다. 36명의 의견을 한꺼번에 정리하려면 시간이 많이 소요되므로, 각자 의견을 제시한 후 팀별로 의견을 한 번 정리하고, 전체 의견을 정리하는 방식으로 명목집단법을 활용하였다.

선생님 : 여러분, 우리가 오늘 함께할 주제는 '왕따 없는 학급'입니다. 왕따 없는 학급을 만들기 위해 많은 이야기를 할 거예요. 우선 저와 여러분의 이야기가 효과적으로 이루어질 수 있도록 중요한 키워드를 정해 보도록 합시다. 우리 스스로 '왕따 없는 학급'의 중요 특성을 정해 볼게요.

학습자들 : 네.

선생님 : 자, 그럼 여러분에게 질문할게요. 왕따 없는 학급은 어떤 모습인가요? 또 왕따 없는 학급은 어떤 특성을 가지고 있나요? 여러분이 생각하기에 왕따 없는 학급의 특성이나 모습을 각자 가지고 있는 포스트잇에 자유롭게 적어 보겠습니다. 각자 세 가지를 적어 주세요. 그리고 작성할 때는 한 장에 1개의 아이디어를 적는 겁니다.

학습자들 : (어떤 것을 적을지 생각해 본 후 네임펜을 이용하여 포스트잇 한 장에 1개의 아이디어를 적는 방식으로 모두 3개의 아이디어를 적는다.)

선생님 : (학습자들이 자신의 생각을 작성하는 동안 학습자들 사이로 이동하며, 질문을 이해 못했거나 자신의 생각을 적지 못하는 학습자들이 있는지 살펴본다. 그런 학습자가 있을 때는 찾아가서 질문내용과 작성방법을 다시 안내

한다.)

선생님 : 자, 모든 학생들이 작성한 것 같습니다. 이제 우리 반 전체의 의견을 모아서 정리할 텐데요, 인원이 많으니 우선 모둠별로 의견을 정리해 보겠습니다. 각자 작성한 포스트잇을 모둠별로 책상 위에 모아 보세요.

학습자들 : (모둠별로 자신이 작성한 포스트잇을 가운데 모아 놓는다.)

선생님 : 여섯 명이니까 모두 18개의 포스트잇이 모였지요? 100% 똑같이 쓴 것은 겹쳐 놓아도 좋아요.

학습자들 : (같은 내용이 적힌 포스트잇을 겹쳐 놓는다.)

선생님 : 겹쳐지지 않은 포스트잇을 보면서 서로서로 적힌 내용이 어떤 의미인지 질문해 주세요. 질문과 답변이 끝나면 책상 위에 있는 스티커를 이용해서 보다 좋은 내용이라 생각되는 것에 투표하겠습니다. 스티커를 각자 5개씩 붙여 주세요.

학습자들 : (포스트잇에 작성된 내용을 읽어 본 후 서로서로 질문하고 답변한다. 그리고 좋은 의견이라 생각되는 것에 투표한다.)

선생님 : 자~ 투표가 끝났나요? 네, 잘했어요. 그럼 이제, 모둠별로 표를 많이 받는 포스트잇을 5개씩 선생님에게 제출해 주세요.

학습자들 : 네. (답변 후 표를 많이 받은 것을 5개씩 골라 선생님에게 제출한다.) 선생님, 동점표를 받는 것은 어떻게 해야 하나요?

선생님 : 동점표 받는 것만 재투표를 해도 좋고, 4개 혹은 6개를 제출해도 좋습니다.

학습자들 : 네.

선생님 : (모둠별로 제출한 포스트잇을 모두 건다.)

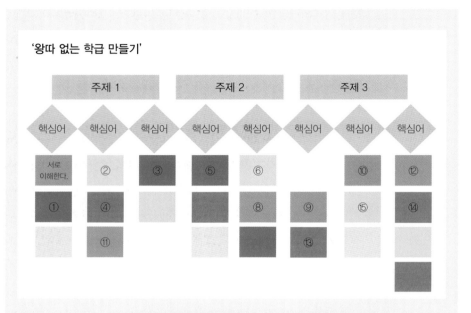

[그림 3-2] 명목집단법을 이용하여 의견 정리하기

선생님 : (미리 칠판에 큰 종이를 붙여 놓는다.) 자, 이제 여러분이 제출한 의견을
정리해 보겠습니다. 비슷한 내용끼리 분류해 보면 여러분이 중요하게
생각하는 것이 무엇인지 보다 명확하게 알 수 있을 거예요.

학습자들 : 네.

선생님 : (학습자들이 제출한 포스트잇들을 보여 주며) 이 포스트잇들을 정리할 거
예요. 유사한 내용은 아래쪽으로 붙이고, 다른 내용은 옆쪽에 붙일게요.
그러면 자연스럽게 정리가 되겠죠?

학습자들 : 네.

선생님 : 자, 첫 번째 의견은 '서로 이해한다'입니다. 처음 나온 의견이니 먼저 여기
에 붙일게요. (주제어를 도출하여 붙일 수 있는 공간을 고려하여 [그림 3-2]
와 같은 위치에 붙인다.)
자, 이번 내용은 ①입니다. 이건 어디에 붙일까요?

학습자들 : '서로 이해한다' 아래에요.

선생님 : 네, 그게 좋겠어요. 자, 그럼 ②는요?

학습자들 : 다른 내용이니까 옆에다 붙이는 게 좋겠어요.

선생님 : 네, 그렇군요. (이러한 방식으로 학습자들이 제출한 포스트잇을 유사한 내
　　　　용끼리 분류한다.)

자, 여러분이 작성한 내용을 다 정리했습니다. 이번에는 우리가 분류한 내용의 핵
　　　　심어를 정해 볼게요. 먼저 왼쪽 첫 번째 줄의 내용을 대표할 수 있는 키
　　　　워드는 무엇일까요?

학습자들 : ○○○라고 하면 좋겠어요.

선생님 : 네, 좋은 의견이에요. (학습자 의견에 따라 포스트잇에 핵심어를 써서 붙
　　　　인다.)

(중략: 학습자들의 의견을 수렴하여 필요한 핵심어들을 도출한다. 이때 분류된 내
용 중 합치거나 나눌 필요가 있는 경우에는 추가 작업을 한다.)

선생님 : 자, 여러분이 제출한 의견을 분류하고, 각각의 핵심어를 모두 정했습니
　　　　다. 그런데 우리 대화의 방향을 정해 줄 토의주제로 사용하기에는 너무
　　　　많네요. 3~4개 정도로 줄이면 좋겠어요. 핵심어들을 중심으로 다시 유사
　　　　한 것끼리 모이도록 자리를 바꾸면 좋겠어요. 무엇과 무엇을 바꿀까요?

학습자들 : 다섯 번째 있는 내용이 첫 번째 다음으로 오면 좋겠어요.

선생님 : 네, 좋은 의견이에요(학습자 의견에 따라 핵심어 및 해당 내용이 적힌 포스
　　　　트잇의 위치를 옮겨 정리한다).

(중략: 학습자들의 의견을 수렴하여 핵심어와 해당 의견들의 위치를 재정리한다.)

선생님 : 모두 잘했어요. 그럼 이제 핵심어들을 2~3개씩 합쳐서 토의주제를 선정
해 보도록 해요. 먼저 어떤 핵심어들을 합쳐 볼까요?

학습자들 : 처음 세 가지를 합쳐서 '주제 1'이라고 하면 좋을 것 같아요.

선생님 : 네, 좋은 의견이에요. (학습자 의견에 따라 '주제 1'이라고 써서 붙인다.)

학습자들 : 네 번째와 다섯 번째 핵심어를 합쳐서 '주제 2'라고 하면 좋을 것 같아요.

선생님 : 네, 그렇군요. (학습자의 의견에 따라 '주제 2'라고 써서 붙인다.)

학습자들 : 여섯 번째부터 여덟 번째 핵심어는 '주제 3'으로 하면 좋을 것 같아요.

선생님 : 네, 좋아요. (학습자의 의견에 따라 '주제 3'이라고 써서 붙인다.)
자, 이제 완성되었네요. 모두 수고하셨어요.

학습자들 : (뿌듯한 표정으로 자신의 의견이 정리된 것을 바라본다.)

※ 출처: 장경원, 경혜영, 김희정, 이종미, 고희정(2018).

3. 의사결정 방법

여러 대안이나 아이디어 중 적절한 것을 선택하기 위해서는 이들을 평가하거
나 분석해야 한다. 의사결정을 할 때는 멀티보팅, 의사결정 그리드, PMI, 평가행
렬법 등을 사용한다(장경원, 고수일, 2014).

1) 멀티보팅

멀티보팅(multi voting)은 말 그대로 여러 의견에 대해 투표를 통해 의사결정을
하는 방식이다. 이때 한 사람이 투표할 수 있는 개수가 여러 개이기 때문에 멀티
보팅이라 한다. 멀티보팅을 할 때는 손을 들어 의사를 표시할 수도 있고 그림과
같이 포스트잇과 스티커를 이용할 수도 있다. 한 사람에게 주어지는 적정 투표 수
는 상황에 따라 달라질 수 있지만, 일반적으로 '전체 아이디어 수/2−1개' 또는

[그림 3-3] 멀티보팅을 위한 스티커와 멀티보팅 결과의 예

'전체 아이디어 수/3개'를 적정 투표 수로 추천한다. 그러나 의견 수가 많을 경우에는 사회자가 적절한 투표 수를 정해 주는 것이 필요하다. 예를 들어, 50개의 의견이 있다면 한 사람이 17개씩 투표하는 것이 아니라 각자 5개씩만 투표하게 할 수 있다.

2) 의사결정 그리드

팀원들이 의사결정을 해야 하는 상황은 많다. 여러 의견 중 1개를 선택해야 할 때 명목집단법을 활용할 수도 있지만, 의사결정 기준을 정하고 그에 따라 의사결정하는 것이 바람직하다. 의사결정 그리드(decision grid)는 팀원들이 의사결정을 해야 할 때 자기 팀의 의사결정 기준을 정한 후 이를 토대로 논의하여 최종 의견을 정하는 것으로, '빈도×강도' '중요도×긴급도' '기대 효과×실천 가능성' 등의 기준을 마련한 후 이를 두 축으로 하여 다음에 삽입된 그림에 위치를 표시하여 의사결정에 활용한다.

▎의사결정 그리드 활용하여 의사결정하기

① 의사결정 기준을 정한다. 의사결정 기준은 명목집단법을 활용하거나 논의를 통해 정한다.
② 의사결정 그리드의 X축과 Y축에 결정된 두 기준을 기입한다.
③ 팀 구성원들이 제출한 아이디어들 또는 선택해야 하는 아이디어들 각각에 대해 충분히 논의한 후 의사결정 그리드 위의 해당 위치에 붙인다.
④ 두 기준에 대해 가장 높은 점수를 받은 의견 또는 아이디어를 선택한다. 이때 모든 의견 또는 아이디어가 점선 밖에 위치하면 어느 것도 선택하지 않고, 다른 아이디어를 도출하도록 한다.

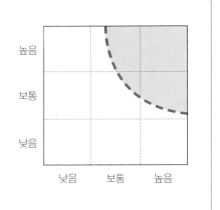

3) PMI

PMI란 좋은 점, 나쁜 점, 흥미로운 점을 찾아서 발상의 줄기를 만들어 가는 기법이다. PMI는 Plus(좋은 점, 좋아하는 이유, 긍정적 측면), Minus(나쁜 점, 싫어하는 이유, 부정적 측면) 그리고 Interest(흥미로운 점)의 각 첫 글자의 조합으로, 어떤 아이디어나 제안에 대해 다양한 측면(긍정적, 부정적, 흥미로운 측면)에서 고려한 후 의사결정을 하게 하는 것이다.

PMI를 활용하여 아이디어를 평가하면 제안된 아이디어에 대해 좋거나 나쁘다는 평가 이외에 지나치기 쉬운 아이디어의 흥미로운 부분까지 생각해 볼 수 있는 장점이 있다. 흥미로운 점(I)에서 찾아낸 재미있는 부분으로 또다시 새로운 아이디어를 도출할 수 있기 때문이다. PMI 진행 순서는 다음과 같다.

▌PMI 방법 진행 순서 및 예시

① PMI의 의미를 팀 구성원들에게 설명한다.
② 도출된 아이디어를 확인한다.
③ 각각의 아이디어에 대해 좋은 점(P), 나쁜 점(M), 흥미로운 점(I)을 각각 적는다.

아이디어: 팀 학습도구를 스마트폰용 어플로 개발한다.	
좋은 점(P)	• 팀 학습 시 편리하게 팀 학습도구를 사용할 수 있다. • 의견 공유가 쉽다.
나쁜 점(M)	• 화면이 작아 함께 보는 것이 불편하다. • 이미 개발해 놓은 프로그램이 많다.
흥미로운 점(I)	• 팀 학습도구를 편리하게 자주 사용할 수 있도록 하는 재미있는 아이디어이다. • 스마트폰을 학습이나 과제를 위해 자연스럽게 사용하도록 하는 시대 요구에 맞는 흥미로운 아이디어이다.

※ P를 고려할 때에는 P에만 집중(M, I는 마음에 두지 않음)하여 각각의 항목을 작성할 때 간섭이 일어나지 않도록 한다.

④ 작성된 각 아이디어에 대한 PMI 내용을 논의하거나 멀티보팅하여 아이디어를 선택한다.

4) 평가행렬법

평가행렬법(evaluation matrix)은 제안된 아이디어들을 미리 정해 놓은 준거에 따라 평가하는 방법이다. 평가행렬법을 활용하여 아이디어들을 평가하기 위해서는 미리 준거를 마련해 놓아야 하는데, 평가준거는 이미 개발된 것을 활용할 수도 있고, 명목집단법 등의 방법으로 팀원들의 의견을 모아 개발할 수도 있다.

평가준거가 마련되었다면 평가하려는 아이디어들을 세로축에 나열하고 평가준거를 가로축에 적어 평가행렬표를 만든 후, 각 준거를 기초로 도출된 아이디어를 평가한다. 평가행렬법은 모든 아이디어를 체계적으로 평가할 수 있는 반면, 시간과 노력이 많이 필요하다는 단점이 있다. 평가행렬법의 진행 순서는 다음과 같다.

❙ 평가행렬법 진행 순서 및 예시

① 평가행렬표를 준비한다.

② 아이디어나 준거의 순서 없이 아이디어는 왼쪽에, 준거는 윗부분에 나열한다.

③ 행렬표를 완성한다.

 - 평정척도에 따라 점수를 부여한다.

 - 평정척도 예: A(10점), B(8점), C(6점), D(4점), E(2점)

④ 결과를 해석한다.

 - 행렬표의 결과는 아이디어의 강점과 약점을 확인할 때 사용한다.

 - 어떤 준거에서는 점수가 낮은데 어떤 준거에서는 높은 점수로 평가되었다면 그 아이디어를 다듬어 발전시킬 방도를 연구하고 궁리해 봐야 한다.

주제: 과제를 미리 시작하여 정해진 시간 전에 완성하는 방법

준거 아이디어	실천 가능성	학습 효과	생활 환경	총점
과제를 수행하는 데 어느 정도의 시간이 소요될 것인지 미리 예상해 본다.				
과제에 대해 상의할 수 있는 학습 팀을 만든다.				
매일매일 'Things to do'를 작성하여 체크한다.				
과제 해결 시간을 확보한다.				
과제를 수행하기 위해 무엇을 공부할지 로직트리를 작성하여 결정한다.				

*A, B, C, D, E로 평가해 주세요.

4. 질문

질문은 토의와 토론수업의 시작이자 과정이다. 학습자들은 교수자가 제시한 질문으로부터 토의와 토론을 시작하며, 서로 질문하고 답변하는 과정에서 자신이 알고 있는 것을 명확히 하고, 새로운 관점과 깊이 있는 사고를 발전시킨다.

1) 질문의 효과

좋은 질문은 학습자들의 참여를 촉진하고 학습을 심화시킨다. 좋은 질문은 다음과 같은 효과를 가져올 수 있다. 첫째, 학습자들의 참여를 촉진시킨다. 질문은 교수자나 다른 학습자들의 말을 수동적으로 받아들이는 것에서 벗어나 학습자들이 문제에 대한 답을 찾기 위해 적극적으로 참여하는 것을 유도한다. 둘째, 생리적으로 뇌를 활성화하고 학습을 촉진한다. 예를 들어, '질문은 학습 효과를 높인다'는 문장보다는 '질문은 어떻게 학습 효과를 높일까?'와 같은 질문은 해답을 스스로 찾아보려는 과정을 통해 우리의 뇌를 더 자극시킨다. 셋째, 질문은 관점을 변화시키거나 다양한 관점을 갖게 한다. 예를 들어, '어떻게 내가 우리 학교에서 최고의 교수자가 될 수 있을까?'라는 질문을 '어떻게 내가 우리 학습자들을 위해 최고가 될 수 있을까?'로 바꾸면 질문의 기본 가정이 '경쟁'의 개념에서 '가치 있는 공헌'의 개념으로 바뀌게 된다. 넷째, 아직 존재하지 않는 아이디어와 통찰력을 갖게 한다. 예를 들면, '최고 인력을 잃지 않으려면 어떻게 해야 할까?'보다는 '내가 조직에서 정말 일하고 싶을 때는 언제인가? 그 이유는 무엇인가?'와 같은 질문이 창의적인 대안을 찾는 열린 분위기를 만든다(장경원, 고수일, 2014; Brown & Isaacs, 2005).

2) 토의 진행을 위한 반응 질문

토의를 시작할 때 질문을 제시하면 학습자들이 반응하기 시작한다. 토의 내용과 관련된 반응을 하기도 하고 때로는 다소 불분명한 반응을 하기도 한다. 심지어 논의와는 전혀 무관한 반응을 하는 학습자도 있을 수 있다. 이때 질문 형식에 반응을 보이면 토의를 보다 효과적으로 진행할 수 있다. 예를 들어, 어떤 학습자의 말이 옳지 않다고 생각하는 경우, "그 의견은 옳지 않은 것 같습니다."와 같은 반응은 학습자들의 의견 제시를 주저하게 만들고 토의 분위기를 가라앉힐 것이다. 토의를 활성화시키려면 학습자들의 의견을 존중하고, "그것이 중요한 이유는 무엇입니까?"와 같은 질문을 제시하여 학습자들이 다양한 관점을 표현하도록 이끄는 것이 좋다.

〈표 3-1〉 상황별 반응 질문 예시

상황	적절하지 않은 반응	효과적인 반응 질문	질문 유형-목적
발표자의 말이 옳지 않은 경우	"그 의견은 옳지 않은 것 같습니다."	"그것이 중요한 이유는 무엇입니까?"	직접 규명 질문 -생각을 촉진하기 위해
당신이 발표자의 말을 이해하지 못하며, 다른 사람들도 이해하는지 확신하지 못하는 경우	"무슨 말인지 이해가 가지 않습니다."	"~때문에 그것이 중요한 것입니까?"	간접 규명 질문 -발표자에게 명확히 설명할 기회를 주기 위해
다른 사람들이 발표자의 말을 이해하지 못하지만, 당신은 이해하는 경우	"이 학습자의 말을 제가 여러분께 설명해 드리겠습니다."	"지금 한 말은 ~처럼 들리는군요. 맞나요? 여기에 조금 더 부연 설명해 주세요."	확인 질문 -당신이 이해한 것을 명확히 확인하기 위해
적절한 해결안이 간과된 경우	"우리가 ~을/를 해야 할 것 같군요."	"~측면에서는 어떠한 해결안을 찾을 수 있을까요?"	관점 전환 질문 -다른 해결안을 찾기 위해
발표자가 현재 논의와 상관없는 것을 말하는 경우	"그 말은 지금 진행 중인 논의와 관계가 없습니다. 자, 넘어갑시다."	"좋은 지적입니다. 그것을 문제점 목록에 적어 놓고, ~에 대한 관점에서 본다면 어떤 의견을 제시할 수 있을까요?"	방향 재설정 질문 -논의의 초점을 유지하기 위해
토의가 정체된 경우	"다음 주제로 넘어가도록 합시다."	"지금까지 a, b, c를 알아봤는데요, ~을/를 위해 그 밖에 할 수 있는 것은 무엇일까요?"	촉구 질문 -학습자들이 논의를 계속 진전시키도록 돕기 위해

※ 출처: Wilkinson(2004).

3) 의견 제시 후 후속 질문

토의 과정에서 학습자들이 자기효능감과 성취감을 느끼려면, 도출된 의견과 아이디어들이 '자신의 것'이라는 주인의식을 갖는 것이 중요하다. 물론 의견에 대한 주인의식을 가지려면 그 의견들이 학습자들의 입에서 나와야 할 것이다. 그러나 간혹 학습자들이 특정 의견이나 아이디어를 떠올리지 못하는 경우가 있다. 이때는 계속 기다리기보다는 학습자들에게 질문을 제시한다. 예를 들면, "~은/는 어떨까요?"라고 질문한 후 학습자들의 반응을 기다린다. 학습자들이 호의적으로 반응한다면 직접 규명 질문 형태를 사용한다. 즉, "그것의 장점이 무엇이라고 생각합니까?"와 같이 질문하는 것이다. 학습자들이 장점을 나열하는 순간, 그 아이디어는 그들의 것이 된다. 주인의식이 더 확실해지도록 "제가 그 아이디어를 어떻게 적어야 할지 얘기해 주시겠습니까?"(Wilkinson, 2004)와 같이 질문할 수도 있다.

4) Bloom의 교육목표분류(Taxonomy)를 활용한 질문

교육심리학자인 Benjamin Bloom 교수는 사고력(thinking skills)과 사물을 분류하고 체계화하는 인지 영역에 초점을 맞춰 교육목표분류(Taxonomy)를 개발하였다. 이후 이를 Bloom의 제자인 Lorin Anderson과 David Krathwohl과 함께 수정하여 개정된 교육목표분류(Bloom's Revised Taxonomy)를 발표하였다(Anderson et al., 2001). 개정된 교육목표분류는 기억하기, 이해하기, 적용하기, 분석하기, 평가하기, 창작하기로 구성되어 있는데, 이 여섯 단계를 이용하여 학습자들에게 의미 있는 질문을 하거나, 학습자들이 자료를 읽고 스스로 혹은 서로 질문하고 답변하는 과정에서 내용을 체계적으로 정리할 수 있다. 〈표 3-2〉는 단계별로 제시할 수 있는 질문 예시이다. 많은 교수자가 교육목표분류의 6단계 중 기억하기와 이해하기 중심으로 질문하는 경향이 있다. 따라서 교육목표분류를 활용하면 학습자들에게 보다 높은 수준의 질문을 제시할 수 있다.

〈표 3-2〉 Bloom의 교육목표분류(Taxonomy)를 활용한 질문

구분	내용	질문 예시
기억하기 (Remembering)	자료를 읽으면서 배운 정보들을 열거하는 단계이다.	• 사례에서 소개한 주요 개념은 무엇인가? • 주요 사건은 무엇이며, 그 사건은 어제 일어났는가?
이해하기 (Understanding)	자료의 주요 내용에 대해 이해한 것을 작성하는 단계이다.	• 제시된 세 가지 사건의 인과관계는 무엇인가? • 해당 내용에서 문제는 어떻게 해결되었는가?
적용하기 (Applying)	필요한 경우 자료에서 제시된 것을 적용해 보는 단계이다.	• 만약 당신이 그 입장이라면 어떻게 행동할 것인가? • 만약 조건이 ~한 상태로 다르다면 어떠한 결과가 제시되었을까?
분석하기 (Analysis)	자료의 주요 내용을 분석하는 단계이다.	• 해당 내용의 공통점과 차이점은 무엇인가? • 각 자료가 제시한 내용을 종합하면 어떻게 요약할 수 있는가?
평가하기 (Evaluating)	자료의 내용을 평가하는 단계이다.	• 이 자료가 갖는 시사점은 무엇인가? • 현재 제시된 결론의 강점과 제한점은 무엇인가?
창작하기 (Creating)	자료에 없는 부분을 창작해 보는 단계이다.	• 현재 제시된 결론 이외에 다른 대안을 제시한다면 어떠한 의견을 제시할 수 있는가? • 자료를 보완하기 위해 어떤 부분을 어떻게 추가할 수 있는가?

〈표 3-3〉은 책, 논문, 다큐멘터리 등 자료를 읽거나 본 후 스스로 질문하고 답변할 수 있도록 안내하는 양식이다. 이를 이용하여 학습자들이 스스로 질문하고 답변할 수 있도록 안내할 수 있다.

〈표 3-3〉 Bloom의 교육목표분류(Taxonomy)를 활용한 질문과 답변 쓰기 양식

제목		예시 질문
1. 기억하기	질문:	• 책에서 배운 다섯 가지 새로운 단어를 써 보세요. • 주요 등장인물은 누구인가요?
2. 이해하기	질문:	• 주인공은 문제점을 어떻게 해결했나요? • 주인공은 어떤 고민을 했나요?
3. 적용하기	질문:	• 비슷한 일을 겪어 본 적이 있나요? • 만약 주인공을 만난다면 나는 어떤 반응을 보일까요?
4. 분석하기	질문:	• 책에 나오는 두 주인공을 비교해 보세요. • 주인공을 하나의 단어로 표현한다면? 그 이유는?
5. 평가하기	질문:	• 저자는 사람들이 이 책을 어떤 목적으로 읽기 원했을까요?
6. 창작하기	질문:	• 새로운 이야기를 써 보세요. • 책 이후에 주인공은 어떻게 되었을까요?

제2부

토의 · 토론수업방법

토의와 토론은 매우 다양한 규모와 방법으로 이루어진다. 따라서 토의수업과 토론수업을 계획할 때는 수업의 목적과 목표, 학습자들의 특성, 학습자 수와 교실 크기 등 수업의 규모 등을 고려하여 가장 적절한 방법을 선택해야 한다. 가장 좋은 방법을 선택하기 위해서는 교수자가 다양한 토의방법을 알고 운영할 수 있어야 한다. 제2부에서는 교육 현장에서 사용할 수 있는 다양한 토의방법과 토론방법을 소개하고자 한다. 토의방법은 수업의 규모에 따라 구분하여 선택할 수 있도록 중·소형수업을 위한 토의방법과 대형수업을 위한 토의방법을 구분하여 안내하고, 교수자의 수업목표에 따라 스스로 토의방법과 절차를 설계할 수 있는 전략도 제시하였다. 토론방법은 '게임'의 성격이 드러날 수 있는 경쟁 토론방법과 토의를 성격을 띠고 있는 비경쟁 토론방법을 함께 소개하였다.

토 의 와
토 론 으 로
수 업 하 기

제4장

중 · 소형수업을 위한 토의방법

30명 내외의 중형수업이나 20명 이하의 소형수업은 교수자와 학습자 모두에게 행복한 수업이며, 다양한 형태의 토의를 운영할 수 있는 수업이기도 하다. 이 장에서는 중 · 소형수업에서 수업에 참여하는 학습자 전체 또는 몇 개의 팀을 구성하여 운영할 수 있는 토의방법과 토의활동 중 아이디어 도출이 필요할 때 활용할 수 있는 아이디어 도출 기법들을 안내할 것이다. 물론 이러한 토의방법과 기법들은 대형수업에서도 활용할 수 있다.

1. 중·소형수업을 위한 기본 토의방법

대학원의 세미나 수업처럼 적은 인원이 참여하여 함께 논의하는 수업을 제외하면 대부분의 수업은 학습자들을 몇 개의 소그룹으로 편성한 후 토의활동을 한다. 이때 활용하는 토의방법은 10~15명이 함께 토의하는 원탁토의부터 팀원들이 교차하여 논의하는 직소우토의까지 다양하다. 중·소형수업에서 활용할 수 있는 대표적인 토의방법은 〈표 4-1〉과 같으며, 각각 다른 특성과 강점을 갖고 있다(장경원, 2009). 각 방법의 구체적인 특성은 다음 〈표 4-1〉과 같다.

〈표 4-1〉 토의수업 유형 비교

	원탁토의 (round table discussion)	패널토의 (panel discussion)	버즈토의 (buzz discussion)	어항식토의 (fish bowl discussion)	직소우토의 (jigsaw discussion)
인원 구성	5~15명을 한 그룹으로 구성	패널들(4~6명), 일반청중	1그룹(4~6명)× 그룹 수	토의자(5~6명), 관찰자(5~6명)	1그룹(4~6명)× 주제 수
진행 방식	상호 대등한 관계에서 자유롭게 의견을 교환(좌담형식)	• 상반된 견해를 대표하는 패널들이 사회자의 진행에 따라 토의 • 청중은 패널들이 주장하는 바를 듣고 스스로 판단	일반적으로 6명으로 구성된 한 팀이 6분간 토의 후, 결과를 다시 두 팀(12명)이 토의하고, 전체가 모여 다시 토의	2개의 원 모양으로 앉아 안쪽 원에 있는 학습자들이 토의하고, 바깥쪽 원에 있는 학습자들이 토의 내용 및 자세를 관찰	한 그룹 내에서 주제를 분담한 후 동일 주제를 맡은 학습자들이 모여 함께 학습하고, 다시 원래 그룹으로 돌아가 각자 학습한 내용을 다른 학습자들에게 설명
장점	토의 과정이 자유로움	청중과 발표자 간의 자발적인 의견 교환, 비판능력 향상, 흥미유발	협동정신 향상, 자기의사 표현기술 습득, 인간관계 향상, 학습참여의식 향상시킴	다른 사람들의 토의활동을 지켜보며 자신의 생각과 자세에 대해 점검 가능함	읽기, 토의하기, 경청하기, 설명하기 등 다양한 방식으로 학습하여 학습능력을 키움

단점	진행 과정이 산만하고 많은 시간이 소모될 수 있음	• 시간 제약 있음 • 패널의 발표력과 사고력에 따라 토의 성과가 좌우될 수 있음	• 팀별 과열경쟁과 주제에서 벗어나거나 소수의견이 무시될 수 있음 • 복잡하고 전문적인 문제나 주제를 다루는 데 한계가 있음	관찰자의 역할을 충실히 수행하지 않을 경우 수업에서 소외되거나 의미 있는 학습이 이루어지지 않을 수 있음	개인의 역량에 의해 학습 효과가 좌우될 수 있음
배치					
비고	참가자 모두가 발언 기회를 가질 수 있는 운영 전략 필요	토론의 성격을 지님	다른 팀 발표를 경청할 수 있도록 지도 필요	체계적·적극적으로 관찰할 수 있는 안내 필요	전문가 활동이 이루어질 수 있는 소주제 준비 필요

1) 원탁토의

원탁토의는 라운드 테이블 토의라고도 하며, 5~15명의 인원이 원탁 주변에 둘러앉아 규칙이나 형식에 제한받지 않고 자유로운 분위기에서 토의하는 방식이다. 반드시 둥근 탁자를 사용하는 것은 아니고 이러한 형식을 취하면 모두 원탁토의라고 볼 수 있다. 원탁토의에 참여하는 사람은 누구든 자유로운 의

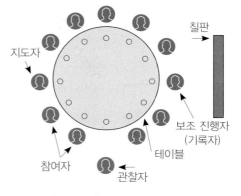

[그림 4-1] **원탁토의 배치**

사표현을 할 수 있다. 원탁토의는 실내뿐만 아니라 실외에서도 개최할 수 있다.

　　원탁토의에 참여하는 인원은 5~15명이므로 참여하는 사람들 중 사회자와 기록자를 선정하여 운영하는 것이 바람직하다. 사회자는 토의 진행 순서와 소요시간을 안내하고 참가자 모두가 발언할 수 있는 기회를 제공해야 한다. 토의 참가자들은 공동체 의식을 가지고 서로 충분한 협조와 개방적인 자세로 토의에 임하는 것이 필요하다.

　　원탁토의는 일반적으로 〈표 4-2〉와 같은 순서로 진행된다.

〈표 4-2〉 원탁토의 진행 순서

단계	주체	내용
시작	사회자	토의주제를 소개한다.
전개	토의 참가자	각자의 의견을 말한다.
	기록자	참가자들의 의견을 기록한다.
	사회자	토의 참가자들이 제시한 의견을 종합한다 .
	토의 참가자	자신의 의견을 보충, 수정하고 한 가지로 의견을 모은다.
마무리	사회자	의견을 종합. 정리한다.

　　원탁토의는 토의에 참여하는 토의 참가자들이 자신의 생각과 의견을 자유롭게 이야기해야 원활한 토의가 이루어질 수 있다. 토의 참가자들이 의견 제시를 주저하거나 몇몇 사람만 이야기하고 자신의 생각을 강하게 주장할 경우 토의 진행이 어렵거나 혼란에 빠질 수 있다. 이러한 어려움을 극복하기 위해 명목집단법(Nominal Group Technique: NGT)을 활용할 수 있다. 즉, 사회자가 토의주제를 안내한 후 이와 관련한 생각이나 의견을 개별적으로 포스트잇에 작성하도록 하고, 작성된 것을 모아 선택, 분류, 정리하는 등의 활동을 한다면 모두가 참여하고 효과적으로 의견을 정리하는 효율적인 토의를 운영할 수 있다.

[Teaching Tips] 하크니스 티칭

하크니스 티칭(Harkness Teaching)은 미국의 명문 사립 고등학교인 필립스엑시터아카데미의 하크니스 테이블에서 유래한 것으로 이 학교의 수업 운영 원리이자 전략이다. 하크니스 테이블은 이 학교의 기부자 이름에서 유래한 것으로, 하크니스는 많은 기부금을 내면서 새로운 교육방법으로 교육할 것을 요구했고, 그 결과 탄생한 것이 기부자의 이름을 딴 하크니스 테이블이다. 하크니스 테이블은 12명의 학습자가 둘러앉아 토의할 수 있는 큰 타원형 탁자이다. 교사와 학습자들은 이 테이블에 둘러앉아 서로의 지식을 나누는데 이것이 하크니스 티칭이다. 하크니스 티칭은 지식 전달이 아닌 지식 공유에 강조점을 둔다. [그림 4-2]처럼 하크니스 테이블은 교사의 개입을 최소로 한 상황에서 학습의 주제에 대해 학습자들이 토의하는 과정에서 지식을 습득하는 방식의 수업을 말한다. 이 모형은 하크니스 테이블이 지니는 타원형 형태가 학습자들이 서로를 마주볼 수 있도록 설계된 것이라는 점을 잘 드러내 준다. 즉, 이 모형에서 학습자들은 서로를 마주보며 동등한 위치에서 함께 지식을 만들어 나가는 능동적인 주체가 되는 것이다.

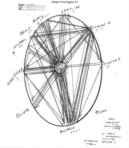

[그림 4-2] 하크니스 테이블과 수업의 기록

좌) 교실에 놓인 하크니스 테이블. 필립스엑시터아카데미는 교과교실제 형태로 이루어져서 교실 안에 담당 교사의 책상과 하크니스 테이블이 함께 놓여 있음.

우) 하크니스 테이블에서 이루어진 수업관찰 결과를 제시한 그림으로 학습자들이 서로 질문하고 답하는 과정이 실선으로 표시되어 있음(Exeter Humanities Institute, 2016).

오른쪽 그림은 하크니스 테이블에서 이루어진 수업의 기록이다. 이 기록을 보면 수업 내내 학습자들이 활발하게 의견을 주고받았음을 확인할 수 있다. 실제로 이와 같은 활발한 의견 교환이 이루어질 수 있도록 하크니스 티칭은 학습자들이 정해진 주제에 대해 심도 깊게 탐구하여 수업에 참여할 것을 요구하고 있다. 그럼에도 불구하고 토의의 시작은 항상 쉬운 일이 아닐 것이다. 따라서 활발한 토의가 이루어질 수 있는 다양한 전략이 필요하다. 예를 들어, 정해진 주제에 대한 의견을 정리해 올 것을 과제로 부여하고, 수업에서는 학습자 중 1명이 과제를 발표하거나 그 내용 가운데 핵심 질문을 칠판에 쓰는 것으로부터 토의를 시작할 수 있다.

하크니스 티칭에는 특정한 누군가가 지식을 독점하는 것이 아니라 토의를 통해 학습자들이 함께 지식을 형성하고 이를 자신의 것으로 만들어 간다는 철학이 담겨 있다. 따라서 토의 과정에서 지켜야 할 에티켓이 있다. 그 가운데 주목할 만한 것들을 열거하면 다음과 같다.

▶ 하크니스 티칭에서 요구되는 태도

- 주의 깊게 경청하라.
- 경쟁하지 말고, 협업하라. 이것은 논의이지 논쟁이 아니다.
- 다른 사람들이 질문을 완전히 마무리 짓도록 기다리라.
- 다른 사람에게 이야기할 때는 눈을 바라보며 이야기하라.
- 차이를 명확히 제시하라. 그러나 예의 바르게 하라.
- 모든 사람이 참여하고 있다는 점을 기억하고 테이블에 앉은 모두를 바라보라.
- 다른 사람을 가르치려 들지 마라.
- 자신의 주장에 대한 다른 사람들의 견해를 인정하라.
- 상대방의 이름을 부르라.
- 더 심도 깊은 정보와 설명을 요청하라.
- 새로운 주제로 넘어가기 전에 모두 이전의 설명에 충분히 만족했는지 확인하라.
- 결론을 성급하게 내지 말고, 모두가 이해했는지 확인하라.
- 혼자서만 이야기하고 있는 것이 아닌지 점검하라.

※ 출처: Exeter Humanities Institute(2016)에서 인용.

하크니스 티칭을 이끌어 가는 교수자들이 수업 운영과 관련하여 참고할 사항은 다음과 같다. 제시된 내용은 수업에서 선택적으로 적용된다.

▶ 하크니스 티칭 운영 전략

- 학습자들이 수업에 참여할 때 미리 질문을 준비해 오고, 이를 칠판에 적어 놓도록 한다(수학교과의 경우 미리 칠판에 문제를 풀어 놓는다).
- 학습자들이 학급의 모든 학습자들 또는 짝이 들을 수 있도록 책(교재)을 크게 읽은 후 토의를 열 수 있는 주제를 선택하게 한다.
- 학습자들이 15분 정도 과제와 관련된 글을 쓰도록 하고, 이를 왼쪽 학습자에게 전달한다. 옆 짝꿍이 친구의 글을 검토한다. 친구들의 글을 읽은 소감을 중심으로 토의한다.
- 내용 중심의 교과(예: 역사)의 경우 읽은 내용 중 중요한 내용을 50개 정도 도출하여 화이트보드에 기록하게 하고, 다른 학습자들이 이에 대해 토의한다.
- 수업의 1/3 정도의 시간을 할애하여 읽은 내용에 대한 반응(의견, 느낌 등)을 10〜15개의 문장으로 작성하도록 한다. 이 내용을 중심으로 토의를 시작한다.
- 에세이 쓰기를 준비하는 과정에서 토의를 활용한다. 2〜3명의 학습자가 그룹을 구성한다. 각 그룹은 읽기 자료로부터 정치, 경제, 군사, 종교 등과 관련하여 필요한 자료들(논거들)을 도출한다. 이후 학습자들 전체가 함께 토의한다. 이때 해당 주제에 대한 일반적인 토의와 각 팀이 제기한 개별 논점에 대한 토의를 함께 한다.
- 학습자들이 토의하고 싶은 질문을 미리 써 오도록 하고, 수업이 시작되면 질문을 화이트보드에 적는다. 학습자들이 제시한 질문의 특성에 대해 논의하거나, 질문 중 가장 중요한 질문이라 생각되는 것을 선택하여 토의한다.

※ 출처: Exeter Humanities Institute(2016)에서 인용.

다음은 하크니스 티칭에서 이루어지는 토의 중 학습자들이 해야 하는 주요 활동이다. 학습자들은 적극적으로 자신의 의견과 생각을 제시하고, 다른 학습자들의 의견을 경청하며, 이에 대한 자신의 입장을 표현한다.

▶ 하크니스 티칭에서 요구되는 학습자들의 주요 행동

- Open: 어떤 내용이나 주제에 대한 반응이나 해석 내용에 대해 열린 마음으로 논의한다.
- Affirm: 앞서 제시된 의견에 대해 동의한다.
- Challenge: 앞서 제시된 의견에 대해 도전한다(이의를 제기한다).
- Ask: 추가 정보를 요청한다(또는 의견을 묻는다).
- Cite: 교재의 내용을 인용한다.
- Test: 교재 또는 앞서 언급된 내용에 대한 이해 정도를 확인한다.
- Define: 용어를 정의한다.
- Develop: 새로운 자료를 이용하여 아이디어를 개발한다.
- Clarify: 의견의 차이점을 명확하게 제시한다.
- Transition: 새로운 주제 또는 전통적인 주제를 해석한다.
- Summarize: 새로 탐색한 것을 요약, 정리한다.
- Return: 앞서 논의된 것 중 '놓친 부분'을 다시 확인한다.
- Synthesize: 별도로 논의되었던 내용, 관점들을 통합한다.
- Create: 결론을 창출한다.

2) 패널토의

패널토의는 같은 관점을 가진 학습자 집단과 다른 관점을 가진 학습자 집단이 대표 토의자(패널)를 2~5명 정도로 정하여 토의하는 방법이다. 패널토의는 토의 집단 구성원이 많아서 모두에게 발언할 기회를 제공하기 어려울 때 몇 명의 대표 토의자가 의견을 논하

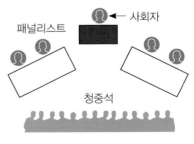

[그림 4-3] **패널토의 배치**

는 유형이다. 그러나 시간 여유가 있다면, 패널 구성원을 바꾸어 가면서 토의를

실시하는 것이 바람직하다.

패널토의는 일반적으로 다음과 같은 순서로 진행된다.

▌패널토의 진행 절차

- 학습자들이 찬성 측과 반대 측에 각각 2명 이상 위치한 후 찬성 측부터 발언을 시작한다. 예를 들면, '고등학교 입학시험(연합고사)을 다시 시행해야 한다'는 주장에 대한 찬성 측과 반대 측이 청중이 모두 볼 수 있는 자리에 앉는다.
- 사회자는 찬성 측과 반대 측에게 각각 휴식 시간을 줄 수 있다.
- 패널토의는 일반적으로 의회식 토론* 방법을 따른다.

라운드	토론 절차	발언 시간
1	찬성 측 첫 번째 입론	7분
2	반대 측 첫 번째 입론	8분
3	찬성 측 두 번째 입론	8분
4	반대 측 두 번째 입론	8분
5	반대 측 반박	4분
6	찬성 측 반박	5분
보충 질의	입론 시작 후 1분, 종료 전 1분, 반박 시간 제외	
총 소요시간		40분

* 의회식 토론에 대한 구체적인 내용은 제6장을 참조.

패널토의는 각 패널의 발표력과 사고력에 의해 토의 성과가 좌우될 수 있다. 따라서 개별적으로 패널을 지정하기보다는 학습자들이 그룹으로 함께 각각의 입장을 준비할 수 있도록 지도하는 것이 바람직하다. 또한 각 패널들이 동일한 기회를 가져야 하므로 미리 발표시간을 정해 이 시간을 지키도록 해야 한다.

3) 버즈토의

버즈토의는 한 주제에 대해 6명씩 그룹을 지어서 6분 정도 토의하고, 전체가 모여 그룹별 토의 내용을 공유하는 방법이다. 교실 전체가 '벌들이 윙윙대는 소리'처럼 시끌벅적하다는 의미에서 버즈토의라고 한다.

버즈토의는 일반적으로 다음과 같은 순서로 진행된다.

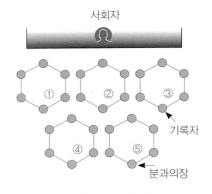

[그림 4-4] 버즈토의 배치

① 여섯 사람씩 한 팀을 구성한다.
② 주제에 대해 6분간 팀별로 토의한다.
③ 팀별 토의 내용을 토대로 두 팀씩 모여 12명이 함께 토의한다(생략 가능).
④ 전체가 모여 팀별 대표가 팀의 의견을 발표하고, 토의한다.

버즈토의의 마지막 단계인 전체 토의에서는 학습자들이 자신이 속한 팀의 발표에만 집중하거나 발표를 준비하기 위해 다른 팀의 발표에 소홀해질 수 있다. 따라서 다른 팀의 발표 내용을 잘 들을 수 있는 장치를 마련하는 것이 필요한데, 〈표 4-3〉과 같이 다른 팀의 발표 내용에 대한 의견, 질문, 평가점수 등을 적는 활동이 하나의 전략이 될 수 있다.

〈표 4-3〉 팀별 토의 내용 발표에 대한 평가표

팀명	잘한 점	질문 및 건의사항	점수

4) 어항식토의

어항식토의는 한 집단이 토의하는 것을 다른 집단이 어항을 보는 듯 토의 과정과 내용을 자세히 관찰하는 것이다. 시간 여유가 있다면 참가한 두 집단이 역할을 바꾸어 재토의한다. 어항식토의는 학습자들의 토의 기술 이외에도 관찰 기술이나 내용 지식 구축을 돕는다. 즉, 학습자들은 직접 토의하는 경험과 다른 사람들이 토의하는 것을 지켜보는 경험을 통해 자신의 수준과 자질에 대해 성찰하고 점검할 수 있다.

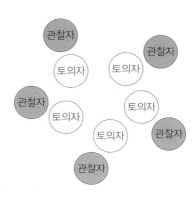

[그림 4-5] 어항식토의 배치

어항식토의는 일반적으로 다음과 같은 순서로 진행된다.

① 학습자들이 2개의 원을 지어 앉도록 하고, 내부 원에 앉은 학습자와 외부 원에 앉은 학습자를 짝지어 준다.
② 내부 원에 앉은 학습자들에게 사고를 불러일으키는 토의 질문을 제시한다. 내부 원의 토의가 진행될 때, 외부 원에 앉은 학습자들은 내부 원에 있는 짝의 토의 행동을 메모한다.
③ 내부 원에 앉은 학습자들의 토의 이후에는 외부 원에 앉은 학습자들이 자신의 짝에게 토의 내용, 자세 등에 대한 구체적인 피드백을 제공한다.
④ 내부 원과 외부 원의 짝이 자리를 바꾸어 앉고, 새로운 질문을 제시한다.

어항식토의가 원활히 이루어질 수 있도록 교수자가 미리 두 팀에게 제시할 질문을 준비하고, 학습자들이 관찰할 때 활용할 수 있는 기록지를 준비하는 것이 필요하다(〈표 4-4〉 참조). 기록지를 통해 학습자들이 어떠한 내용을 주의 깊게 관찰할 것인지 안내하는 것이다.

〈표 4-4〉 어항식토의 관찰 기록지

주요 내용	질문	의견

5) 직소우토의

직소우토의는 직소우 퍼즐처럼 부분을 맞추어 전체 그림을 완성하는 모습을 가졌다고 붙여진 이름이다. 팀원들이 학습해야 할 주제를 서로 다르게 분담하기 때문에 모든 구성원이 개별적 책무성을 가지게 되어 학습동기가 강화되고, 다른 팀원들을 대상으로 자신이 맡은 주제에 대해 가르쳐야 하기 때문에 그 과정에서 인지정교화의 효과를 기대할 수 있다. 또 동료에게 배우는 과정이 포함되어 있어서 경청하는 훈련 효과(정문성, 2017)와 학습과정에 대한 흥미가 생긴다.

직소우토의는 일반적으로 다음과 같은 순서로 진행된다.

① 큰 주제하에 소주제를 필요한 만큼 정한다.
② 4~6명으로 구성된 소그룹 구성원들에게 소주제 수만큼의 번호를 부여한다.
③ 각 번호별로 모여 해당 소주제에 대해 연구하여 전문가가 된다.
④ 원래 소그룹으로 돌아가 각자 연구한 분야에 대해 구성원들에게 설명한다.

〈표 4-5〉 직소우, 직소우Ⅱ, 직소우Ⅲ 비교

구분		단계	내용
직소우Ⅲ	직소우Ⅱ 직소우	1단계	원래 팀(Home Team): 과제분담 활동
		2단계	전문가 팀(Expert Team): 전문가 활동
		3단계	원래 팀(Home Team): 동료 교수 및 질문 응답
		4단계	일정 기간 경과
		5단계	원래 팀: 퀴즈 대비 공부
		6단계	퀴즈

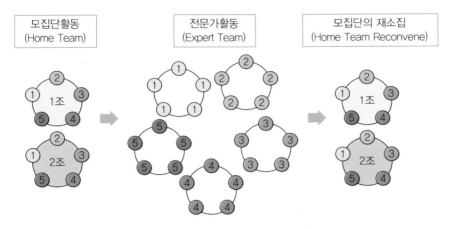

[그림 4-6] **직소우토의 기본 진행 순서**

  그러나 직소우토의는 동료들의 설명을 듣는 것만으로 수업이 끝날 경우 뒷마무리가 분명하지 못하다는 단점이 있다. 이를 보완한 것이 직소우Ⅱ, 직소우Ⅲ이다. 〈표 4-5〉에 제시된 것처럼 직소우Ⅱ는 3단계 뒤에 평가를 통해서 학습자들이 끝까지 수업에 참여하도록 유도한 것이고, 직소우Ⅲ는 평가를 하기 전에 다시 한 번 소집단별로 학습할 수 있는 기회를 준 것이다.

  직소우토의는 팀 구성원 개개인에게 무한 책임이 주어지는 구조이기 때문에 학습자들의 능력에 따라 학습 효과에 큰 변수가 발생할 가능성이 많다. 예를 들어, 능력이 부족한 학습자는 모집단에 돌아와서 자신이 맡은 주제에 대해 동료들에게 학습한 내용을 제대로 전달하기 어렵고, 동료 학습자들도 답답해할 것이다. 따라서 이러한 부분을 고려해서 상대적으로 특히 능력이 부족한 학습자는 우수한 학습자와 짝을 지어 주어 마치 한 사람처럼 활동하도록 진행하는 것이 좋다. 과제를 분담할 때에도 과제 수와 학습자 수가 맞지 않으면 비슷한 방식으로 두 사람을 한 사람처럼 간주하고 진행하면 된다. 직소우토의는 시간이 필요하기 때문에 1차시(40~50분) 이내에 운영하기는 힘들다. 따라서 1차시는 과제분담과 전문가활동을, 다음 2차시는 모집단에서 동료 교수 활동을 하는 것이 일반적이다.

2. 토의를 돕는 아이디어 도출 기법[1]

토의활동 중 새로운 아이디어를 도출해야 하는 경우에 몇 가지 기법을 활용하여 효과적으로 아이디어를 도출할 수 있다. 개인 또는 팀 구성원들이 함께 아이디어를 도출하는 방법은 크게 자유연상법과 강제연산법으로 구분한다(〈표 4-6〉 참조). 자유연상법은 주제에 대해 생각나는 대로 자유롭게 발상하여 아이디어를 생각해 내도록 하는 방법이고, 강제연상법은 주제와 무관한 그림이나 단어를 주제와 강제로 연결시켜 아이디어를 발상하는 방법이다.

〈표 4-6〉 다양한 아이디어 도출 기법들

분류	내용	대표 기법들
자유연상법	주제에 대해 생각나는 대로 자유롭게 발상하며 아이디어를 생각해 내는 방법	브레인스토밍, 브레인라이팅
강제연상법	주제와 무관한 사물을 강제로 주제와 연결시켜 발상하는 방법	랜덤워드, 디딤돌

두 방법 모두 다양한 기법을 포함하고 있는데, 여기서는 팀 구성원들이 자신의 의견을 모두 이야기하는 기법인 명목집단법을 기본 전략으로 자유연상법과 강제연상법을 활용할 수 있도록 소개한다. 사실, 명목집단법만으로도 팀 구성원들이 다양한 아이디어를 도출하도록 할 수 있다. 여기서 제시하는 기법들은 팀 구성원들이 어떤 규칙에 따라 명목집단법을 활용할 것인가에 대한 구체적인 전략이라 할 수 있다.

다음에서 제시하는 브레인스토밍, 브레인라이팅, 랜덤워드, 디딤돌(생각의 피자판) 그리고 이미지 활용 아이디어 도출 기법들을 활용한다면 과제 해결을 위한 다양한 아이디어를 도출할 수 있을 것이다.

---

1) 토의를 돕는 아이디어 도출 기법은 장경원, 고수일(2014)의 『액션러닝으로 수업하기』에서 발췌하였다.

1) 브레인스토밍

브레인스토밍(brainstorming)은 1930년 Osborn이 제안한 창의적인 아이디어를 생산하기 위한 학습도구이자 회의 기법으로, 3인 이상이 모여 하나의 주제에 대해서 자유롭게 의견을 제시하는 기법이다(Osborn, 1963). 브레인스토밍은 아이디어를 생성하는 여러 활동 중 가장 기본적인 기법으로, 두뇌를 뜻하는 'brain'과 폭풍을 뜻하는 'storm'의 결합으로 이루어져 '머릿속에서 새로운 생각들이 폭풍처럼 일어난다'는 의미이다.

브레인스토밍은 집단사고를 가능하게 하며 풍부한 아이디어 리스트를 얻을 수 있기 때문에 아이디어 생성을 위한 다른 도구들에 비해 쉽게 사용된다. 아이디어 제시는 구두로 할 수 있지만, 각자의 생각을 글이나 그림을 써서 제시하면(명목집단법) 효과적으로 아이디어를 모을 수 있다. 브레인스토밍 기법은 일반적으로 다음의 경우에 사용할 수 있다.

- 특정한 문제에 대한 근본 원인을 모두 찾아보려 할 때
- 문제에 대한 해결책을 찾아보려 할 때
- 개선활동을 추진하려고 할 때
- 프로젝트의 실행을 위한 계획을 세울 때
- 제품이나 서비스에 대한 개선 방안을 모색하려 할 때
- 아이디어를 도출하기 위해 팀원 전체를 참여시키려고 할 때

Kelly와 Littman(2001)은 좋은 브레인스토밍을 위한 일곱 가지 전략과 브레인스토밍을 망치는 여섯 가지 방법을 제시하였다. 〈표 4-7〉에서 보여 주듯이, 팀원들이 브레인스토밍을 할 때는 주제와 목적을 명확히 제시하고, 모든 사람이 자유롭게 이야기하고, 제시된 아이디어를 모두가 볼 수 있도록 게시하고, 가능하다면 스케치하거나 유목화하고, 마인드맵, 도형, 그래픽 등을 이용하여 내용을 시각화해 보는 것이 바람직하다.

〈표 4-7〉 브레인스토밍 성과에 영향을 주는 전략과 방법

좋은 브레인스토밍을 위한 일곱 가지 전략	브레인스토밍을 망치는 여섯 가지 방법
1. 초점을 명확히 한다. 2. 아이디어 도출을 돕는 규칙을 만든다. 3. 아이디어에 번호를 매긴다. 4. 아이디어를 '구축하고' 때로는 '뛰어넘는다'. 5. 공간기억력이 발휘되도록 아이디어를 사방에 기록한다. 6. 필요한 경우 두뇌활동을 위한 워밍업 시간을 갖는다. 7. 아이디어를 시각화한다.	1. 사장이 가장 먼저 이야기한다. 2. 모든 사람이 돌아가면서 이야기한다. 3. 전문가만 이야기한다. 4. 특별한 장소에서 이야기한다. 　(브레인스토밍을 위해 워크숍 가기 등) 5. 엉뚱한 이야기는 하지 않는다. 　(진지한 내용만 이야기한다.) 6. 모든 내용을 다 기록한다.

2) 브레인라이팅

브레인라이팅(brain writing)은 1968년에 Rohrbach에 의해 개발된 집단 창의성 기법이다. 6-3-5법칙 또는 635법칙이라고 불리는 브레인라이팅은 브레인스토밍 기법이 변형된 것으로, 아이디어의 질보다는 양을 중요하게 생각한다. 브레인라이팅을 활용하면 6명이 참가했을 때 30분 동안 108개의 새로운 아이디어를 도출할 수 있다(Rohrbach, 1969; Schröer, Kain, & Lindemann, 2010).

브레인라이팅은 [그림 4-7]과 같이 A4나 A3 용지에 의견을 적을 수 있는 종이 카드나 포스트잇을 붙인 후, 먼저 각자 5분 동안 3개의 아이디어를 작성하고 옆 사람에게 전달한다. 30분 동안 총 6개의 종이에 3개의 아이디어를 작성하므로 한 명이 18개의 아이디어를 작성하는 것이다. 6장에 작성된 아이디어를 모두 모으면 108개의 아이디어가 된다. 브레인라이팅을 꼭 635법칙에 따라 해야 하는 것은 아니다. 참가하는 팀원 수, 활용 가능한 회의시간을 고려하여 A4용지에 8장의 포스트잇을 붙여서 사용할 수도 있고, 더 많은 아이디어 도출을 위해 한 사람이 제시해야 하는 아이디어의 개수를 늘릴 수도 있다. 브레인라이팅은 다른 사람이 작성한 아이디어를 보고 새로운 아이디어를 도출하기 때문에 아이디어 릴레이라고도 한다.

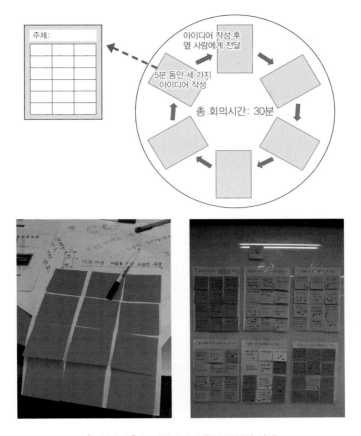

[그림 4-7] 브레인라이팅 운영 방법과 사례

　수집된 아이디어는 팀별로 수집·정리하는 방법, 참가자가 직접 부착하는 방법 등 상황에 따라 다양한 방법으로 유사한 것끼리 모아 분류할 수 있다. 이를 아이디어 유목화라고 한다. 분류 기준에 따라 모든 아이디어를 부착·게시하면 진행자는 유사한 아이디어들을 포괄할 수 있는 키워드를 적어 제일 위에 붙인다. 이때 진행자가 키워드를 도출하여 적을 수도 있지만 가능하면 참가자들의 의견을 반영하는 것이 바람직하다. 내용을 정리한 다음, 전체 참가자에게 추가할 의견이 있는지 묻고, 만일 추가할 의견이 있다면 이를 기록하여 부착한다. 도출된 아이디어 중 몇 가지를 선택해야 할 경우에는 아이디어들을 모두 정리한 후 투표용 스티커를 이용하여 중요하다고 생각되는 것에 투표하게 한다.

브레인라이팅을 활용하면 다음과 같은 이점을 얻을 수 있다.

- 과제 해결에 대한 참신한 아이디어를 발굴할 수 있다.
- 언변과 발표력이 부족하여 침묵하고 있는 다수의 의견을 이끌어 낼 수 있다.
- 참가자의 다양한 의견을 가감 없이 신속하게 모두 게시판에 집합·전시할 수 있다.
- 작성 내용에 대한 익명성이 보장되므로 말로 표현하기 어려운 사항 등에 대한 의견이 활발하게 제시될 수 있다.
- 토의 과정에 대한 참가자의 관심을 지속적으로 집중시킬 수 있다.
- 토의 결과물을 보존·전시하여 교육 자료로 활용할 수 있다.

3) 랜덤워드

랜덤워드(random word)는 주제와 무관한 단어를 자극으로 활용하는 강제연상법이다. 진행방법은 다음과 같다.

① 주제와 무관한 하나의 단어를 선택한다.
② 그 단어를 가운데 쓴 후, 그 둘레에 그 단어로부터 연상되는 단어를 15개 내외로 적는다(많은 단어를 쓸수록 좋다). 이때 가능하면 부정적인 단어는 적지 않는다.
③ 각 특성들과 주제를 강제로 연관시켜서 아이디어를 제시한다([그림 4-8] 참조).

[그림 4-8] 랜덤워드 사례(1)

반드시 무작위로 단어를 선택해야 하고, 주제와 무관하며 참가자들이 일상생활에서 흔히 쓰는 익숙한 단어를 활용한다. 아이디어를 내는 과정에서 적절한 아이디어가 더 이상 안 나오면 다른 단어로 바꾼다. 아이디어를 작성할 때 포스트잇을 활용하면 [그림 4-9]와 같이 도출된 아이디어를 분류, 정리, 선택하는 데 용이하다.

[그림 4-9] 랜덤워드 사례(2)

4) 디딤돌

디딤돌은 강제연상법의 하나로 랜덤워드를 조금 더 재미있게 진행할 수 있는 방법이다. 어느 초등학교 교사는 디딤돌이 피자처럼 보인다고 '생각의 피자판'이라는 이름을 붙이기도 했다. 디딤돌은 다음과 같은 순서로 진행한다([그림 4-10] 참조).

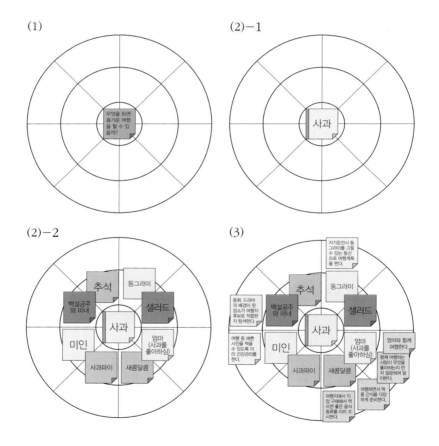

(4)

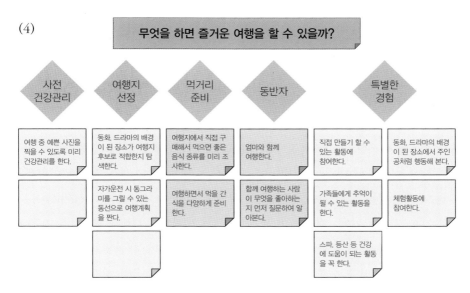

[그림 4-10] 디딤돌 진행 순서

(1) 아이디어 도출을 위한 질문 작성하기

먼저 아이디어 도출이 필요한 주제를 질문의 형태로 작성한다. 질문은 'What/How Question + 연결/결합/유추'의 형태를 갖도록 작성한다. 즉, '무엇을 하면 ~을 해결할 수 있을까?' 또는 '어떻게 하면 ~을 잘할 수 있을까?'의 형태로 진술한다. 예를 들면, '무엇을 하면 기말과제를 기간 내에 끝낼 수 있을까?' '어떻게 하면 학생생활지도를 효과적으로 할 수 있을까?' 등이다. 이러한 질문은 [그림 4-10]의 (1)처럼 포스트잇에 적은 후 가장 안쪽에 있는 동그라미 안에 붙인다. 그 후 질문 위에 즉흥적으로 떠오르는 단어를 다른 포스트잇에 작성한 후 질문이 보이지 않도록 포개어 놓는다. 랜덤워드와 마찬가지로 오징어, 자전거, 시계, 여행 등 어떤 단어를 써도 상관없지만, 가능하면 부정적인 단어를 쓰는 것은 지양한다.

(2) 다양한 디딤돌 단어 만들기

가장 안쪽 동그라미 안에 작성한 '사과'와 같은 단어를 중심으로 연상되는 다양한 단어를 포스트잇에 작성하여 두 번째 동그라미의 8개 칸에 나누어 쓴다. 이때 대상(고객, 친구, CEO, 누나, 오빠), 물건(특정 물건의 속성, 기능, 특징들), 느낌(맛있는, 달콤한) 등의 단어를 쓸 수 있다.

(3) 디딤돌 단어와 연결/결합하여 아이디어 도출하기

디딤돌이 되어 줄 단어가 완성되면 다시 원래의 질문이 보이도록 단어를 쓴 포스트잇을 제거한 후, '(디딤돌)을 연결/결합하면 무엇을 할 수 있는가?'를 질문하여 본래의 질문에 대한 아이디어를 작성해 본다. 작성된 아이디어들이 충분하지 않으면 디딤돌이 될 대상, 물건을 교체하여 추가 아이디어를 더 도출하며, 결합된 아이디어를 평가, 개선하여 적절한 것을 선택한다. 예를 들어, '무엇을 하면 즐거운 여행을 할 수 있을까?'의 질문에 디딤돌 단어 '새콤달콤'을 결합하면, 아마도 여행 중 먹을 수 있는 간식을 생각할 것이다. 그러한 생각을 토대로 '여행지에서 직접 사서 먹으면 좋은 음식 종류를 미리 조사한다'라고 써서 붙인다. 8개의 디딤돌 단어를 사용했으므로, 16개 이상의 아이디어를 도출한다.

(4) 도출된 아이디어 정리하기

먼저 아이디어를 도출하는 데 도움을 준 디딤돌 단어들을 떼어 낸다. 질문을 적은 포스트잇을 전지의 가장 위에 붙인 후, 도출된 아이디어를 분류, 정리한다. 이때 유사한 내용은 아래로, 다른 내용은 옆으로 붙이면 자연스럽게 아이디어들이 분류, 정리된다. 아이디어들을 분류하고 정리한 후 내용을 대표할 수 있는 핵심어를 정해 이를 포스트잇에 작성한 후 붙인다. 키워드를 중심으로 정리된 내용을 다시 한 번 살펴보면서 순서를 바꾸는 등의 마무리 활동을 하고, 구성원들과 해당 내용을 공유한다.

토의 중 제시된 아이디어는 질뿐만 아니라 양도 중요하다. 앞서 제시한 다양한 방법을 활용하여 학습자들이 많은 아이디어를 제시하게 한 후 이를 토대로 토의활동을 한다면 의미 있는 결과를 도출할 수 있을 것이다.

대형수업을 위한 토의방법

　초·중등학교의 학년통합수업이나 대학수업에서는 50명 이상의 학습자가 참여하는 대형수업이 흔히 이루어진다. 대부분의 교수자는 대형수업에서 토의를 운영하는 것은 적절하지 않다고 생각하여 강의식으로 진행하는 경우가 많다. 그러나 넓은 공간, 많은 학습자 수는 그만큼 많은 의견 생성과 공유, 연결을 가능하게 하는 강점을 갖고 있다. 이 장에서는 대형수업에서 운영할 수 있는 토의수업 방법으로 팀기반학습, 1:1 교차인터뷰, 오픈스페이스 기법을 소개하고, 각 방법의 주요 특성과 운영 전략을 안내할 것이다.

1. 팀기반학습

1) 팀기반학습의 주요 특성

팀기반학습(Team Based Learning: TBL)이란 공동의 목표를 달성하기 위해 팀원들끼리 상호작용을 통해 사전에 학습한 지식을 실제 과제에 연결시켜 과제를 해결하는 과정에서 학습이 이루어지는 것으로 1970년대 Michaelsen에 의해 처음 제안된 교수 · 학습 방법이다(노영숙 외, 2012; Michaelsen et al., 2002). Michaelsen은 대형수업에서 팀프로젝트학습이 이루어지려면 학습자들이 사전 학습을 해서 민폐 끼치는 팀원이 되지 않는 것이 중요하다고 생각하였다. 팀기반학습은 이러한 생각을 구체적으로 구현하기 위해 제안된 교수 · 학습 방법이다.

여기서 팀이란 2명 이상의 사람들이 정해진 기간 내에 가치 있는 목표를 달성하기 위해 각자 특정 역할을 담당하고, 상호의존적 혹은 독립적으로 상호작용함으로써 가치를 창출하는 그룹이다(Cannon-Bowers, Tannenbaum, Salas, & Volpe, 1995). Michaelsen은 팀기반학습에서의 팀은 수업 중 필요에 의해 형성된 그룹이 아니라, 최상의 성과를 산출하는 학습 팀이 되어야 한다고 강조하였다.

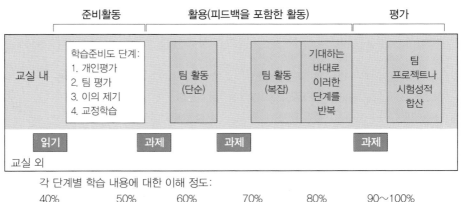

[그림 5-1] 팀기반학습의 절차

팀기반학습은 [그림 5-1]과 같이 크게 준비활동, 활용(피드백을 포함한 활동), 평가의 세 단계로 진행된다(조형정, 이영민, 2008; Parmelee, Michaelsen, Cook, & Hudes, 2012).

팀기반학습의 첫 번째 단계는 본격적인 수업에 들어가기에 앞서서 학습자가 사전에 학습할 내용을 선행학습하는 '준비활동' 단계이다. 이 단계에서 학습자들은 교사가 제시한 읽기 자료를 사전에 읽고 학습하여 수업에 참여할 수 있도록 준비한다. 팀기반학습 수업의 시작은 사전 학습 내용에 대한 개인평가와 팀 평가이다. 팀과 교수자가 소통하는 과정에서 팀 평가 결과를 확인하고 학습자들의 이해에 문제가 있는 부분을 점검하고 교정한다.

준비활동이 끝난 후 두 번째 단계는 학습자들이 학습한 내용과 관련된 실제 과제를 해결하는 '활용' 단계이다. 교수자가 학습자들에게 실제 과제를 제시하면 학습자들은 자신이 선행학습한 지식을 기반으로 팀 구성원들이 함께 논의하고 추론하고 적용하여 과제에서 요구하는 해결안을 도출한다. 학습자들이 각 팀에서 과제의 해결안을 도출할 때, 교수자는 학습자들의 학습과정에 대해 피드백한다. 이 과정에서 팀 구성원들은 자신이 학습한 개념들을 활성화시켜 더 높은 수준을 학습할 수 있게 되며, 팀 구성원들 간에는 응집력이 발생한다(Michaelsen et al., 2002).

세 번째 단계는 과제의 해결안에 대해 평가하는 '평가' 단계이다. 팀별로 도출한 결과물과 팀 활동 등에 대해 평가하는데, 교수자뿐만 아니라 팀 구성원들이 동료평가에 참여한다. 동료평가에 참여하는 과정에서 학습자들은 도덕적 책무성을 갖게 되고, 학습과정에서 드러난 서로의 장단점을 파악할 수 있다. 동료평가는 학습자들에게 성장과 변화의 기회를 제공한다(Parmelee et al., 2012). 이때 학습자들 중에는 동료평가를 불편해하는 이들이 있을 수 있으므로 동료평가의 취지와 방법을 안내한다.

2) 팀기반학습을 활용한 토의

팀기반학습의 효과를 충분히 달성하기 위해서는 준비활동, 활용, 평가의 세 단계를 모두 거치도록 운영하는 것이 바람직하지만, 준비활동 단계에서 이루어지는 활동을 독립적인 토의방법으로 활용할 수 있다. 준비활동 단계는 개인평가, 팀 평가, 이의 제기, 교정학습으로 이루어진다. 토의가 이루어지는 것은 팀 평가 단계이다. 이의 제기 단계에서는 팀별 의견을 들을 수 있고, 교정학습 단계에서는 의미 있는 학습이 이루어진다. 팀기반학습의 준비활동 단계를 토의방법으로 활용하기 위해서는 먼저 수업 전에 학습자들에게 읽기 자료를 안내하거나 제시해야 한다. 교과서, 논문, 기사 등 학습자들이 읽어야 할 자료를 안내하고, 이 자료를 충분히 학습하고 이해했는지 확인하는 과정이 토의의 주요 목적이자 활동이기 때문이다. 팀기반학습의 준비활동을 활용한 토의수업 운영 절차는 〈표 5-1〉과 같다.

팀기반학습 전, 교수자는 개인평가와 팀 평가에서 활용할 문제를 출제한다. 문제는 학습자들이 읽기 자료의 내용을 충분히 이해했는지 확인하기 위한 목적에 부합해야 하며, 일반적으로 오지선다형이다. 문제의 개수는 읽기 자료의 분량과 난이도, 토의에 할애할 수 있는 시간 등을 고려하여 결정하는데, 보통 5~10개 정도의 문제를 출제하여 사용한다.

〈표 5-1〉 팀기반학습 활용 토의수업 운영 절차

구분	단계	주요 활동
수업 전	읽기 자료 제시	

수업 중	개인 평가	① 읽기 자료의 내용 이해 정도를 확인할 수 있는 문제지를 배포한다. 〈문제지 제시〉 1. 우리 팀은 '노인정 할머니 자서전 써 드리기' 봉사활동에 참여하려고 한다. 　가장 먼저 해야 할 일은 무엇인가? 　a) 할머니가 젊은 시절을 보낸 지역의 특성과 사진 자료 수집 　b) 할머니가 생각하는 '할머니 자서전'의 특성 파악 　c) 자서전 편집 양식 결정 　d) 할머니의 현재 모습에 대한 진술 　e) 할머니 자서전을 쓰기 위한 우리 팀원의 역할 분담 2. 다음 중 브레인스토밍 기법이 필요한 경우가 아닌 것은? 　a) 개선활동을 추진하고자 할 때 　b) 특정한 문제에 대한 근본 원인을 모두 찾아야 할 때 　c) 문제에 대한 해결책을 도출할 때 　d) 과제 해결에 필요한 문헌 검색을 할 때 　e) 프로젝트 실행을 위한 계획을 세울 때 3. 다음 중 브레인라이팅의 강점을 바르게 제시한 것은? 　a) 연관 없는 단어로부터 영감을 받아 새로운 의견을 제시할 수 있다. 　b) 자유로운 분위기에서 의견을 제시할 수 있다. 　c) 다양한 의견을 쉽게 유목화할 수 있다. 　d) 언변과 발표력이 부족하여 침묵하고 있는 다수의 의견을 알 수 있다. 　e) 문제를 체계적으로 분석할 수 있다. ② 학습자들은 개별적으로 각 문제의 답을 선정한다.
	팀 평가	① 팀원들이 각자 자신이 선택한 답과 답을 선택한 이유를 발표한다. ② 팀원들이 답을 선택한 이유를 듣고, 함께 상의하여 팀의 답을 결정한다. 

이의 제기	③ 팀별로 A, B, C, D, E라고 적힌 카드를 나눠 준다.  ④ 문제를 읽고 각 문제에 대한 답이 적힌 카드를 들게 한다. ※ 출처: http://www.ohr.tulane.edu/news/newwave/040510_debakey.cfm ⑤ 팀별로 답을 선택한 이유를 발표하게 한다. 이때 팀별로 선택한 답이 상이할 경우에는 소수의 답을 선택한 팀이 먼저 발표하고, 다수의 답을 선택한 팀이 발표하도록 한다. 선택한 답이 동일한 경우에는 한두 팀에게 답을 선정한 이유를 발표하게 한다. ⑥ 답을 선정한 이유를 모두 들은 후에는 팀별로 답을 수정할 수 있는 기회를 주고, 수정한 답이 적힌 카드를 들게 한다.
교정 학습	• 교수자가 문제에 대한 답을 발표하고, 해당 문제와 관련된 주요 내용을 설명한다.

※ 출처: 장경원(2017b).

    수업이 시작되면 교수자는 학습자들에게 〈표 5-1〉에 소개된 것과 같은 형식의 문제지를 배포한다. 학습자들은 개별적으로 문제를 읽고 답을 결정한다. 이 과정이 개인평가이다. 개인평가가 끝나면 팀 평가 활동을 한다. 팀 평가 활동은 팀원들이 상의하여 각 문제의 답을 결정하는 것이다. 팀원 각자가 선택한 답을 확인하고, 논의를 거쳐 팀에서 제시할 답을 결정한다. 이때 학습자들은 각자 자

신이 답을 선택한 이유를 다른 팀원들에게 설명하는데, 이 과정에서 토의활동이
이루어진다.

팀 평가가 끝나면 이의 제기 활동을 한다. 이 활동 전에 교수자는 팀별로 선택
지(A, B, C, D, E)가 적힌 카드를 나눠 준다. 교수자가 먼저 개인 평가와 팀 평가에
서 사용한 문제들을 읽은 후, 팀에서 결정한 답이 적힌 카드를 들게 한다. 그리고
팀별로 답을 선정한 이유를 발표하게 한다. 이때 팀별로 선택한 답이 상이할 경우
에는 소수의 답을 선택한 팀이 먼저 발표하고, 다수의 답을 선택한 팀이 발표하도
록 한다. 선택한 답이 동일한 경우에는 한두 팀에게 답을 선택한 이유를 발표하게
한다. 필요에 따라서는 답을 선택한 이유를 모두 들은 후에 팀별로 답을 수정할
기회를 주고, 수정한 답이 적힌 카드를 들게 한다. 마지막으로 교수자가 각 문제
의 정답을 발표하고, 해당 문제에서 중요하게 다룬 내용을 설명한다.

팀기반학습의 '준비활동' 단계를 활용한 토의를 대형수업에서 활용할 수 있는
것은 학습자들의 사전 학습과 정답카드 때문이다. 학습자들이 수업에 참여하기
전 읽기 자료를 읽고 수업에 참여하기 때문에 개인평가 이후의 팀 평가 시간에
의미 있는 토의가 이루어질 수 있으며, 정답카드를 사용하기 때문에 학습자 수
가 많아도 교수자가 학습자들의 답변 내용을 쉽게 파악할 수 있다. 물론 정답카
드 대신 전체 학습자들의 반응을 쉽게 볼 수 있는 Socrative와 같은 앱(App)을 사
용할 수도 있다. 그러나 정답카드를 사용하면 학습자들에게 소박한 재미를 줄
수 있다.

일반적으로 대학의 대형수업은 주로 계단식 강의실에서 이루어지는데, 이 경
우에도 팀기반학습을 활용한 토의를 충분히 진행할 수 있다. 그러나 이때는 팀
구성원들이 물리적으로 가까워지는 방법을 찾아야 한다. 예를 들면, 같은 열에
앉아 있는 3명의 학습자들과 그들의 앞에 있는 학습자 셋을 한 팀으로 구성한다.
그래서 그들이 팀 기반의 활동을 수행할 때, 앞에 있는 세 사람이 몸을 돌려 앉아
상대방과 마주하기만 하면 된다. 또한 각 팀들에게 수업 자료들을 재빨리 나누
어 주고 모으는 방법을 찾아야 한다. 각 팀별로 폴더를 만들고, 그 폴더를 나누어
주고 수집하는 시스템을 활용할 수 있다(Michaelsen et al., 2002).

2. 1:1 교차인터뷰

1) 1:1 교차인터뷰의 특성

인터뷰는 전통적인 질적자료 수집방법의 하나이다. 인터뷰를 할 때는 대화의 기회가 다시 오지 않을 수 있다는 가정 하에 무엇을 물어볼 것인지 충분히 준비해야 한다. 1:1 인터뷰는 인터뷰를 하는 사람(interviewer, 질문하는 사람) 1명과 인터뷰를 받는 사람(interviewee, 대답하는 사람) 1명의 대화 방식으로 진행된다. 1:1 교차인터뷰는 인터뷰를 하는 사람과 인터뷰를 받는 사람이 인터뷰 활동을 한 후 역할을 바꿔 다시 한 번 인터뷰를 진행하는 방식이다.

1:1 교차인터뷰는 한 사람은 질문하고 다른 한 사람은 대답하기 때문에 이 자체를 토의라고 할 수는 없지만, 수업의 규모와 상관없이 학습자들이 자신의 생각과 경험을 제시하는 활동에 참여할 수 있다는 데 의의가 있다. 일반적으로 대형수업에서는 학습자들이 듣기 중심의 수동적인 태도로 수업에 참여하는데, 2인 1조가 되어 질문하고 답변하는 과정에서 학습자들이 자신들의 경험과 생각을 이야기할 수 있기 때문이다. 또한 인터뷰를 통해 수집한 내용을 토대로 이후 토의활동으로 연결할 수 있다. 1:1 교차인터뷰 후에 인터뷰 내용을 어떻게 활용할지는

[그림 5-2] 1:1 교차인터뷰 후 팀 단위 인터뷰 내용 공유 사례

교수자의 수업설계에 따라 달라질 수 있는데, 몇 명을 대표로 발표시키기보다는
팀을 구성하여 인터뷰한 내용을 팀에서 공유하고, 공유한 결과를 수업 전체가
함께 공유하는 것이 바람직하다.

2) 1:1 교차인터뷰 진행

1:1 교차인터뷰를 진행할 때 교차방법은 다양한데, 두 사람이 서로 역할을 교차
하는 것이 가장 단순한 방법이고, 질문하는 사람과 대답하는 사람의 역할을 교차
하는 것과 동시에 대화 상대를 바꾸는 방법도 있다. 수업시간 중 활용한다면 후자
가 보다 역동적이고 흥미롭다. 그러나 학습자 수가 적다면 전자의 방법도 좋다.
흥미롭게 진행하기 위해 다음과 같은 순서로 1:1 교차인터뷰를 수행할 수 있다.

▌1:1 교차인터뷰 진행 순서

① 두 사람씩 짝을 지은 후 가위바위보 게임을 한다.
② 이긴 사람들이 포스트잇에 '기자'라고 쓴 후 가슴에 붙인다.

③ 기자들은 인터뷰를 위한 질문지와 필기도구를 가지고 교실 앞으로 나온다.
④ 앉아 있는 사람들 중 우리 팀원이 아닌 사람에게 가서 인터뷰한다.
⑤ 인터뷰가 끝나면 '기자'라고 쓴 포스트잇을 인터뷰를 받는 사람에게 물려준다.
⑥ 새로 기자가 된 사람들은 가슴에 '기자'라는 포스트잇을 붙인 후 인터뷰를 위한 질문지와 필기도구
　 를 가지고 교실 앞으로 나온다. 이전에 인터뷰를 받았던 사람들은 자기 자리가 아니지만, 그대로 앉
　 아 있는다.

⑦ 새로 기자가 된 사람들은 앉아 있는 사람들 중 우리 팀원이 아닌 사람, 조금 전에 나를 인터뷰했던
   사람이 아닌 새로운 사람에게 가서 인터뷰한다.
⑧ 인터뷰가 끝나면 모든 사람이 인터뷰 내용이 기록된 질문지와 필기도구를 가지고 본래 자기 자리로
   가서 앉는다.

※ 출처: 장경원(2017b).

　　1:1 교차인터뷰를 수행하기 위해서는 교수자가 사전에 질문 워크시트를 준비
하는 것이 바람직하다. 이때 인터뷰 내용을 기록하는 데 용이하도록 가능하면
A3나 B4 용지에 인쇄한다.
　　[그림 5-3]과 [그림 5-4]는 1:1 교차인터뷰를 위한 질문 워크시트 예시이다.
두 예시 모두 긍정 탐색(Appreciative Inquiry: AI)이라는 조직개발 방법론에서 사
용된 것으로, [그림 5-3]은 교수자가 준비한 질문을 수업에서 바로 사용하는 경
우이고, [그림 5-4]는 수업에서 학습자들이 논의한 결과를 토대로 질문을 완성
하여 활용하는 경우이다. 이처럼 질문지는 필요에 따라 완성형 또는 괄호형으로
준비할 수 있다(장경원 외, 2018).

'즐거운 우리 반'과 관련된 좋은 경험 찾기 질문지

기자: _____　　대답한 사람: _____

1. 서로 존중하기	지금까지 학교를 다니면서 같은 반 친구들끼리 서로 존중했던 경험을 떠올려 보세요. 그때 있었던 일을 자세하게 이야기해 주세요. 그때 어떤 기분이었나요? 그리고 그때 어떤 생각을 했나요?
답변 내용	
2. 친구에 대해 긍정적 마인드 갖기	지금까지 학교를 다니면서 같은 반 친구에 대해 긍정적으로 생각해 주었던 경험을 떠올려 보세요. 그때 있었던 일을 자세하게 이야기해 주세요. 그때 어떤 기분이었나요? 그리고 그때 어떤 생각을 했나요?
답변 내용	
3. 서로 배려하기	지금까지 학교를 다니면서 같은 반 친구끼리 서로 배려해 주었던 경험을 떠올려 보세요. 그때 있었던 일을 자세하게 이야기해 주세요. 그때 어떤 기분이었나요? 그리고 그때 어떤 생각을 했나요?
답변 내용	
4. 다 같이 친하게 지내기	지금까지 학교를 다니면서 같은 반 친구들이 다 같이 친하게 지냈던 경험을 떠올려 보세요. 그때 있었던 일을 자세하게 이야기해 주세요. 그때 어떤 기분이었나요? 그리고 그때 어떤 생각을 했나요?
답변 내용	

[그림 5-3] 1:1 교차인터뷰를 위한 질문 워크시트 사례(1)

'즐거운 우리 반'과 관련된 좋은 경험 찾기 질문지

기자: _____   대답한 사람: _____

1. ( )	지금까지 학교를 다니면서 ( ) 했던 경험을 떠올려 보세요. 그때 있었던 일을 자세하게 이야기해 주세요. 그때 어떤 기분이었나요? 그리고 그때 어떤 생각을 했나요?
답변 내용	
2. ( )	지금까지 학교를 다니면서 ( ) 했던 경험을 떠올려 보세요. 그때 있었던 일을 자세하게 이야기해 주세요. 그때 어떤 기분이었나요? 그리고 그때 어떤 생각을 했나요?
답변 내용	
3. ( )	지금까지 학교를 다니면서 ( ) 했던 경험을 떠올려 보세요. 그때 있었던 일을 자세하게 이야기해 주세요. 그때 어떤 기분이었나요? 그리고 그때 어떤 생각을 했나요?
답변 내용	
4. ( )	지금까지 학교를 다니면서 ( ) 했던 경험을 떠올려 보세요. 그때 있었던 일을 자세하게 이야기해 주세요. 그때 어떤 기분이었나요? 그리고 그때 어떤 생각을 했나요?
답변 내용	

[그림 5-4] 1:1 교차인터뷰를 위한 질문 워크시트 사례(2)-괄호 활용

3. 월드카페

1) 월드카페의 주요 특성

월드카페(world cafe)는 1995년 Brown과 Isaacs(2005)에 의해 제안된 대화 방식이자 조직 변화 분야에서 이루어진 운동의 하나이다. 월드카페는 어떤 질문이나 과제에 대해 최소 12명에서 1,200명의 사람들이 함께 아이디어를 도출, 공유하는 대화 방법으로 4~5명 단위로 팀을 구성하여 대화를 시작하여, 팀 구성원들이 서로 자유롭게 교차하여 대화를 이어 나감으로써 많은 사람이 함께 대화하는 것이다(Schieffer, Isaacs, & Gyllenpalm, 2004a). 소규모의 친밀한 대화를 연결하고 아이디어들을 교차시키고 새로운 연결망을 만들어 내는 월드카페의 독특한 구조 때문에 대집단, 종종 수백 명의 사람들이 함께 창의적으로 사고할 수 있다.

월드카페의 독특한 대화 방식은 다음과 같은 두 가지 기본 가정과 관점에 기초를 두고 있다(Brown & Isaacs, 2005). 첫째, 사람들은 어떤 어려운 상황에도 이

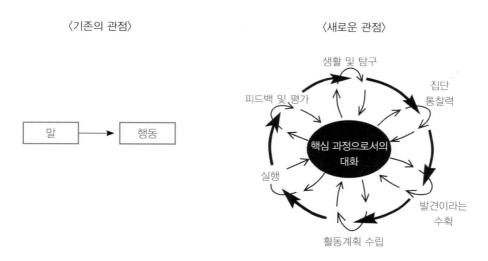

[그림 5-5] 말과 행동 사이의 관계

미 이에 대처할 수 있는 지혜와 창의력을 가지고 있다는 가정이다. 둘째, 대화, 특히 활력 있는 대화는 이미 행동 단계에 있다는 관점이다. 이러한 관점은 [그림 5-5]에 제시된 것처럼 말과 행동은 별개라는 기존의 관점을 대체하는 것으로 많은 사람이 대화에 참여하여 대화에 활력이 넘치면 그 대화는 단순히 '말'이 아니라 그 단계를 넘어 이미 '행동' 단계에 있다는 것이다. 즉, 대화는 생활과 탐구, 집단 통찰력, 발견, 활동계획 수립, 실행, 피드백과 평가로 이루어지는 하나의 행동 사이클의 중심으로, 매 단계의 필수적인 핵심 과정이 된다. 예를 들면, 어떤 주제에 대한 토의를 할 때 대화가 진정성 있고 생기가 넘치면 자연스럽게 누가 다음 단계를 위한 책임을 맡을지를 결정하게 되고, 실행하고, 피드백과 평가의 과정이 이루어지게 된다는 것이다(Brown & Isaacs, 2005).

2) 월드카페 기획 및 진행

월드카페를 기획할 때는 대화가 갖는 잠재력을 이용하기 위해 다음과 같은 일곱 가지 원칙을 고려해야 한다(Schieffer, Isaacs, & Gyllenpalm, 2004a; Schieffer, Isaacs, & Gyllenpalm, 2004b; Tan & Brown, 2005).

❙ 월드카페 기획의 일곱 가지 원칙

> 1. 환경을 설정한다.
> 2. 편안한 공간을 만든다.
> 3. 모두가 관심을 가질 만한 질문을 연구한다.
> 4. 모두가 기여하도록 격려한다.
> 5. 다양한 관점을 교류하고 연결한다.
> 6. 패턴, 통찰력, 심도 있는 질문을 찾기 위해 잘 듣는다.
> 7. 공동으로 주요 내용을 발견하고 공유한다.

※ 출처: Brown & Isaacs(2005).

첫째, 환경을 설정한다. 월드카페를 기획하는 사람은 대화 절차를 지원하는 것뿐만 아니라 참가자들이 내용에 집중하는 데 도움이 되는 '환경 설정자'의 역할을 해야 한다. 월드카페에 적합한 환경을 만들기 위해서는 대화의 목적, 참가자, 변수를 고려해야 한다. 따라서 월드카페를 통해 얻고자 하는 결과가 구체적으로 무엇이고, 누가 참가할 것이며, 대화에 영향을 줄 수 있는 변수가 어떤 것이 있는지 미리 파악하는 것이 필요하다.

둘째, 편안한 공간을 만든다. 편안한 공간이란 진심 어린 대화를 나눌 수 있고, 서로 존중할 수 있는 환경이다. 즉, 몇몇 사람만 발표할 수 있는 형태의 공간이 아니라 참여한 사람들이 모두 자신의 의견을 발표할 수 있고, 창의적이고 즐거운 대화가 가능하며, 대화 내용을 전시할 수도 있는 유연한 공간을 준비해야 한다는 것이다.

셋째, 모두가 관심을 가질 만한 질문을 연구한다. 어떤 질문을 제시하느냐에 따라 생각의 흐름이 달라진다. 〈표 5-2〉에 제시한 것처럼 어떤 질문을 하느냐에 따라 대화의 방향이 달라질 수 있다. 좋은 질문은 사람들이 창의적인 대안을 찾을 수 있고, 흥미와 관심을 가질 수 있도록 하는 것이다.

〈표 5-2〉 질문 바꾸기

일반적인 질문	좋은 질문
• 어떻게 하면 학교가 더 나아질 수 있을까? • 어떻게 하면 학교의 문제점들을 해결할 수 있을까?	• 좋은 학교란 어떤 학교인가? • 이런 아이디어들에 기초하여 학교의 미래를 위해 어떤 일을 하고 싶은가?
• 최고의 인력을 잃지 않으려면 어떻게 해야 할까?	• 어떻게 우리의 최고 인력을 유지할 수 있을까?
• 어떻게 휴렛패커드가 세계에서 최고가 될 수 있을까? (How can HP be the best lab in the world?)	• 어떻게 휴렛패커드가 세계를 위해 최고가 될 수 있을까? (How can HP be the best lab for the world?)

※ 출처: Brown & Isaacs(2005)에서 발췌.

넷째, 모두가 기여하도록 격려한다. 기여란 개인이 아이디어와 통찰력을 제시하여 전체 지성이 풍부해지도록 하는 것이다. 모두가 기여할 수 있도록 하기 위한 전략에는 4명씩 앉아 편안하게 이야기하도록 하는 것뿐만 아니라 그림을 그리거나 대화 후반에 한마디씩 말을 하게 하는 것 등이 포함된다. 월드카페에 참여한 사람들이 적극적으로 기여할 기회를 제공받으면 단순히 참여하도록 요구받을 때보다 더 책임감을 갖게 되고, 변화를 일으킬 기회도 더 많아질 수 있다.

다섯째, 다양한 관점을 교류하고 연결한다. 월드카페는 한 테이블에서 서로의 아이디어를 공유하고 자신의 관점에서 새로운 이해를 창출한 후, 다른 테이블로 이동하여 새롭게 창출된 이해를 바탕으로 의견을 제시하고 또 다른 새로운 이해를 창출하게 한다. 이 과정에서 사람들의 다양한 생각이 서로 연결된다.

여섯째, 패턴, 통찰력, 심도 있는 질문을 찾기 위해 잘 듣는다. 월드카페는 의견을 표현하거나 들을 때 말뿐만 아니라 그림을 활용한다. 의견을 그림으로 표현하는 과정에서 다른 사람의 이야기를 잘 듣게 되고, 그 결과 대화 내용의 중요한 특성을 파악하고, 패턴을 발견하며, 새로운 질문을 창출할 수 있다.

일곱째, 공동으로 주요 내용을 발견하고 공유한다. 월드카페에 참여한 사람들이 작성한 그림과 메모들을 벽에 붙이면 카페 대화에 참여한 사람들에게 유용한 자료가 된다. 그러나 월드카페에 참석하지 않은 사람에게는 대화의 결과물이 공유하기에 적절한 형식은 아니다. 따라서 시간이 허락한다면 대화에 참여하지 않은 사람들을 위해 대화 내용을 쉽게 이해하고 공유할 수 있는 형태로 정리한다.

월드카페 진행 절차는 다음과 같다.

┃ 월드카페 진행 절차

① 4명이 한 테이블에 앉을 수 있도록 팀을 구성하여 배치한다.

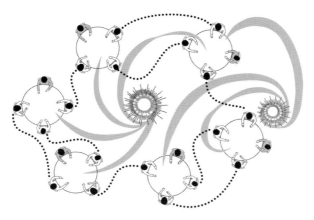

② 각 테이블에서 호스트(host)를 정한다. 호스트는 테이블에서 이루어지는 대화 내용을 관리하는 사람이다.

③ 팀별로 미리 정해진 주제에 대해 첫 번째 대화의 시간을 갖는다. 대화 시간은 대략 10~20분이며 자신
   의 생각, 경험, 의견을 자유롭게 공유한다. 이야기를 하면서 자유롭게 테이블에 올려진 큰 종이에 대화
   내용을 적거나 그림으로 표현한다.

④ 첫 번째 대화의 시간이 끝나면 각 테이블에 호스트만 남고, 다른 사람들은 모두 자신이 원하는 다른 테
   이블로 이동한다.

⑤ 기존의 호스트를 중심으로 새로운 팀이 구성되면, 호스트가 첫 번째 대화 내용을 새로운 구성원들에게
   간략히 설명하고, 새로운 구성원들은 이에 대해 새로운 의견을 제시하면서 두 번째 대화 시간을 갖는
   다. 이때도 대략 10~20분 정도 대화 시간을 가지며 앞선 팀들이 사용했던 큰 종이 위에 새로운 의견
   이나 그림을 추가한다.

⑥ 두 번째 대화의 시간이 끝나면 각 테이블에는 다시 호스트만 남고, 다른 사람들은 다른 테이블로 이동
   한다.

⑦ 동일한 방법으로 세 번째, 네 번째 대화의 시간을 갖는다. 이때 시간이 여유롭지 않다면 세 번째 대화의 시간부터는 생략한다.

⑧ 계획한 횟수의 대화 시간이 끝나면 모두 원래 자리로 돌아간다.

⑨ 호스트는 원래 팀 구성원들에게 그동안 팀의 아이디어가 어떻게 변화, 발전하였는지 설명한다.

⑩ 호스트와 팀 구성원들이 논의하여 팀의 최종 대화 내용을 정리한다.

⑪ 각 테이블의 대화 내용을 공유한다. 대화 내용 공유는 어항식 방법을 사용하거나 의견을 벽에 붙여 전시하는 등 다양한 방식으로 한다.

⑫ 모든 테이블의 의견을 전체적으로 통합 정리한 후 이를 공유한다.

※ 출처: Brown & Isaacs(2005).

3) 월드카페의 이점

월드카페는 많은 사람이 참여할 수 있는 토의방법으로 참여한 모든 사람이 자신의 의견을 제시하며, 다른 사람들의 의견을 듣고 교류하며, 전체 의견을 만드는 데 기여할 수 있다(Brown & Isaacs, 2005; Marianne, Heiko, & Marianne, 2008). 학교 수업에서 월드카페를 토의방법으로 활용한다면 기존에 제시된 소집단과 대집단 토의방법의 제한점을 극복하고 다음과 같은 이점을 얻을 수 있다(장경원, 2012; Brown & Isaacs, 2005).

첫째, 월드카페에서는 토의에 참여하는 학습자들이 편안하게 의견을 이야기할 수 있다. 월드카페는 4명이 기본 구성 인원이다. 소집단 토의에서도 4명은 적절한 인원이다. 2명이나 3명은 사고와 능력의 다양함이 약하고, 5명이나 6명 이상의 경우에는 소외되는 사람이나 무임승차하는 사람이 있을 수 있는 등 약점이 있다(정문성, 2009). 4명이 대화하는 월드카페에서는 자신의 의견을 이야기할 기회도 많고, 다른 사람의 이야기를 보다 잘 들을 수 있다.

둘째, 월드카페에서는 다양한 관점을 교류하고 연결할 수 있다. 월드카페는 한 테이블에서 이야기하면서 자신의 관점에서 새로운 이해를 창출한 후, 다른 테이블로 이동하여 역시 자신만의 새로운 이해를 창출한 사람들과 만나 또 다른 새로운 이해를 창출한다. 일반적으로 소집단 토의는 한 집단에서만 논의하지만 월드카페는 보다 많은 사람과 논의할 수 있다.

셋째, 월드카페에서는 생각을 시각적으로 표현하기 때문에 그 과정에서 학습 효과가 높게 나타날 수 있다. 월드카페는 의견을 표현하거나 들을 때, 말뿐만 아니라 그림을 활용한다. 아는 내용을 시각적으로 표현하는 과정에서 학습 내용과 생각을 명료하게 정리하는 기회가 된다. 다루는 정보를 특성에 따라 원인과 결과, 내용 정리, 개념의 비교 및 대조, 문제와 해결안의 조직, 주요 아이디어에 대한 정보의 관계 표시 등을 하는 것을 그래픽 조직자라 하는데, 학습자들이 수업 중 직접 그래픽 조직자를 그리면 학습 효과가 높아진다(Darch, Carnine, & Kammeenui, 1986). 월드카페는 대화 내용을 글과 그림으로 시각적으로 표현하기 때문에 토의 과정에서 높은 학습 효과를 기대할 수 있다.

넷째, 월드카페에서는 특별한 훈련을 받지 않아도 대화 참가자가 될 수 있다. 많은 토의방법이 나름의 규칙을 갖고 있다. 토의가 잘 이루어지지 않는 이유 중 하나는 학습자들이 이 규칙들을 잘 인지하지 못하기 때문이다. 따라서 토의가 원활히 이루어지기 위해서는 사전 훈련이 필요한데, 월드카페는 참가하는 학습자들이 특별한 준비 없이도 즐겁게 참여할 수 있다.

다섯째, 월드카페에서는 논의 내용을 행동으로 연결시킬 수 있다. 특히 문제나 과제를 해결하기 위한 토의의 경우 많은 사람이 대화 중에 성찰, 통찰, 행동계획 수립, 성공경험 공유, 피드백 등을 경험하고, 그 과정에서 구체적이고 실천적인 해결안을 도출할 수 있다.

여섯째, 월드카페를 통해 집단 지성을 경험할 수 있다. 사람들의 대화가 모여 주제에 대한 전체 의견이 수렴되는 과정을 경험하는 것은 학습자들이 집단 지성을 경험하는 학습 효과를 가져올 것이다.

4. 오픈스페이스 기법

1) 오픈스페이스 기법의 주요 특성

오픈스페이스 기법(Open Space Technology: OST)은 1980년대 중반에 Harrison Owen에 의해 제안된 방법론으로 다양한 사람이 모여 자유롭게 대화하는 과정에서 중요한 논제(agenda)를 도출하고, 이에 대해 함께 논의하고 공유하는 회의 운영 또는 조직변화 방법론이다. 오픈스페이스 기법은 최소 2시간에서 수일에 걸쳐 이루어지며, 모인 사람들의 열정과 흥미를 토대로 진행된다. 오픈스페이스 기법은 5명이든 1,000명이든 상관없이 운영될 수 있다.

오픈스페이스 기법은 네 가지 기본 원리와 한 가지 규칙을 토대로 운영된다. 네 가지 기본 원리는 다음과 같다. 첫째, 누구나 참여할 수 있다. 모임에 참여한 사람 누구도 적임자 또는 그렇지 않은 사람으로 구분하지 않는다. 둘째, 언제든 자유롭게 시작할 수 있다. 형식에 얽매이지 않고 자유롭게 대화한다. 셋째, 대화를 통해 산출된 결과는 모두 유의미한 것이다. 오픈스페이스 기법을 통해 얻은 결과물이 최선의 것이다. 넷째, 언제든 자유롭게 끝날 수 있다. 시작 시간과 마찬가지로 끝나는 시간이 정해져 있지 않다. 한 가지 유일한 규칙은 두 발의 법칙 (Law of two feet)이다. 모든 사람은 자유롭게 원하는 주제의 대화에 참여하고, 다른 주제로 이동할 수 있다(신좌섭, 2017; Heiko & Marianne, 2008; Owen, 2008). 이처럼 여러 주제로 자리를 옮기는 사람을 범블비(bumble bee)라 하는데, 이 사람들은 여러 주제를 연결하는 중요한 역할을 한다.

2) 오픈스페이스 기법 기획 및 운영 전략

Owen(2008)은 오픈스페이스 기법 운영 과정을 [그림 5-6]의 과정으로 설명하였다. 먼저 학습자들이 모여 주제와 관련한 논제를 선정한다. 선정된 주제들

을 이야기할 수 있도록 세션을 구성하고 차례차례로 각 세션을 운영한다. 모든
세션이 끝나면 다시 처음처럼 함께 모여 논의된 내용을 공유하고 의사결정한다.
각 과정에 대한 구체적인 운영 전략은 다음과 같다.

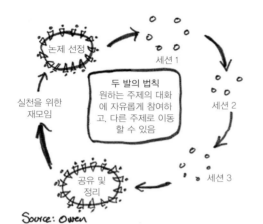

	1팀	2팀	3팀	4팀	5팀
논제 선정					
세션 1					
세션 2					
세션 3					
공유 및 정리					

[그림 5-6] 오픈스페이스 기법 운영 과정과 세션 구성 표 예시

출처: Heiko & Marianne(2008); Owen(2008).

오픈스페이스 기법은 [그림 5-7]처럼 하나의 큰 원으로 모여 논제 선정으로
시작한다. 큰 원의 가운데에는 모인 사람들이 의견을 제시할 때 사용할 수 있도
록 종이와 굵은 펜을 놓아 둔다. 교수자(진행자)는 모인 사람들에게 함께 이야기

[그림 5-7] 오픈스페이스 기법의 시작

※ 출처: (좌)http://christinewhitneysanchez.com/open_space_technology1
(우)https://thursdayntinm.wikispaces.com/Open+Space+Technology

할 큰 주제를 제시한다. 그리고 주제와 관련하여 함께 이야기하고 싶은 논제를 자유롭게 제시하도록 독려한다.

교수자가 제시한 큰 주제를 듣고 학습자들 중 누구라도 함께 이야기하고 싶은 논제를 자유롭게 제시할 수 있다. 논제를 제안할 학습자는 원의 안쪽으로 와서 함께 이야기하고 싶은 논제를 종이 위에 적는다. 학습자들이 제시한 논제들을 몇 번째 세션에 배치할 것인지, 세션에서 몇 개의 논제에 대해 이야기할 것인지를 고려하여 [그림 5-8]처럼 배열한다.

[그림 5-8] 오픈스페이스 기법 진행을 위해 논제 배열

학습자들은 한 세션에 포함된 논제들 중 참여하고 싶은 곳으로 가서 [그림 5-9]처럼 자유롭게 대화한다. 대화 중 제시된 내용은 큰 종이에 기록하여 벽에 붙인다.

[그림 5-9] 동일한 관심을 가진 학습자들끼리 논의

한 세션이 끝나면 다음 세션을 운영한다. 계획한 세션이 모두 끝나면 [그림 5-10]처럼 벽에 붙여진 논제별 논의 내용을 게시하고 공유한다. 이때 제시된 의견들 중 선택이 필요한 경우에는 투표를 하거나, 포스트잇에 의견을 적어 해당 내용에 추가하고 주요 내용을 요약하는 등 다양한 활동을 수행한다.

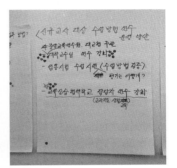

[그림 5-10] 논의 내용 게시 및 공유

학습자들이 모든 논제에 대한 내용을 살펴본 후에는 오픈스페이스 기법을 시작할 때처럼 다시 큰 원으로 모인다. 그리고 제시된 내용을 발표하여 공유하고, 교수자가 요약, 정리한다.

오픈스페이스 기법은 수업의 규모와 상관없이 학습자들이 자유롭게 토의할 수 있는 토의방법이지만, 규모가 클수록 의미 있는 토의활동이 이루어질 수 있다. 다만, 계단식 강의실 등에서는 운영하기에 적절하지 않다는 단점이 있다.

경쟁 · 비경쟁 토론방법

토론수업은 '토론'활동을 수업방법으로 활용하여 진행하는 수업이다. 그런데 토론이 어느 한 주장의 일방적인 설교가 되지 않게 하기 위해서는 공정한 경쟁이 이루어질 수 있는 토론의 규칙이 전제되어야 한다. 다행히 토론이 공정한 경쟁의 장이 될 수 있도록 고안된 몇 가지의 토론 규칙이 존재하고, 이러한 규칙이 적용된 경연방식의 토론이 실제로 존재한다. 이와 같은 경연방식의 토론에 사용되는 규칙에 따라 토론의 방법이 구분될 수 있고, 토론수업의 방법도 이에 준하여 이해할 수 있을 것이다.

1. 경쟁 토론방법

실제 토론경연에 적용되는 대표적인 토론모형으로는 의회식 토론, CEDA식 토론, 링컨-더글러스식 토론, 칼 포퍼식 토론이 있다. 각각의 토론모형은 토론 경연용으로 정형화된 것이다. 토론수업에서는 이와 같은 토론모형을 엄격하게 적용할 수도 있고, 수업의 상황과 조건, 환경 등에 따라 얼마든지 약식으로 변용 하여 사용할 수도 있다. 다만 학습자들의 혼란을 방지하기 위해서는 가급적 어 느 하나의 토론모형을 기준으로 토론규칙을 정해서 이를 비교적 충실하게 유지 하는 것이 바람직하다.

1) 의회식 토론

'Parli'로 약칭되는 의회식 토론(Parliamentary debate) 방법은 영국 의회에서의

[그림 6-1] 영국 의회식 토론

※ 출처: http://www.parliament.uk/about/living-heritage/building/palace/estatehistory/
reformation-1834/commons-chamber17th-18thc-/

토론과 토의에 기초하여 정립되었다. 의회식 토론은 다른 토론방법과 마찬가지로 쟁점에 대한 찬성과 반대 입장으로 나누어진 두 팀으로 구성된다. 그리고 각 팀은 각각 2인으로 구성되어 자신에게 주어진 역할을 바탕으로 토론에 임한다. 이와 같이 구성된 각 팀의 구성원에게 부여된 역할은 영국 의회에서 유래된 토론방법답게 찬성 팀에게는 수상(Prime Minister)과 정부 측 구성원(Member of the Government)으로, 반대팀에게는 야당 지도자(Leader of the Opposition)와 야당 구성원(Member of the Opposition)이 주어진다.

의회식 토론의 절차는 그다지 복잡하지 않다. 우선 논제가 정해지면 짧은 준비 시간을 거친 다음, 찬성 측 첫 번째 입론, 반대 측 첫 번째 입론, 찬성 측 두 번째 입론, 반대 측 두 번째 입론, 반대 측 반박, 찬성 측 반박의 순서로 진행된다. 토론의 시작과 끝을 찬성 측 수상이 맡게 되는 것이다. 이처럼 의회식 토론은 절차가 복잡하지 않고 규칙이 엄격하지 않아 초보적인 토론활동에 적합한 것으로 알려져 있다. 그 구체적인 절차는 〈표 6-1〉로 정리할 수 있다.

〈표 6-1〉 의회식 토론의 진행 절차

라운드	토론 절차	발언 시간
1	찬성 측 첫 번째 입론 (Prime Minister Constructive: PMC)	7분
2	반대 측 첫 번째 입론 (Leader of the Opposition Constructive: LOC)	8분
3	찬성 측 두 번째 입론 (Member of the Government Constructive: MGC)	8분
4	반대 측 두 번째 입론 (Member of the Opposition Constuctive: MOC)	8분
5	반대 측 반박 (Leader of the Opposition Rebuttal: LOR)	4분
6	찬성 측 반박 (Prime Minister Rebuttal: PMR)	5분
보충 질의	입론 시작 후 1분, 종료 전 1분, 반박 시간 제외	
총 소요시간		40분

의회식 토론방법은 〈표 6-1〉에서 제시된 것처럼 반박의 과정을 제외한 토론 중 빈번하게 보충 질의(Points of Information: POI)를 하는 것이 허용된다. 즉, 상대방이 입론을 하는 중에 토론 참여자가 POI를 외치며 보충 질의를 요청할 수 있는 것이다. 이 경우 입론의 형식으로 발언하고 있는 참여자는 이와 같은 보충 질의를 수락할 수도 있고, 수락하지 않을 수도 있다(이돈희, 2017). 만약 발언을 하고 있던 참여자가 보충 질의에 대한 답변이 자신의 입장을 더욱 효과적으로 부각시킬 계기가 될 수 있다는 판단으로 질의를 받게 되면, 그 질의와 답변에 소요된 시간은 자신의 발언 시간에 포함되어 계산된다. 단, 입론 시작 후 1분, 종료 전 1분, 반박 시간 동안은 보충 질의가 허용되지 않는다. 질문이 허용되는 시간과 허용되지 않는 시간이 구분되도록 타임키퍼가 적당한 방법으로 알려 주어야 한다(물론 타임키퍼는 각각의 발언이 제한된 시간 내에 진행되도록 해야 한다).

토론자가 연설문을 미리 준비해 와서 읽는 것은 허용되지 않으며, 논제에 관해 즉흥적으로 메모한 것을 기초로(논제 자체가 토론 때에야 공개되기 때문이다) 연설하여야 한다. 논제가 공개된 후 짧은 준비시간이 주어지는데, 준비시간 동안 토론자는 주장의 개요와 논거를 기억하여 논리적인 순서에 따라 배열해야 한다. 또 예상되는 반론에 대해서도 대책을 세워야 한다. 의회식 토론에서는 논제가 사전에 공지되지 않으며, 토론 당일에 비교적 포괄적인 문장의 형식으로 주어진다. 찬성 측 입론자는 이를 적절하게 해석하여 구체적인 정책 제안 형태로 입론을 펼쳐야 한다. 따라서 토론자는 평소에 광범위한 주제에 대해 폭넓은 지식을 갖추도록 노력하여야 한다. 찬성 측 입론 때는 할 말을 서론, 본론, 결론으로 구분지어 연설한다. 서론에서는 먼저 청중의 관심을 끈 다음, 옹호할 주장을 명료하게 밝히면서 발언할 내용의 개요에 대해 말해야 한다. 본론에서는 주장을 뒷받침하는 논거로 2~3개의 이유와 제안조치를 제시하여야 하며, 제안하는 조치가 실현 가능할 뿐 아니라 이전보다 더 나은 결과(유용성)를 가져올 것이라는 점을 밝혀야 한다. 결론에서는 주된 논점을 간략하게 요약하고 기억에 남을 만한 문구로 마무리 짓도록 한다. 찬성 측 입론이 끝난 다음에 청중은 입론자가 어떤 논점에 대해 어떤 제안을 하였는지, 그 제안이 어떤 점에서 정당하고 좋은 것인지에 대해 확실히 알 수 있어야 한다.

반대 측 입론에서는 주장의 구성은 찬성 측 입론과 동일하지만, 찬성 측 입론에 대해 반대하는 입장을 확실하게 밝혀야 하고, 본론에서 찬성 측 제안이 어떤 점에서 결함과 흠이 있는지도 분명히 해야 한다. 전제된 통계나 예시, 정보 등이 부정확하다, 반대 사례가 있다, 중요성이 떨어진다, 논리적인 허점이 있다, 과장되었다, 연관성이 없다, 성급한 결론 혹은 일반화의 오류를 범하고 있다, 시급성이 없다, 실현 불가능하다, 부작용이 크다 등의 지적이 그 예가 될 수 있다.

2) 링컨-더글러스식 토론

1858년 링컨은 연방 상원의원 선거에서 당시 상원의원이었던 스티븐 A. 더글러스(Stephen A. Douglas)와 일곱 차례에 걸쳐 토론을 벌였다. 비록 상원의원 선거에서는 패배했으나 노예제도의 정당성과 존폐 여부를 놓고 벌인 이 일곱 차례의 토론을 통해 링컨은 전국적인 인물로 떠올랐고, 2년 후인 1860년 공화당의 대통령 후보에 지명되었다. 링컨-더글러스식 토론은 바로 이와 같은 역사적인 기원을 가진 토론방법이다.

1970년대 후반 미국 고등학교에서 이 규칙에 의한 토론대회가 열린 이후 1980년 미국 전국토론리그(National Forensic League)가 현대적인 의미에서 링컨-더글러스식 토론규칙을 정립하였다. 그리고 곧 링컨-더글러스식 토론은 대중적인 토론경연 방식으로 자리 잡았다.

링컨-더글러스식 토론은 실제 링컨과 더글러스의 토론이 그랬듯이 어떤 지향의 옳고 그름을 놓고 벌이는 가치논쟁에 적합한 것으로 평가되고 있다. 따라서 링컨-더글러스식 토론에서는 토론자들이 가치개념에 대해 확실히 이해하고 있어야 한다. 중요한 핵심가치로는 자유, 안전, 정의, 개인의 독립성, 공동체, 미(美), 민주주의, 생명의 존엄과 의무, 삶의 질, 사생활의 자유, 자아실현(Self-Actualization) 등이 있다. 주장된 가치들이 경쟁 관계에 있는 것으로 경합할 때 그 가치갈등에 대한 판단준거로는 의무론적 입장(Deontology)[1]과 비용편익 분석

[그림 6-2] 링컨-더글러스 토론 100주년 기념우표

※ 출처: https://commons.wikimedia.org/wiki/File:Lincoln_Douglas_debates_of_1858_1958_Issue-4c. jpg?uselang=ko#filelinks ⓒ US post office

법이 제안된다(Edward, 2008; Perelman, 1982).

이 방식 역시 링컨과 더글러스의 토론이 실제로 그러했듯이, 주로 팀을 이루어 경연을 벌이는 다른 방식과는 달리 일대일 방식의 토론이라는 점이 특징이다. 이러한 방식을 취하는 이유는 가치논쟁의 경우에는 토론자가 복수로 구성되면 논점이 분산되어 산만해질 수 있기 때문이다(김주환, 2009). 일대일 방식의 토론이기 때문에 토론의 승패에는 개인적인 능력과 이미지가 중요한 영향을 미친다. 상대방의 입론에 대해 교차조사를 한다는 점에서 이 토론방법은 다음에 소개되는 CEDA 방식과 유사한 점이 있지만 1인의 토론자에게 모든 부담이 지워진다는 점에서 구별된다.

---

1) 의무론적 입장이란 인간의 행위가 그 결과에 관계없이 그것이 의무이기 때문에 행해져야 한다는 주장이다. 인간의 행위는 여러 가지 근거를 가질 수 있지만 절대적이고 보편적인 도덕적 법칙에 의해 행해져야 한다는 것이다. 즉, 인간의 도덕적 행위의 평가기준이 당위로서의 도덕적인 원칙이어야 한다는 것이다. 반면, 비용편익 분석법은 어떤 행위를 평가하는 기준을 그 행위에 드는 비용과 그로부터 발생하는 편익의 비교에서 찾는 것이다. 다시 말해, 이는 적은 비용을 들여 큰 편익을 얻을 수 있는 행위가 경쟁 관계에 있는 행위 중에서 선택되는 것이 바람직하다는 입장이다.

〈표 6-2〉 링컨-더글러스식 토론 진행 절차

라운드	토론 절차	발언 시간
1	긍정 입론(Affirmative Constructive)	6분
2	부정 교차조사	3분
3	부정 입론(Negative Constructive)	7분
4	긍정 교차조사	3분
5	긍정 반박(First Affirmative Rebuttal)	4분
6	부정 반박(Negative Rebuttal)	6분
7	긍정 반박(Second Affirmative Rebuttal)	3분
총 소요시간		32분

〈표 6-2〉에서 볼 수 있듯이 이 토론방법은 찬성과 반대의 입론 이후에 교차
조사가 진행되고 반박으로 토론을 마무리한다는 점에서 CEDA식 토론과 구성에
있어 유사점을 지니고 있다. 그러나 이 토론방법은 부정 측과 달리 긍정 측에 두
차례의 반박 기회를 준다는 점에서 차이를 지닌다. 반면, 입론의 경우에는 반대
측(7분)에게 긍정 측(6분)보다 1분의 발언 시간을 더 준다는 차이점도 존재한다.
물론 결과적으로 찬성 측과 반대 측에 제공되는 토론 시간은 동일하게 배분되어
있다.

가치논쟁이 주로 이루어지는 링컨-더글러스식 토론방법에서 긍정 측은 가치
평가의 대상, 주요 용어와 개념의 정의 및 설명, 가치 평가의 우선순위 선정, 가
치 판단의 정당화 등을 입증해야 한다. 반면, 부정 측은 이러한 쟁점에 대해 반론
을 제시해야 하는 부담을 진다. 이처럼 가치논쟁이 주가 되는 링컨-더글러스식
토론방법에서는 구체적이고 복잡한 쟁점보다는 일반적이고 보편적인 주제가 주
로 다루어지는 경향이 있으며, 토론의 내용도 실제로 일반적인 근거를 제시하는
개괄적인 사안을 중심으로 이루어진다고 평가되고 있다(이상철 외, 2006).

3) CEDA식 토론

CEDA(Cross Examination Debate Association)식 토론은 정책을 대상으로 하는 토론에 가장 합당한 방식으로 알려져 있다. CEDA는 '교차조사 논쟁위원회'라는 단체의 이름이다. 1971년 '남서 교차조사 논쟁위원회(Southwest Cross Examination Debate Association)'로 출발한 이 단체는 이 협회가 고안한 교차토론 방식의 토론규칙에 따라 미국의 대학생 정책 토론 대회를 주관하고 있는 것으로 알려져 있다.[2]

CEDA식 토론이 정책 토론에 적합하다고 하는 이유는 바로 이 토론방법이 민주주의 사회에서 정책을 두고 경쟁하는 집단 간 논쟁의 과정을 잘 반영하고 있기 때문이다. 정책(Policy)은 정부가 사회적으로 희소한 자원을 어떻게 배분할 것인지를 정하는 행위이다. 이는 정책의 과정이 희소한 자원의 배분을 둘러싼 치열한 경쟁의 장이 될 수밖에 없다는 점을 의미하기도 한다. 따라서 이 과정에서 이해관계를 가진 집단들은 자신의 입장을 정당화하여 유리한 결정을 이끌어 내기 위해 최선의 노력을 다하게 된다. 민주주의의 위대한 점은 희소한 자원의 배분에 관한 완벽하게 옳은 결정을 누구도 독점할 수 없다는 사실을 전제하고 있다는 것이다. 그렇기 때문에 각자의 입장을 논리적으로 정당화할 기회를 제공하고, 또 이러한 과정을 통해 조금이라도 더 많은 사람이 동의할 수 있는 정도에서 결정을 내리기 위해 노력한다. 그리고 이 과정은 서로의 입장을 확인하고, 반박하고 또 재반박하는 과정을 거치게 된다. 당연히 이런 과정은 많은 비용을 요구하기도 한다. 그러나 이러한 과정을 거치지 않고 일방적으로 결정된 많은 정책이 집행 과정에서 격렬한 반대에 부딪히거나 혹은 거부되어 애초에 기대했던 목표를 달성하지 못함으로써 더 큰 사회적 비용을 지불하게 되는 일이 얼마나 많은지 기억할 필요도 있다.

이 토론방법에서 주목할 점은 정책 토론답게 현재 상태에서 무엇인가 변화를

---

2) CEDA 홈페이지 협회 소개 내용을 참고하였다(http://www.cedadebate.org, 2016. 11. 14.).

요구하는지 그렇지 않은지를 기준으로 찬성과 반대 입장을 구별한다는 것이다. CEDA식 토론의 절차는 다음 〈표 6-3〉과 같이 정리할 수 있다.

〈표 6-3〉 CEDA식 토론 진행 절차

라운드	논쟁 절차	발언 시간
1	긍정 측 1번 토론자의 입론(First Affirmative Constructive Speech: 1AC)	8분
2	부정 측 2번 토론자의 교차조사(Second Negative Speaker Cross-examines 1AC)	3분
3	부정 측 1번 토론자의 입론(First Negative Constructive Speech: 1NC)	8분
4	긍정 측 1번 토론자의 교차조사(First Affirmative Speaker Cross-examines 1NC)	3분
5	긍정 측 2번 토론자의 입론(Second Affirmative Constructive Speech: 2AC)	8분
6	부정 측 1번 토론자의 교차조사(First Negative Speaker Cross-examines 2AC)	3분
7	부정 측 2번 토론자의 입론(Second Negative Constructive Speech: 2NC)	8분
8	긍정 측 2번 토론자의 교차조사(Second Affirmative Speaker Cross-examines 2NC)	3분
9	부정 측 1번 토론자의 반박(First Negative Rebuttal: 1NR)	4분
10	긍정 측 1번 토론자의 반박(First Affirmative Rebuttal: 1AR)	4분
11	부정 측 2번 토론자의 반박(Second Negative Rebuttal: 2NR)	4분
12	긍정 측 2번 토론자의 반박(Second Affirmative Rebuttal: 2AR)	4분
작전 타임	긍정 측, 부정 측 팀당 5분	10분
	총 소요시간	70분

※ 출처: NAVER 지식백과, 정책토론의 정석 항목.
　　　http://terms.naver.com/entry.nhn?docId=2275548&cid=42251&categoryId=51183

　　CEDA식 토론은 의회식 토론과 마찬가지로 찬성과 반대 입장의 팀이 각각 2명으로 구성된다. 〈표 6-3〉에서 볼 수 있듯이 현상의 변화를 긍정하는 입장인 찬성 측 2명과 이에 부정적인 입장인 반대 측 2명은 모두 입론과 반론, 그리고 교차조사에 참여한다. 따라서 CEDA식 토론은 의회식 토론의 2배에 달하는 12라운드로 토론이 이루어진다. 그러나 이와 같이 길고 복잡한 CEDA식 토론의 절차는 기본적으로 각각의 입장에 대한 입론과 이에 대한 상대방의 교차조사, 그리고 이를 정리하는 반론의 3단계 구성으로 단순화할 수 있다.

먼저 입론은 자신의 주장과 논거를 제시하여 상대방의 공격에 대비한 '튼튼한 방어용 성벽'을 쌓는 과정이라고 할 수 있다(이두원, 2008). 그런 만큼 1, 3, 5, 7라운드에서 찬성과 반대 측에 주어진 입론은 다른 절차에 비해 긴 8분의 시간이 할애되어 있다. 따라서 입론의 과정에서는 자신이 왜 그러한 주장을 하게 되었는지를 충분한 논거와 이를 뒷받침하는 입증 자료를 통해 충분히 설명하여야 한다. 부족한 논거와 입증 자료는 곧바로 상대 입장 측의 논박의 근거가 되기 때문이다. 특히 CEDA식 토론에서 입론은 바로 상대방 측의 교차조사 대상이 된다는 점을 염두에 두고 준비할 필요가 있다. 효과적인 입론은 상대방의 입장에서 제기할 수 있는 의문의 여지를 최소화하거나, 더 나아가서는 상대방의 의문까지도 자신의 입장을 부각시킬 수 있는 것이 되어야 한다.

교차조사는 다음 단계에서 입론을 발표하지 않을 토론자가 상대방의 입론 발표자를 상대로 하는 것이다. 교차조사는 다음과 같은 목적을 가지고 있다. 첫째, 요점을 명확히 한다. 둘째, 상대의 오류, 특히 논리적 오류를 드러낸다. 셋째, 상대의 시인·용인을 얻어 낸다. 넷째, 주요 논점을 설정한다. 다섯째, 심사위원에게 날카로운 분석능력과 비판능력을 보여 준다. 이처럼 교차조사는 기본적으로 정보를 교환하는 과정이지 상대방을 공격하거나 다그치는 시간이 아니라는 점도 기억해야 한다. 이 과정에서 질문의 권한과 답변 형식을 통제하는 권한은 교차조사를 하는 사람에게 주어진다(이두원, 2008).

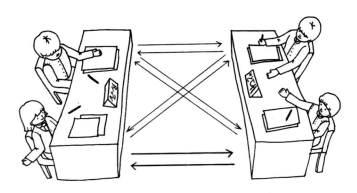

[그림 6-3] 교차토론방법인 CEDA

반박은 논쟁의 마무리 단계에서 반대 측과 찬성 측의 토론자가 번갈아 가며 진행하도록 되어 있다. 이 과정에서 견지되는 가장 기본 원칙은 입론과 교차조사에서 언급되지 않았던 주장이 반박 과정에서 처음 제시되어서는 안 된다는 것이다. 즉, 반박의 과정은 상대방을 당황시키는 과정이 아니라 입론과 교차조사의 치열한 과정에서 부각된 양측 논쟁의 강점과 약점을 자신의 입장에서 재정리하여 상대방에게 마지막 공격을 가하는 과정이다(이두원, 2008). 효과적인 반박을 위해 고려해야 할 사항들은 다음과 같이 정리할 수 있다.

┃ 효과적인 반박을 위한 체크리스트

- 쟁점의 우선순위를 결정하라. 다시 말하면, 어떤 논쟁점에 더 초점을 맞추어야 할지 정하라.
- 입론과 교차조사 등의 토론 과정에서 우위를 확보한 쟁점은 무엇인가?
- 반박의 내용이나 주장을 선-후, 대-소, 인-과 등의 형식으로 구성하라.
- 반박에서 제시하려는 증거가 신뢰성과 타당성을 가지고 있는가?
- 입론의 내용을 그대로 반복하고 있는 것은 아닌가?
- 상대 측이 공격하거나 반격한 쟁점을 회피하고 있는 것은 아닌가?
- 반박에서 새로운 논쟁을 시작하고 있는 것은 아닌가?
- 반박에서 너무 많은 쟁점을 늘어놓고 있지는 않는가?
- 입증 없이 단순히 증거만 나열하고 있는 것은 아닌가?
- 너무 빨리 말하고 있는 것은 아닌가?

※ 출처: 이두원(2008)의 내용을 재구성함.

4) 칼 포퍼식 토론

칼 포퍼(Karl Popper)식 토론은 칼 포퍼의 비판적 합리주의에 입각하여 토론의 진행 규칙을 구성하는 것이라고 요약할 수 있다. 『열린 사회와 그 적들(The open society and its enemies)』이라는 저서로 유명한 칼 포퍼는 인간이 내리는 판단의 오류 가능성을 인정하고, 비판적 논의를 통해 이를 개선하여 점진적으로 진리에 다가가야 한다는 점을 강조하였다. 칼 포퍼식 토론은 이와 같은 칼 포퍼의 정신에 입각하여 입론과 반론을 통하여 자신의 주장을 입증하도록 하는 방식이다.

칼 포퍼식 토론은 3명으로 이루어진 팀원이 입론과 반론을 주고받으면서 서로
의 주장을 확인하고, 자신의 주장을 입증하는 방식을 취한다.

〈표 6-4〉 칼 포퍼식 토론 진행 절차

순서	토론자의 역할	발언 시간
1	찬성 측 A의 입론	6분
2	반대 측 C의 질문	3분
3	반대 측 A의 입론	6분
4	찬성 측 C의 질문	3분
5	찬성 측 B의 반박	5분
6	반대 측 A의 질문	3분
7	반대 측 B의 반박	5분
8	찬성 측 A의 질문	3분
9	찬성 측 C의 반박	5분
10	반대 측 C의 반박	5분
숙의 시간(팀당)		10분(팀당 5분)
총 소요시간		54분

〈표 6-4〉에서 볼 수 있듯이 칼 포퍼식 토론방법 역시 입론과 확인질문의 형식
으로 이루어지는 교차조사, 그리고 반론의 큰 틀을 유지한다. 그러나 칼 포퍼식 토
론방법에서는 찬성 측 입론이 단 한 번만 이루어지고 반론 측 입론에 대해서도 교
차조사가 이루어진다는 점에서 다른 토론방법과 차이점이 있다.

또 하나의 큰 특징은 찬성 측이 최종 발언을 하는 다른 토론방법과 달리 반대
측이 최종 발언을 한다는 점이다. 일반적으로 토론의 최종 발언을 찬성 측이 하
는 이유는 찬성 측이 반대 측에 비해 부담이 크다는 점에서 찾는다. 찬성 측은 대
체로 현실을 변화시켜 개선하자는 입장을 지니게 되는데, 이는 현상을 유지하자
는 반대 측의 입장에 비해 훨씬 부담이 클 수밖에 없다. 왜냐하면 현실을 개선하
고자 하는 찬성 측 입장은 이를 입증할 때까지는 성립하지 않은 명제로 간주되
기 때문이다. 따라서 이와 같은 찬성 측의 부담을 토론 절차를 통해 소화해 주기

위해 찬성 측에게 마지막으로 발언할 기회를 준다는 것이다(케빈 리, 2012). 하지만 칼 포퍼식 토론방법은 이와 같은 전제 자체가 공평하지 않다는 입장을 취한다. 찬성 측의 현실의 변화에 대한 입증 책임만큼이나 반대 측의 현상 유지 입증 책임도 무겁다는 것이다. 이와 같은 입장이 반영된 토론 절차는 역으로 반대 측이 찬성 측 입장이 옳지 않다는 것만 증명하는 것이 아니라 반대 측의 입장이 옳다는 것을 증명해야 하는 책임을 부과하는 것이다(이상철 외, 2006).

2. 비경쟁 토론방법

토론을 통해 반드시 승패를 겨루어야 하는 것은 아니다. 이미 언급했듯이 토론은 기본적으로 경쟁의 성격을 띤다. 토론은 쟁점에 대한 찬성과 반대 혹은 대립되는 입장을 전제로 이루어지기 때문이다. 반면, 토론의 과정에서 쟁점을 보다 뚜렷하게 드러내어 참여자들의 이해를 보다 심화시키는 데 초점을 맞춘 토론의 방법도 존재한다. 이 장에서는 경연을 통해 승패를 다투는 경쟁 토론과 함께 논지에 대한 이해를 목적으로 경연을 전제로 하지 않는 비경쟁 토론방법에 대해 소개한다.

1) 패널토의

패널토의(panel discussion)는 명칭에서도 알 수 있듯이 토의의 한 유형으로 구분될 수 있다. 따라서 이 책의 4장에서 제시한 원탁토의, 버즈토의 등과 함께 토의방법의 하나로 소개되기도 한다. 그러나 패널토의는 일반적인 의미의 토의와는 달리 특정한 주제에 대해 상반된 견해나 입장을 가진 토론 참가자(패널)들이 논쟁하는 방식을 취한다는 점에서 토론으로도 분류될 수 있다. 특히 수업방법으로서 패널토의는 특정한 주제에 대하여 팀에서 토의를 통해 의견을 모으고, 이를 토론의 방식으로 공유한다는 점에서 토의나 토론의 한 형태로만 규정하기 힘들다.

패널토의는 어떤 의미에서 많은 사람이 가장 쉽게 접할 수 있는 토론의 형태이기도 한다. TV에서 인기를 끌고 있는 시사토론 프로그램의 대부분이 바로 패널토의로 이루어지기 때문이다. 패널토의는 특정 쟁점에 대해 대립되는 입장을 지닌 일정한 수의 토론 참가자들이 사회자의 진행에 따라 토론을 진행하고, 청중이 이를 경청하는 방식을 기본으로 한다. 청중은 경우에 따라서는 토론 참가자들의 토론을 듣고, 발언권을 얻어 질문을 하거나 의견을 피력하는 방식으로 토론에 참여할 수도 있다.

패널토의에서는 사회자의 역할이 매우 중요하다. 사회자는 토론을 진행해야 할 뿐 아니라 공정하고 객관적인 입장에서 균형 잡힌 토론이 이루어지도록 해야 한다. 또한 토론이 쟁점에서 벗어나는 경우 이를 다시 제자리로 이끌어 오는 능력도 갖추어야 한다. 토론에서 논의된 내용을 소화·정리하여 쟁점에 대해 전문 식견을 지니지 않은 청중에게 토론이 어떻게 진행되고 있는지를 잘 전달할 필요도 있다. 패널토의 방식으로 진행되는 많은 TV 시사토론 프로그램에서 뛰어난 사회자가 부각되고, 사회자에 따라 토론의 수준이 영향을 받기도 하는 것은 바로 이 때문이다.

이 같은 패널토의를 수업방법으로 활용하면 우선 토론의 준비 및 실제 토론 과정에서 패널로 참여하는 학습자들의 쟁점에 대한 이해도 및 토론능력의 향상을 기대할 수 있다. 앞에서 언급했듯이 실제로 팀을 이루어 진행되는 경우가 많은 토의 및 토론수업에서 패널토의는 특정한 주제에 대해 집단에서 토의를 통해 의견을 모은 후 대표들이 팀을 대표하여 토론을 벌이는 경우가 일반적이다. 이를 위해서 본격적인 패널토의에 앞서 팀의 구성원은 쟁점에 대한 충분한 논의를 통해 팀의 의견을 모아야 한다. 만약 이러한 과정이 제대로 이루어지지 않을 경우 때때로 팀의 대표인 패널이 토의를 통해 모아진 팀의 의견을 대변하지 않고, 자신의 입장에 따라 토론을 할 수도 있기 때문이다. 더불어 패널토의에서는 청중의 역할을 맡은 학습자들도 방관자 입장에서가 아닌 토론의 한 참여자로서 지녀야 할 경청의 자세를 습득할 수 있다.

2) 신호등 토론

준비가 많이 되지 않은 학습자들에게 토론은 큰 도전이다. 특히 자신의 생각을 표현하는 것보다는 공동체의 평온을 깨지 않기 위해서 침묵하는 데 익숙한 우리의 문화를 고려한다면 학습자들이 토론의 장에서 자신의 주장을 제기하고, 상대방의 주장을 반박하면서 논쟁을 이어 나가는 것은 무척 어려운 일이다. 신호등 토론은 이런 점을 고려하여 고안된 토론방법이다.

신호등 토론은 이름에서도 알 수 있듯이 특정한 논제에 대한 입장을 신호등 색깔의 카드를 선택하고 이를 표시해 토론에 보다 쉽게 참여할 수 있도록 한다. 신호등 토론에서는 신호등 색깔이 상징하는 의미와 같이 특정 쟁점에 대해 찬성 입장을 지닌 참여자들은 초록색 카드를, 이에 반대하는 입장을 지닌 참여자들은 빨간색 카드를, 그리고 유보적인 입장의 참여자들은 노란색 카드를 선택한다.

그런 다음 참여자들은 자신이 가진 카드를 들어 논제에 대한 입장을 표명한다. 이를 통해 논제에 대한 입장의 차이가 어떻게 구별되어 있는지를 확인하고, 몇몇 참여자에게 자신의 입장에 대해 간단히 의견을 표명할 기회를 제공한다. 그 후 각 입장별로 참여자들에게 의견을 교환하여 자신의 주장을 심화할 수 있는 기회를 주고, 이를 바탕으로 좀 더 심화된 토론을 진행한다. 또는 여러 이슈에

[그림 6-4] 신호등 토론의 과정

대해 빨리 빨리 입장을 확인할 때 신호등 토론을 사용하기도 한다.

3) 협동식 찬반 토의 · 토론

논쟁의 과정은 어떻게 진행될까? Johnson과 Johnson(1994)은 이러한 질문에 대한 해답을 [그림 6-5]와 같은 심리적 과정으로 정리하였다. 우선 논쟁에 참여하기 위해 어떤 사람은 자신이 접할 수 있는 제한된 정보와 경험에 기반하여 자신의 입장을 선택한다. 이러한 선택에 근거하여 논쟁에 참여하는 어떤 사람은 자신의 입장을 정당화하는 주장을 한다. 그러나 이런 주장은 다른 사람의 주장으로 반박을 받게 된다. 이 경우 자신의 입장을 피력했던 개인은 자신의 주장을 재검토할 수밖에 없다. 내가 내린 결론이 옳은 것인지, 또 이를 정당화한 근거가

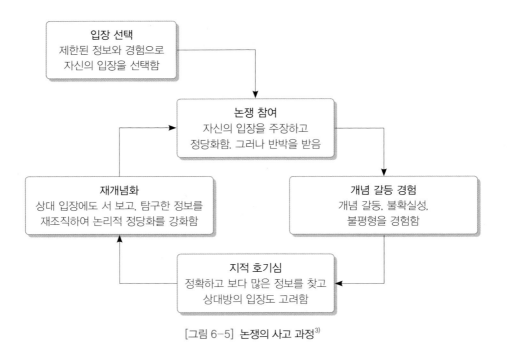

[그림 6-5] 논쟁의 사고 과정[3]

---

3) 정문성(2009)의 내용을 수정함.

온당한 것인지에 대해 다시 생각하게 될 것이다. 이런 회의의 과정에서 논쟁에 참여한 어떤 사람은 마음의 불편함을 느끼면서 상대방 입장에 서서 자신의 주장을 정당화할 수 있는 보다 구체적이고 튼튼한 정보를 탐색하려 할 것이다. 이와 같은 정보의 처리 과정을 통해 논쟁에 참여한 어떤 사람은 상대방의 논거를 전제하면서 자신의 입장을 보다 논리적으로 뒷받침하여 정당화할 수 있는 주장을 전개하게 될 것이다.

협동식 찬반 토의 · 토론은 이와 같은 논쟁의 사고 과정을 그대로 수업의 방법으로 재현하려는 시도이다. 이러한 방법은 구체적으로 다음과 같은 과정을 따른다. 첫째, 어떤 주제에 대해 논쟁할 하나의 팀을 만들고 그 안에서 다시 찬성과 반대 입장을 지닌 부분 팀을 나눈다. 둘째, 찬성과 반대의 부분 팀은 준비한 대로 찬성과 반대 입장에 대해 "우리는 찬성합니다. 왜냐하면……" 하는 식으로 논거를 밝힌다. 셋째, 찬성과 반대의 부분 팀은 상대방 입장에 서서 평가를 한다. 예를 들면, "우리 팀이 그런 주장을 했더라면 이런 점에 주목했을 것입니다."라는 식의 형식을 취하게 되는 것이다. 넷째, 찬성과 반대 입장을 모두 검토한 부분 팀은 애초의 하나의 팀으로 돌아가 토의를 통해 찬성과 반대의 입장을 모두 정리하여 팀 전체의 입장으로 정리한다(정문성, 2009).

이러한 방식은 다소간 인위적으로 찬성과 반대의 입장으로 나누어 논쟁을 벌이도록 하는 것으로 볼 수 있다. 따라서 찬성과 반대 입장 모두에서 상대방에게 의존하려는 경향이 나타날 가능성이 존재한다. 또한 이런 논쟁의 결론을 토의를 통해서 정리하기 때문에 토론이 치열해지지 않을 수도 있다. 이와 같은 방식이 효과를 지니기 위해서는 자신의 입장은 물론 상대방의 입장도 극단에서 경험할 필요가 있다. 따라서 교수자는 학습자들을 적절히 자극하여 토론이 좀 더 열띤 분위기를 가지도록 노력할 필요가 있다. 또한 부분 팀의 구성에서도 토론능력이나 의지를 고려하여 토론과정이 적절하게 균형을 이루어 나가도록 해야 한다(정문성, 2009)

앞에서 소개한 토론규칙은 논제나 대회의 취지, 형편에 따라 얼마든지 변용될 수 있다. 따라서 교수자는 어느 하나의 토론규칙에 철저히 형식적으로 얽매일 필요 없이 익숙하고 편리한 대로 선택하되, 규칙의 핵심을 이해하고 공정하게 진행되도록 하면 될 것이며, 다만 한 번 정해진 토론규칙은 충분히 공지되어 숙지되어야 한다. 토론규칙을 숙지하는 것은 비단 교수자에게만 중요한 것이 아니라 학습자에게도 마찬가지이다. 토론식 수업이 의도하지 않게 실패로 돌아갈 가능성은 언제든지 있다. 그러한 위험성은 가장 먼저 토론식 수업이 무엇을 의미하는가에 대한 혼선에서 비롯될 수 있기 때문이다. 이러한 혼선은 토론식 수업에 대한 오해와 수업 진행상 불편을 초래할 수 있으므로 유의하여야 한다.

토 의 와
토 론 으 로
수 업 하 기
제**7**장

내 수업을 위한 나만의 토의 과정 설계

토의는 문제를 해결하기 위해 여러 사람이 함께 협력하여 아이디어를 도출·공유하는 것으로, 토의 과정이 논리적·합리적으로 진행되었을 때 만족스러운 결과를 얻을 수 있다. 반면에 토의방법과 과정이 적절하지 않다면 시간과 에너지만 소모할 수 있다. 따라서 토의를 운영하기 전에 어떠한 논리와 방법으로 토의를 운영할 것인지 계획해야 하는데, 이때 일반적인 문제해결의 논리와 절차를 고려하면 도움이 된다. 문제해결 과정 전체 중에서 현재 진행하고자 하는 토의활동의 목적과 위치에 따라 토의 진행 과정과 방법이 달라진다. 하나의 토의활동이 어떠한 문제를 해결하는 전체 과정일 수도 있고, 문제해결 과정의 일부일 수도 있기 때문이다. 이 장에서는 일반적인 문제해결 과정을 살펴보고, 이를 토대로 내 수업의 목적에 맞는 나만의 토의과정을 어떻게 설계할지 안내하고자 한다.

1. 문제해결 과정

우리는 매일매일 다양한 문제에 직면하고, 문제를 해결하면서 살아간다. 물론 문제를 잘 해결하는 경우도 있고, 그렇지 않은 경우도 있다. 우리가 문제를 잘 해결했을 때의 경험을 떠올려 보고, 그때 어떤 일들을 했는지 생각해 보자. 아마도 해결해야 할 것이 무엇인지 명확하게 인식하고, 다양한 자료를 살펴보고, 가장 적절하다고 생각되는 해결안을 마련하고, 이를 실행하는 절차를 거쳤을 것이다. 물론 사람과 상황에 따라 구체적인 행동에는 차이가 날 수 있다. 그러나 문제해결의 과정은 일반적으로 [그림 7-1]과 같이 해결해야 하는 문제가 무엇인지 파악하는 문제 명확화, 문제해결을 위해 필요한 자료 수집 및 분석, 분석한 자료와 아이디어를 토대로 한 문제해결안 개발 및 이에 대한 타당성 검증, 그리고 최종 결과물의 도출과 해결안의 실행 그리고 이에 대한 성찰의 과정을 거친다.

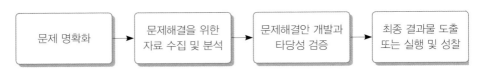

[그림 7-1] 문제해결 과정

[그림 7-1]에 제시된 문제해결 과정은 매우 보편적이고 일반적인 과정이다. 그러나 우리는 종종 이와 같은 문제해결 과정 중 일부를 간과하거나, 충분히 거치지 않는 경우가 많다. 많은 학습자가 자신이 해결해야 할 과제가 무엇인지 명확하게 파악하지도 않고 인터넷 포털사이트의 검색창에 검색어를 입력하여 자료를 수집한다. 또는 가지고 있는 참고서에 제시된 내용 범위 내에서만 생각하거나 문제나 과제를 바르게 이해했는지 확인하지 않고, 직관적으로 판단한다. 물론 학습자뿐만 아니라 교수자를 포함한 성인도 종종 이러한 오류를 범한다. 이러한 오류에서 벗어나기 위해서는 문제를 해결할 때 이 네 단계를 거치는 것

이 바람직하다. 각 단계의 구체적인 내용은 다음과 같다(장경원, 고수일, 2014).

1) 문제 명확화

문제 명확화란 해결해야 하는 문제의 목표와 범위 등을 구체적으로 파악하는 것이다. 문제를 명확하게 파악하는 것의 의미는 문제의 성격에 따라 다양한데, 일반적으로 문제 상황의 현재 상태(As-Is)에 대한 분석, 문제가 해결되었을 때의 모습인 바람직한 상태(Should-Be) 또는 목표 상태(To-Be)에 대한 설정 및 확인, 그리고 현재 상태와 목표 상태의 차이(Gap)를 도출하는 것이 주가 된다. 물론 두 상태의 차이 자체가 해결해야 하는 '문제'가 되는 것은 아니다. 두 상태의 차이로부터 도출된 사항 중 중요성, 실현 가능성, 긴급성, 관련성 등과 같은 준거에 부합하는 것이 문제로 명확화되는 것이다.

[그림 7-2] 현재 상태와 바람직한 상태의 차이 분석을 통한 문제 명확화

2) 문제해결을 위한 자료 수집 및 분석

이 단계는 문제해결을 위해 필요한 자료를 수집하고 분석하는 단계이다. 해결해야 할 문제가 무엇인지 명확하게 파악한 후에는 문제의 해결안을 도출하기 위한 다양한 자료가 필요하다. 수집 대상이 되는 자료는 교과서, 논문, 기사, 공문 등의 문헌 자료, 실제 사례, 다양한 사람들의 이야기, 관찰 자료 등이다. 이때 수집한 자료가 신뢰할 수 있고 타당한지 점검하는 것이 필요하다. 수집한 자료는

목적에 부합하게 종합, 분석되어 해결안 도출을 위한 근거로 사용된다.

3) 문제해결안 개발과 타당성 검증

이 단계는 문제와 수집 및 분석한 자료에 대한 이해를 바탕으로 문제 해결을 위한 방안을 도출하는 과정이다. 아이디어 도출이 용이하지 않을 때는 다양한 측면에서 아이디어를 제시하고 실현 가능한 창의적인 해결안을 마련하기 위해 브레인스토밍이나 명목집단법(NGT)과 같은 다양한 아이디어 도출기법을 이용할 수도 있다. 아이디어를 도출한 후에는 아이디어들에 대한 검토와 평가를 거쳐 대략적인 문제해결안을 개발한다. 그리고 이에 대한 타당성을 검증한다. 타당성을 검증하기 위한 방법은 다양하지만, 가장 좋은 방법은 현장 적용이나 파일럿 테스트이다. 그러나 학교 수업 내에서 문제를 해결하는 경우 등 문제해결안을 바로 실천해 보는 것이 어려울 때에는 해당 주제와 관련된 전문가나 실무자들에게 검증받는 절차를 거칠 수 있다. 물론 과제의 특성상 실제 적용이 가능하다면 '문제해결안 적용 → 성찰 → 문제해결안 수정 및 적용'의 단계를 여러 번 반복하여 가장 좋은 해결안을 도출하는 것이 바람직하다.

4) 최종 결과물 도출 또는 실행 및 성찰

이 단계는 타당성 검증 결과를 바탕으로 최종 방안이 완성되면 실행을 위한 구체적인 계획을 세운 후 실행 및 성찰하는 과정이다. 문제의 성격상 실행이 가능한 경우에는 실행에 옮기는 것이 필요하다. 실행이 따르지 않으면 문제의 해결안 또는 최종 결과물로 제시한 전략과 아이디어가 효과적인지 확인할 수 없다. 또한 실행에 옮긴 후 실행 결과에 대해 정성적·정량적으로 효과를 분석하는 것이 원칙이지만, 수업에서는 현실적으로 이러한 과정을 거치기 어려울 수 있다. 이 경우, 문제에 대한 최종 결과물을 보고하고 피드백 받는 것을 목표로 한다. 이후에는 문제를 해결하는 과정에서 배우고 느낀 점에 대해 성찰한다.

Teaching Tips 생활 속 문제해결 과정

　중학생 지원이는 친구들과 함께 방학 중 보람 있는 봉사활동을 하기로 하였다. 봉사활동을 계획하기 위해 친한 친구 은영, 숙현, 미선, 은정, 기영이가 한자리에 모였다. 6명의 친구들은 무엇을 해야 할까? 그렇다. 먼저 자신이 정말 하고 싶은 것이 무엇인지, 그것을 위해 무엇을 해야 하는지 이야기해야 한다. 이를 위해 먼저 현재 모습 또는 상황을 파악해야 한다. 방학기간, 6명의 방학계획, 각자 가지고 있는 특기 또는 강점, 이전 봉사활동 경험과 원하는 봉사활동의 종류와 성격이 무엇인지 이야기해야 한다. 다음으로 보람 있는 봉사활동이 갖는 의미, 봉사활동을 통해 얻고자 하는 것 등에 대해서 이야기해야 한다. 그 과정에서 자신이 원하는 '보람 있는 봉사활동'이 무엇인지, 보람 있는 봉사활동을 하기 위해 무엇을 찾아봐야 하는지, 다음 모임 때까지 어떤 준비를 해야 하는지 등을 결정할 수 있다. 이러한 과정이 문제 또는 과제를 명확히 정의하는 문제 명확화이다.

　지원이와 친구들은 보람 있는 봉사활동을 하기 위해 다양한 자료를 수집하였다. 즉, 보람 있는 봉사활동을 한 구체적인 사례와 수기, 1365 자원봉사포털(http://www.1365.go.kr)에서 안내하는 봉사활동의 종류와 봉사활동 신청방법, 우리 지역의 봉사활동 가능 기관과 봉사활동 종류, 6명 친구들의 강점, 방학 중 봉사활동이 가능한 시기, 봉사활동과 학습을 연계하는 Service-Learning에 대해 살펴보았다. 지원이와 친구들은 수집한 자료를 토대로 봉사활동에 대해 명확하게 이해하게 되었다.

　지원이와 친구들은 수집한 자료를 토대로 다양한 의견을 제시하였다. 숙현이는 우리 모두 악기를 연주할 수 있고, 아파트 근처에 있는 요양병원에 계신 할머니, 할아버지들이 음악을 듣는 것을 좋아하신다고 하니, 연주 봉사를 하면 좋을 것 같다는 의견을 제시하였다. 기영이는 여름방학 기간이 길지 않기 때문에 갑자기 연주 봉사를 하기에는 준비할 시간이 없다고 이야기하였다. 그리고 시청에서 주관하는 여름밤 영화 상영 행사에서 도우미 역할을 하는 것이 의미 있는 봉사가 될 것이라 이야기하였다. 은영이는 우리가 생각하는 보람 있는 봉사활동이 우리 스스로도 성장할 기회가 되는 것이라는 것을 다시 한 번 강조하면서 육체적으로는 힘들지만 어르신 목욕 봉사에 참여하면 좋겠다는 의견을 제시하였다. 수집한 자료에 기반하여 제시한 다양한 의견에 대해 여러 번 논의를 거친 후 '어르신 목욕 봉사활동'을 하기로 하였다. 그리고 구청 담당자에게 자신들의 봉사활동 계획을 상의하고 실행 가능성을 문의하였지만, 담당자는 해당 활동을 하기에는 친구들이 너무 어리다고 조언해 주었다. 친구들은 다시 논의하였고, 연습할 시간이 짧기는 하지만 요양병원에서 연주 봉사를 하기로 하였다. 그리고 요양병원에 문의한 결과, 방학 중 월, 수, 금요일 2시부터 2시 30분까지 연주 봉사를 할 수 있도록 허락받았다.

지원이와 친구들은 8월 방학 한 달 동안 월, 수, 금요일에 인근 요양병원에서 30분 동안 연주 봉사를 하게 되었다. 이를 위해 어떤 곡을 연주할 것인지 계획하였고, 각자 맡은 악기를 연습하고, 일요일 오후에 모여 함께 연습하였다. 그리고 연주 봉사가 끝난 후에는 할머니, 할아버지들이 좋아하셨던 곡, 연주가 미흡했던 곡 또는 소절 등에 대해 이야기하고 함께 연습하였다. 지원이와 친구들은 연주 봉사의 마지막 날인 8월 마지막 주 수요일에 함께 모여 지난 한 달간의 연주 봉사에 대해 이야기하였다. 모두 자신의 작은 노력으로 다른 사람에게 기쁨을 줄 수 있다는 것에 매우 행복해했고, 숙현이는 음악을 전공하고 싶은 마음이 생겼다는 이야기를 하기도 하였다. 지원이는 봉사활동을 하면서 그동안 소원했던 할머니, 할아버지와의 관계에 대해 다시 생각하는 계기가 되었고, 매주 토요일마다 할머니께 전화를 드리게 되었다는 이야기를 하였다.

문제해결 과정은 일상생활이나 수업, 업무 속에서 접하는 다양한 문제를 해결할 때 공통적으로 적용되며, 토의활동 주제와 과정을 결정하는 중요한 기준이 된다. 다음에 소개할 토의 매트릭스는 문제해결 과정을 토대로 토의 과정을 어떻게 설계할 것인지 안내할 것이다.

2. 토의 매트릭스

구체적인 계획 없이 토의를 진행할 경우, 토의에 참여한 사람들이 많은 시간과 에너지를 소모할 수 있다. 토의의 목적에 맞는 토의 운영 계획을 수립하는 것은 토의 과정과 결과에 큰 영향을 준다. 저자는 토의 운영 계획을 수립하고 운영하는 데 도움이 되는 토의 정리양식을 토의 매트릭스라 칭하였다. 토의 매트릭스의 특성과 구체적인 사례를 살펴보면 다음과 같다.

1) 토의 매트릭스의 의의와 구성 과정

토의 진행 순서를 사전에 계획한 후에 토의를 진행하는 것이 바람직하다. 토의 진행 순서는 토의의 목적에 따라 달라지지만, 일반적으로 ① 토의 주제 및 목적 제시, ② 주제에 대한 의견 제시 및 공유, ③ 의사결정, ④ 토의 내용에 대한 정리, ⑤ 다음 토의 계획, ⑥ 성찰의 순서로 진행할 수 있다.

토의를 진행하는 교수자는 토의에 참여하는 모든 학습자들이 토의의 목적과 진행 순서, 소요시간 등을 인지하도록 한 후 토의를 운영한다. 이때 각자 자유롭게 이야기해도 좋고, 진행자가 미리 작성해 온 진행 순서를 중심으로 토의 진행 방법과 순서를 상의해도 좋다. 토의 진행 순서를 결정할 때에는 얻고자 하는 구체적 결과물에 대한 목적을 명확히 하고, 논리적으로 그 결과를 도출할 절차를 결정한 다음, 그 절차의 각 단계에 소요할 시간을 배분한다. 성찰에는 전체 토의 시간의 약 10%나 10분 내외를 할애하는 것이 바람직하다.

토의 진행 순서를 결정한 후에는 그에 따라 토의를 진행하는 데 도움이 되는 전체 틀을 준비하는데, 이를 '토의 매트릭스'라 한다. 토의 매트릭스는 토의 진행 과정에서 참석자들의 의견을 수렴할 수 있도록 토의 과정과 결과 정리방법을 시각적으로 표현한 양식으로, 토의 내용 정리양식이라 할 수 있다. 토의 매트릭스 형태를 결정하는 순서는 다음과 같다. 첫째, 먼저 토의를 통해 도출할 구체적인

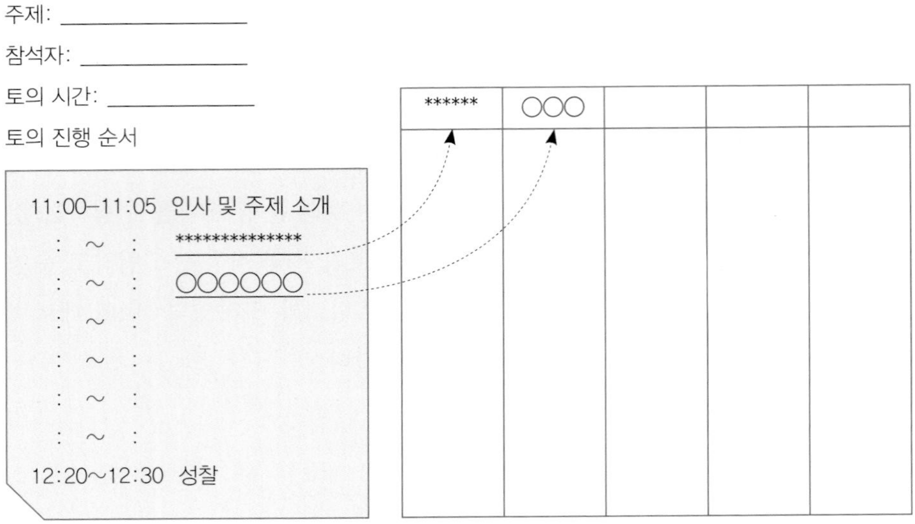

주제: _____

참석자: _____

토의 시간: _____

토의 진행 순서

[그림 7-3] 토의 매트릭스 구성하기

결과물을 결정한다. 이는 토의의 목적과도 관련된 것으로, 왜 토의를 하며, 토의를 통해 도출할 결과물의 내용과 성격이 무엇인지에 따라 토의의 과정이 달라지기 때문이다. 둘째, 토의를 통해 도출할 결과물을 얻기까지의 절차를 결정한다. 예를 들어, 토의에 참여한 사람들의 다양한 의견을 듣고 그 의견을 유목화하여 결과물을 도출할 것인지, 특정한 주제에 대한 사람들의 다양한 의견을 모두 수용하여 정리할 것인지, 제시한 아이디어를 평가하여 몇 가지를 선정할 것인지 결정해야 한다. 절차를 결정할 때는 문제해결 과정의 논리를 고려하면 도움이 된다. 셋째, 각 단계에 소요될 시간을 배분한다. 토의 시간을 원하는 만큼 사용할 수도 있지만, 활용 가능한 시간이 어느 정도인지를 고려하여 계획하는 것이 바람직하다. 토의수업의 경우는 수업시간을 고려하여 가능 시간 중 해당 단계별로 시간을 어느 정도 할애할지 계획한다. 넷째, 토의 절차 중 여러 사람의 생각을 수렴, 정리, 선택, 다시 확산해야 하는 부분을 토의 매트릭스로 구성한다. [그림 7-3]은 이 과정을 요약하여 제시한 것이다.

'수업 운영의 어려움 해결'을 주제로 운영한 토의 사례를 살펴보자. 이 토의는

〈표 7-1〉 토의 진행 순서 예시

토의주제	토의 진행 순서
수업 운영의 어려움 해결	14:00~14:10 인사 및 진행 순서 소개 14:10~14:40 자신의 수업 중 우수한 점(잘한 점) 14:40~15:10 수업에서 개선이 필요한 점/어려운 점 15:10~15:20 주요 이슈 도출 15:20~15:50 이슈 해결의 우수 사례 또는 해결 전략 15:50~16:00 (개별적으로) 향후 실천사항 결정 및 성찰

교수자들이 모여 각자의 수업 운영의 어려움을 이야기하고, 각 어려움에 대한 해결방안을 모색하기 위한 것이다.

이 경우 〈표 7-1〉에 제시된 것처럼 토의 진행 순서를 결정할 수 있다. 〈표 7-1〉은 수업 운영의 어려움을 해결할 때 어려움을 먼저 이야기하기보다는 수업의 강점이나 성공 사례를 먼저 이야기하여 긍정적인 분위기를 형성한 후, 어려운 점이나 개선이 필요한 점을 이야기하는 것이 좋겠다는 토의 기획자의 의도가 반영된 것이다. 또한 어려운 점에 대해 사회자 혹은 교수자가 일방적으로 개선방법을 제시하는 것이 아니라, 토의에 참석한 사람들이 서로에게 해결안을 제안하는 것이 좋은 과제 해결안이 될 것이라는 가정도 포함되어 있다. 이처럼 토의 운영 계획은 과제를 어떻게 접근해서 해결할 것인가에 대한 논리가 반영된 것이라 할 수 있다.

〈표 7-1〉의 계획을 반영하여 〈표 7-2〉와 같은 토의 매트릭스를 준비할 수 있다.

〈표 7-2〉 토의 진행 순서가 반영된 토의 매트릭스 예시

토의주제: 수업 운영의 어려움 해결					
영역	잘한 점	개선이 필요한 점/ 어려운 점		이슈	해결 전략
내용 구성					
도입			≫		
전개					
마무리					

토의 진행자는 전지에 〈표 7-2〉와 같은 토의 매트릭스를 그린 후, 토의 참가
자들에게 토의 진행 절차를 설명하고, 토의를 진행한다. [그림 7-4]는 토의 매트
릭스를 중심으로 명목집단법을 사용하여 토의를 운영한 결과이다.

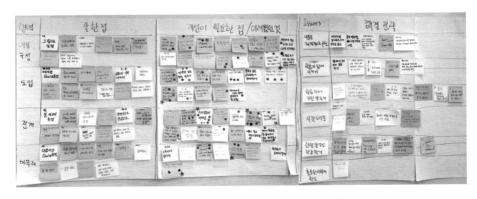

[그림 7-4] 토의 매트릭스를 이용하여 토의를 운영한 사례

[그림 7-4]에 제시된 '수업 운영의 어려움 해결'에 대한 토의는 실제로 다음과 같이 진행되었다(장경원, 고수일, 2014). 본 사례는 토의 진행자가 토의에서 다룰 내용을 사전에 '내용 구성, 도입, 전개, 마무리'의 네 영역으로 구분하였지만, 사전에 미리 영역을 구분하지 않은 경우는 작성한 내용을 유사한 것끼리 분류한 후 유목화하여 영역을 구분할 수 있다.

① '자신이 수행한 수업의 잘한 점'을 세 가지씩 포스트잇에 작성한 후 해당 영역에 붙인다.

② 각자 쓴 내용을 발표하고 공유한다.

③ '수업 운영 시 개선이 필요한 점이나 어려웠던 점'을 포스트잇에 작성한 후, 해당 영역에 붙인다.

④ 각자 작성한 내용을 발표하고 공유한다.

⑤ 공유된 내용 중 각자 가장 어렵거나 중요하다고 생각하는 의견에 투표하여, 가장 중요한 이슈를 도출한다.

⑥ 사회자가 도출된 중요 이슈(주제)를 포스트잇에 기입하여 이슈 칸에 붙인다.

⑦ 각 이슈(주제)별로 자신이 직접 경험했거나 알고 있는 해결 전략을 포스트잇에 써서 '해결 전략' 칸에 붙인다.

⑧ 각자 쓴 내용을 발표하고 공유한다.

⑨ 각자 실행할 수 있는 해결 전략을 선택 또는 참고하여 실행 계획을 수립한다.

토의 과정을 계획하는 것은 곧 문제해결 과정을 설계하는 것이기도 하다. 주제와 관련하여 어떤 논리로 토의를 진행할 것인지 충분히 고민하여 토의 진행 순서와 토의 매트릭스를 구성한다면, 토의 과정에서 원하는 내용과 수준의 결론을 효율적으로 도출할 수 있을 것이다.

2) 토의 매트릭스 유형

토의주제별로 정해진 토의 매트릭스는 없다. 그러나 일반적으로 수긍할 수 있는 바람직한 유형의 토의 매트릭스를 제안할 수는 있다. 토의주제가 갖는 특성에 따라 몇 가지 유형을 제시하면 다음과 같다.

(1) 문제해결형 주제를 다루는 경우

문제해결형 주제는 현재 상태를 개선하여 바람직한 상태로 만드는 것에 초점을 맞추는 것이다. 학교폭력 문제, 기업 또는 동아리의 문제점 개선, 제도 개선 등이 이 유형에서 다룰 수 있는 주제이다. 이러한 유형의 주제는 일반적으로 문제를 명확히 파악하고, 문제해결에 도움이 되는 자료를 수집 · 분석한 후, 사례로부터 해결방안을 도출하는 것이 적절하다(장경원, 고수일, 2014).

〈표 7-3〉 토의 매트릭스 유형 1: 문제해결형 주제를 다루는 경우

주제 :						
현재 상태	바람직한 상태	(수정된) 과제명	성공 사례	핵심어	예상 장애요인	실행 전략

〈표 7-3〉은 문제해결형 주제를 다룰 때 사용할 수 있는 토의 매트릭스이다. 〈표 7-3〉에 제시한 것처럼 토의주제가 제시된 후 해당 주제와 관련된 현재 상태와 바람직한 상태에 대해 논의한다. 대부분 현재 상태와 바람직한 상태에 대해 논의하는 과정에서 두 상태의 차이를 인지하고, 그중 토의에서 다루어야 하는 주제를 명확하게 파악한다. (수정된) 과제명은 새롭게 정의된 과제가 무엇인지 작성하는 칸이다. 과제가 명확하게 정의되면, 그 과제와 관련하여 참고할 수 있는 다양한 자료를 탐색하는데, 이 경우에는 성공 사례를 도출·논의한다. 제시된 성공 사례들을 분석하여 공통점을 도출하여 핵심어(keyword) 칸에 작성한다. 그리고 해당 핵심어와 관련된 구체적인 실행 전략을 수립하기 전에 예상되는 장애요인을 먼저 생각한 후, 이를 극복할 수 있는 관점에서 실행 전략을 도출한다. [그림 7-5]는 이러한 토의 매트릭스를 이용하여 토의한 결과 사례이다.

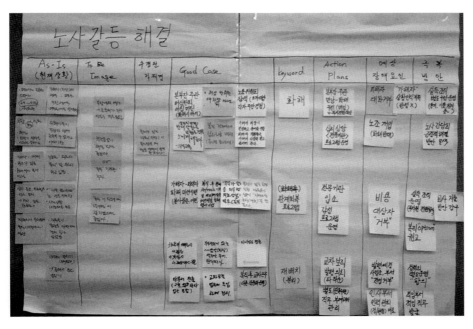

[그림 7-5] 토의 매트릭스 활용 토의 결과 사례(1)

(2) 창조 · 개발형 주제에 대해 토의하는 경우

창조 · 개발형 주제는 주제와 관련하여 어떤 결과물을 만들거나 발표하는 데 초점을 맞추는 경우이다. 결과물이 가시적이고 외부에 발표되는 성격의 주제는 대부분 이 유형에 해당한다. 예를 들면, 프로그램 개발, 매뉴얼 작성, 작품 제작, 현장 동영상 제작, 공연 기획, 공모 과제 출품, 창의적 공학 설계 등이 여기에 속한다. 창조 · 개발형 주제는 일반적으로 창조 · 개발하고자 하는 결과물에 대한 기본적인 콘셉트(concept)를 정리한 후, 이를 구현하기 위한 정보 수집 및 아이디어를 구상하여 초안을 개발한 후 타당성을 검증하는 과정을 거친다(장경원, 고수일, 2014).

〈표 7-4〉는 창조 · 개발형 주제를 다루는 토의에서 사용할 수 있는 토의 매트릭스이다. 〈표 7-4〉에 제시된 것처럼 토의주제가 제시된 후 해당 주제와 관련

〈표 7-4〉 토의 매트릭스 유형 2: 창조 · 개발형 주제를 다루는 경우

주제 :							
현재 상태	바람직한 상태	개발 콘셉트	구체적인 아이디어	아이디어 평가			실행 계획
				P	M	I	

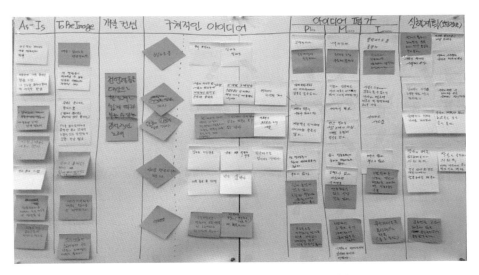

[그림 7-6] 토의 매트릭스 활용 토의 결과 사례(2)

된 현재 상태와 바람직한 상태에 대해 논의한다. 그 과정에서 새롭게 창조·개발하고자 하는 것의 대략적인 콘셉트를 결정한다. 콘셉트가 결정되면 이를 어떻게 구현할 것인지 구체적인 아이디어를 제시한다. 이때 브레인스토밍 등의 아이디어 도출 기법을 활용할 수도 있다. 도출된 아이디어들을 정리한 후, 해당 아이디어에 대해 평가한다. 아이디어 평가방법 역시 다양하기 때문에 적절한 것을 활용하는데, 이 경우에는 PMI를 사용하였다. 즉, 해당 아이디어의 강점(Plus), 단점(Minus), 흥미로운 점(Interest)을 살펴보는 것이다. 아이디어 평가가 끝나면 강점을 부각시키고, 단점을 상쇄할 수 있는 방향에서 구체적인 실행 계획을 수립한다. [그림 7-6]은 이러한 토의 매트릭스를 이용하여 토의한 결과 사례이다.

(3) 문제해결 과정의 일부만 토의하는 경우

문제해결 과정 전체가 토의를 통해 이루어지지 않는 경우도 있다. 어떤 경우에는 토의의 목적 자체가 문제(과제)를 명확히 하는 것이어서, 문제 명확화 단계만 해당되기도 한다. 이전 회의에서 결정된 문제(과제)에 대해 자료를 수집한 후,

수집한 자료를 서로 공유하기 위해 토의를 하는 경우도 있다. 따라서 앞서 제시한 〈표 7-3〉과 〈표 7-4〉의 토의 매트릭스도 한 번의 토의 과정에서 모두 완성하지 않고 몇 차례에 걸쳐 나누어 토의가 이루어지기도 하고, 토의에서 그중 일부만 다루기도 한다.

또한 창의적인 절차에 따라 토의가 이루어지는 경우도 있다. [그림 7-7]은 A대학교 경영학과의 인간관계관리론 수업에서 사용한 토의 매트릭스이다. 이 수업에서는 이성에게 좋은 친구가 되기 위한 방법을 학습하고자 했다. 이를 위해 남녀 간에 서로 이해가 안 되는 점을 이야기했고, 이를 기초로 실행 계획을 세워 실천하도록 하였다. 먼저 학습자들을 남학생팀과 여학생팀으로 나누어 팀을 구성한 후 각 팀에게 [그림 7-7]과 같이 별도의 토의 매트릭스를 제시한다. 이후 구체적인 진행 과정은 다음과 같다.

① 남학생은 여성에 대해, 여학생은 남성에 대해 '평소에 이해하기 어려웠던 행동' 두 가지씩을 포스트잇에 작성하여 '이해가 안 돼요'에 붙인다.

② 남학생팀과 여학생팀은 자리를 바꾸어 상대팀이 '이해가 안 돼요'에 제시한 내용을 읽고 '그 의미는'에 해당 질문에 대한 답변을 작성해 준다.

③ 다시 원래 자리로 돌아온 남학생팀과 여학생팀은 작성된 답변 내용을 보고 함께 질의응답하고 논의한다.

④ '우리가 원하는 것'에 남학생팀은 여학생들에게, 여학생팀은 남학생들에게 원하는 것을 작성한다.

⑤ 두 팀이 자리를 바꾸어 '우리가 원하는 것'의 내용을 읽어 본 후, '실천할 것'에 해당 내용 중 실천 가능한 내용을 정리한다.

〈남학생팀〉

이해가 안 돼요	그 의미는	우리가 원하는 것	실천할 것

〈여학생팀〉

이해가 안 돼요	그 의미는	우리가 원하는 것	실천할 것

[그림 7-7] 토의 매트릭스 유형 3: 인간관계관리론 수업 사례

앞서 소개된 사례처럼 토의 매트릭스를 활용할 때 반드시 명목집단법을 사용해야 하는 것은 아니다. 여러 사람의 의견을 효율적으로 수렴하기 위해 포스트잇을 사용한 것뿐이다. 토의에 참여하는 사람들의 특성, 토의 시간과 장소 등에 따라 명목집단법 사용 여부를 결정하면 된다. 토의 매트릭스는 앞서 소개했던 여러 토의방법에 얽매일 필요 없이 교수자 혹은 토의를 운영해야 하는 사람들이 보다 체계적으로 토의 과정을 계획하고 내용을 정리하는 데 도움을 제공할 것이다.

수업의 성공은 체계적인 수업설계에서 시작된다. 수업설계는 어떻게 가르칠 것인지 계획하고 준비하는 과정으로, 분석, 설계, 개발, 실행, 평가의 단계를 거친다. 분석 단계에서는 학습자들의 특성 및 선수학습 수준, 수업에서 다룰 내용의 특성과 구조, 학습 환경의 특성에 대해 분석한다. 분석 결과, 해당 수업에 대한 구체적인 교육목표가 도출된다. 설계 단계에서는 도출된 교육목표에 도달하기 위해 어떻게 수업할 것인지 계획한다. 개발 단계에서는 설계한 대로 수업을 운영하기 위해 필요한 수업 자료를 준비한다. 실행 단계에서는 계획한 대로 수업을 운영한다. 마지막으로 평가 단계에서는 수업의 과정과 결과를 평가하여, 수업설계 및 운영 과정에 대해 점검한다.

토의수업과 토론수업 역시 수업설계를 거친다. 교수자가 학습자, 내용, 환경에 대해 충분히 분석하고, 수업을 계획하고, 준비하여 운영할 때 의미 있는 토의수업과 토론수업이 이루어질 것이다. 앞서 제1, 2부에서는 토의수업과 토론수업의 개념과 의미를 살펴보고, 다양한 방식의 토의와 토론방법을 소개하였다. 실제로 토의와 토론 수업을 진행하기 위해서는 수업설계가 중요하다. 제3부에서는 토의와 토론 수업을 어떻게 준비하고 운영하는지 구체적으로 안내할 것이다.

토의수업을 위한 수업설계

토의수업은 어떤 주제와 학습자를 대상으로라도 진행할 수 있다. 그러나 토의활동이 교육의 목표를 달성하는 데 적합할 때, 토의 과정과 준비가 꼼꼼하게 준비되었을 때, 그리고 토의 결과가 유의한 학습의 결과가 되었을 때 의미 있는 토의수업이 된다. 이 장에서는 의미 있는 토의수업이 이루어질 수 있도록 토의수업 설계과정에서 고민해야 하는 토의수업 계획, 토의수업 운영, 그리고 토의수업 평가에 대해 안내할 것이다.

1. 토의수업 계획

학습자가 참여하는 토의수업은 교수자의 사전 준비가 필요하다. 많은 교수자들이 토의수업은 언제라도 쉽게 할 수 있는 것이라 생각하지만, 충분히 계획되지 않은 토의수업은 교수자와 학습자 모두에게 불편하고 시간 소모적인 수업이 될 수 있다. 토의수업을 원한다면 우선 학습목표를 명확하게 수립하고, 학습목표에 부합한 토의주제와 토의방법을 선정해야 한다.

1) 학습목표 수립

수업의 내용과 방법을 결정하는 학습목표는 교과목 내용, 학습자, 학습 환경 분석의 산출물이다. 첫째, 내용 분석은 교과목에서 중요하게 다루어져야 할 내용이 무엇이며, 해당 내용의 구조, 중요도 등의 특성을 파악하는 것이다. 둘째, 학습자 분석은 학습자의 특성을 파악하는 것이다. 학교급과 교과목에 따라 학습자 특성을 파악하는 것이 용이할 수도 있고 그렇지 않을 수도 있는데, 일반적으로 연령, 성별, 학년 등은 쉽게 파악할 수 있다. 그러나 학습자 참여가 요구되는 토의수업을 염두에 두고 있다면 이러한 일반적인 파악만으로는 충분하지 않다. 학습자들의 특성을 파악하기 위해 교수자 스스로 다음과 같은 질문에 답해 보는 것이 좋은 방법이 될 수 있다. 즉, '학습자들은 어느 정도의 토의 경험을 갖고 있는 가?' '학습자들의 학습욕구는 어느 정도인가?' '학습자들은 자신의 생각을 어느 정도 명확하게 표현할 수 있는가?' 등이다. 처음 교단에 서는 교수자가 아니라면 아마도 이전의 경험을 근거로 이러한 질문에 답변할 수 있을 것이다. 그러나 보다 확실한 것은 학습자들에게 직접 질문하는 것이다. 첫 수업시간에 학습자들에게 직접 토의 경험과 토의능력 여부에 대해 질문하고, 질문에 대한 답변을 학습목표 수립에 반영하는 것이 필요하다. 셋째, 학습 환경 분석은 수업을 둘러싼 다양한 환경 특성을 파악하는 것으로, 학습자 수, 교실 크기, 활용 가능한 기자재 등이 포함된다. 학습 내용과 학습자 분석 결과, 토의수업 운영이 필요한 학습목표가 도출될지라도, 계단식 강의실에서 100명 이상이 참여하는 대형 수업이라면 활용할 수 있는 토의방법에 제한이 있다.

학습 내용, 학습자, 학습 환경에 대한 분석 결과는 'A라는 내용을 B의 특성을 가진 학습자들을 대상으로 C라는 환경에서 가르쳐야 하니 D 정도를 학습목표로 선정해야겠다'는 결론으로 정리된다. 학습목표는 수업이 종료된 시점에서 학습자들이 무엇을 할 수 있게 될 것인지에 대한 구체적인 진술이다. 다음의 내용을 참조하여 학습목표를 구체적으로 진술해 보자.

Teaching Tips 학습목표 진술하기

학습목표는 가능한 구체적으로 진술한다. 많은 교수자들이 학습목표를 진술할 때 내용만 언급하거나 '안다' '이해한다' '파악한다' 등의 구체적이지 않은 서술어를 사용한다. 예를 들면, 학습목표를 '토의수업의 특성'이나 '토의수업의 특성을 이해한다'로 진술하는 것이다. 이렇게 진술하는 것이 쉽기는 하다. 그러나 진술된 학습목표는 수업내용, 수업방법, 그리고 평가방법을 충분히 안내하지 못한다. 따라서 학습목표를 진술할 때는 다음과 같은 구체적이고 관찰 가능한 서술어를 사용하는 것이 바람직하다. 예를 들어, 앞서 제시한 '토의수업의 특성을 이해한다'는 '토의수업의 특성을 설명할 수 있다'로 바꾸어 진술하는 것이다.

- '기억' 수준의 학습목표를 진술할 때: 계산한다, 표시한다, 읽는다, 반복한다, 인용한다, 서술한다, 그린다, 회상한다, 도표로 만든다, 가리킨다, 열거한다, 선택한다 등
- '이해' 수준의 학습목표를 진술할 때: 해석한다, 비교한다, 대조한다, 계산한다, 구별한다, 예측한다, 대비한다, 묘사한다, 차이를 말한다, 연결한다 등
- '적용' 수준의 학습목표를 진술할 때: 적용한다, 푼다, 시험/실험한다, 사용한

다, 분류한다, 활용한다, 완료한다, 연습한다, 작성한다, 관련시킨다 등
- '분석' 수준의 학습목표를 진술할 때: 배열한다, 발견한다, 분류한다, 설명한다, 관련시킨다, 추론한다, 변형한다, 분리한다, 분석한다, 요약한다 등
- '평가' 수준의 학습목표를 진술할 때: 비평한다, 결정한다, 판단한다, 선택한다 등
- '창작' 수준의 학습목표를 진술할 때: 설계한다, 공식화한다, 제안한다, 만든다, 구성하다, 짓는다, 개발한다 등

이상의 서술어를 사용하는 것만으로도 학습목표는 구체화되는데, 보다 정확하게 학습목표를 진술하고자 할 때는 목표 진술의 4요소인 ABCD를 모두 포함하여 진술한다. A는 학습자(audience)로 누가 학습할 것인지 대상을 분명히 하는 것이다. B는 행동(behavior)으로 학습자가 어떠한 행동을 할 수 있을 것인지 진술하는 것이다. C는 조건(condition)으로 학습한 성취행동을 실행하기 위한 구체적인 조건을 제시하는 것이다. D는 정도(degree)로 학습자의 학습성취 여부 또는 정도를 평가할 준거를 제시하는 것이다(Heinrich et al., 1996).

ABCD를 모두 포함하면 '교육학 전공 학습자들에게(A) 특정 교과의 한 단원 내용을 제시하면(C) 2시간 이내에(D) 해당 내용을 위한 토의수업 운영 계획서를 설계·제시할 수 있다(B)'와 같이 학습목표를 진술할 수 있다.

이제 각자 진술한 학습목표를 살펴보자. [그림 8-1]은 학습목표를 기준으로 교수·학습 방법을 선택하는 과정을 보여 준다(장경원, 2017b). 먼저 진술한 학습목표에 해당 교과내용을 기억하고 이해하는 것 이외에 문제해결 능력, 대인관계 능력, 자기주도학습 능력을 키우는 것이 포함되어 있는지 질문한다. 이 질문에 '아니요'라고 답변한다면, 그 수업은 학습자들이 참여하는 활동을 필요로 하지는 않는다. 강의만으로도 충분히 학습목표에 도달할 수 있다. 그러나 '예'라고 답변한다면 강의가 아닌 다른 교수·학습 방법을 고려해야 한다. 사실, 토의는 학습자

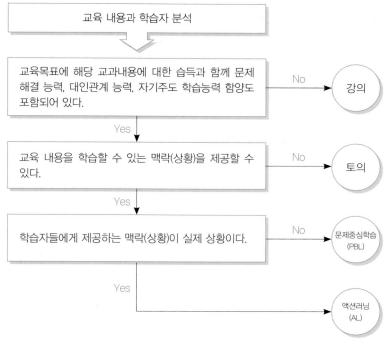

[그림 8-1] 교수 · 학습 방법 선택을 위한 플로우차트

들을 참여시키는 가장 손쉬운 방법이다. 만약 토의를 위한 주제를 제시하는 것을 넘어 학습자들이 조금 더 고민해서 해결해야 하는 실제 문제 상황이나 실제 문제를 제시한다면 문제중심학습이나 액션러닝의 방법을 활용할 수 있다. (토의수업과 함께 활용할 수 있는 문제중심학습과 액션러닝은 제10장에서 소개할 것이다.)

2) 토의주제 선정

토의주제는 토의수업의 목적에 기반하여 결정한다. 토의수업의 목적은 일반적으로 학습 내용 정리 및 적용, 문제해결, 새로운 아이디어 도출, 토의역량 개발로 정리할 수 있다. 각각의 목적에 부합한 토의주제의 성격을 살펴보면 다음과 같다.

첫째, 학습자들이 학습 내용을 재검토하고 확장할 수 있는 기회를 제공할 때는 교육 내용에 대한 분석, 적용, 평가를 요구할 수 있다. 예를 들어, 인간의 학습을 설명하는 행동주의와 인지주의에 대해 학습한 경우, '행동주의와 인지주의 차이점과 공통점은 무엇인가?' '교수·학습 장면에서 행동주의와 인지주의의 특성을 찾을 수 있는 사례는 무엇인가?' '행동주의와 인지주의가 교수설계에 미친 영향은 무엇인가?' 등의 토의주제를 제안할 수 있다. 또한 구체적인 사례를 제시하여 분석·적용의 기회를 제공할 수도 있다.

둘째, 자신의 의견이나 생각을 점검할 수 있는 기회를 제공할 때는 교육 내용과 관련된 경험, 생각, 의견을 요구할 수 있다. 이때 가능하면 정답이 없는 주제를 제시하는 것이 바람직하다. 예를 들어, '4차 산업혁명 시대에는 어떻게 교육해야 할까?' '만약 여러분이 ~라면 어떻게 행동하겠습니까?' 등의 토의주제를 제안할 수 있다.

셋째, 학습자들에게 문제해결의 기회와 문제해결 능력을 향상시킬 수 있는 기회를 제공할 때는 교육 내용과 관련된 문제 상황이나 과제를 제시한다. 이때 먼저 강의, 사례분석 등을 한 후 문제 상황이나 과제를 제시하기보다는 과제를 먼저 제시하여 학습자들이 스스로 문제를 파악하고 필요한 자료를 수집·분석하고 적용할 기회를 제공하는 것이 바람직하다. 따라서 이 경우에는 문제중심학습, 액션러닝 등의 교수·학습 방법으로 수업을 설계하여 문제해결 과정에서 토의활동이 이루어지도록 할 수 있다. 예를 들어, 교육과정 재구성에 대해 다루고자 할 때, '현직 교사들로부터 교육과정 재구성 관련 과제를 의뢰받아서 과제 해결하기'라는 문제 상황 또는 과제를 제시하여 학습자들이 이 문제를 해결하는 과정에서 토의활동이 이루어지도록 하는 것이다. 이 경우 일반적으로 교수자의 강의는 문제해결이 완료된 후에 주요 내용을 요약·정리하기 위해 이루어진다.

넷째, 학습자들이 의사소통 능력, 대인관계 능력, 그룹기술을 개발할 수 있는 기회를 제공할 때는 학습자의 수준과 관심사항을 고려하여 주제를 선정할 수 있다. 예를 들어, 발표와 토론, 글쓰기 등의 교과목에서 '에너지 절약방법', '건전한 이성교제' '용돈 관리방법' 등의 토의주제를 제안할 수 있다.

그러나 대부분의 수업은 이상의 네 가지 토의주제 중에 한 가지에 해당하기보다는 두 가지 이상에 해당할 것이다. 그러한 경우 토의활동을 하고자 하는 주된 목적이 무엇인지 고려한 후 적절한 토의주제를 선정하여 활용하는 것이 필요하다.

3) 토의방법 선정

토의수업의 목적에 부합한 토의주제를 선정했다면 이제 토의방법을 결정해야 한다. 앞서 4, 5, 6장에서 소개한 것처럼 토의방법은 매우 다양하다. 여러 토의방법 중 어떤 방법을 선택할 것인가 결정할 때는 〈표 8-1〉과 같이 수업목표 진술 근거가 되었던 학습자, 학습 내용, 학습 환경, 그리고 교수자의 특성을 고려해야 한다.

첫째, 학습자 측면에서는 학습자의 나이, 선행지식 수준, 토의 경험 등을 고려해야 한다. 각각의 특성에 대해 적절한 토의방법을 1:1로 매칭하는 것은 어렵지만 일반적인 수준에서 다음과 같이 제안할 수 있다. 학습자들이 어리고 토의 경험이 많지 않을 경우에는 토의규칙이 복잡하지 않은 원탁토의나 버즈토의가 적절하다. 학습자들이 성숙하고 다양한 경험을 갖고 있는 경우에는 패널토의, 1:1 교차인터뷰, 월드카페, 오픈스페이스 기법 등을 사용하는 것이 적절하다. 또한 선행지식 수준이 높지 않거나 학습자들이 예습을 잘 하지 않는 경우에는 수업 중에 내용에 대해 스스로 학습하고 설명해 볼 수 있는 직소우토의가 적절할 수 있으며, 선행지식 수준이 높을 경우에는 원탁토의, 오픈스페이스 기법 등을 활용할 수 있다.

〈표 8-1〉 토의방법 선정 시 고려사항

구분	주요 내용
학습자	• 학습자의 나이 • 선행지식 수준 • 토의 경험
학습 내용	• 토의의 목적과 토의를 통해 얻고자 하는 결과물 　- 학습 내용 정리 및 적용이 목적인 경우 　- 새로운 아이디어 도출이 목적인 경우 　- 문제해결이 목적인 경우 　- 토의 역량 개발이 목적인 경우
학습 환경	• 수업의 규모(학습자 수, 교실 크기 등) • 토의에 할애할 수 있는 시간
교수자	• 교수자의 토의수업 진행 역량 • 교수자의 문제해결 역량

　둘째, 학습 내용 측면에서는 토의의 목적과 토의를 통해 얻고자 하는 결과물이 무엇인지 고려해야 한다. 앞서 1장에서 언급한 것처럼 토의의 목적은 학습 내용 정리 및 적용, 새로운 아이디어와 의견 도출, 문제해결, 그리고 토의 역량 개발 등으로 정리할 수 있다. 학습 내용 정리 및 적용이 목적인 경우는 원탁토의, 버즈토의, 직소우토의, 팀기반학습(TBL)의 학습준비도 확인활동 등 다양한 방법을 사용할 수 있다. 새로운 아이디어와 의견 도출이 목적인 경우에는 대부분의 방법을 모두 활용할 수 있으며 이에 덧붙여 브레인스토밍, 브레인라이팅, 랜덤 워드, 디딤돌과 같은 아이디어 도출 기법을 이용하여 보다 다양한 의견을 도출할 수 있다. 문제해결이 목적인 경우는 활용할 수 있는 방법이 다양하다. 문제해결을 위한 일부 과정을 토의로 진행할 때에는 원탁토의를, 전체 과정을 토의로 진행할 때에는 해당 문제에 부합한 토의 논리를 반영하여 토의 매트릭스를 구안하여 토의활동을 운영하는 것이 바람직하다. 토의 역량 개발이 목적인 경우는 모든 토의방법을 다 활용할 수 있다.

　셋째, 학습 환경 측면에서는 수업의 규모와 토의에 할애할 수 있는 시간을 고려해야 한다. 이미 4장과 5장에서 중소형수업과 대형수업에서 활용할 수 있는 토의방법을 구분해서 소개한 것처럼 수업의 규모는 토의방법을 선정하는 데 중요한 기준이 된다. 중소형수업이라면 원탁토의, 버즈토의, 패널토의, 직소우토의 등의 방법을, 대형수업이라면 월드카페, 오픈스페이스 기법 등을 활용하는 것이 적절하다. 토의에 할애할 수 있는 시간이 20~30분 내외인 경우에는 원탁토의나 버즈토의를, 한 차시[1]를 모두 사용할 수 있는 경우에는 직소우토의, 1:1 교차인터뷰, 월드카페, 오픈스페이스 기법 등을 사용할 수 있다. 이 중 월드카페나 오픈스페이스 기법은 학습자들이 소속된 팀뿐만 아니라 다른 팀원들과도 충분히 의견을 교류할 수 있도록 시간을 조금 더 할애하여 운영하는 것이 바람직하다.

넷째, 교수자 측면에서는 교수자의 토의수업 진행 역량과 문제해결 역량을 고려해야 한다. 교수자가 토의수업이나 문제해결형 수업을 운영한 경험이 충분하지 않을 경우에는 원탁토의, 직소우토의 등 기존의 전통적인 토의방법을 선택하는 것이 적절하다. 토의수업이나 문제해결형 수업 운영 경험이 충분하다면 이미 소개된 토의방법뿐만 아니라, 교수자 스스로 문제해결 과정의 논리를 고려하여 토의 과정을 설계하여 운영할 수 있다. 이 경우 학습자들이 이후에 스스로 토의나 회의 과정을 설계하고 운영할 수 있도록 모범을 보이는 효과도 기대할 수 있다.

2. 토의수업 운영

학습목표와 토의방법이 결정되면 토의수업 운영을 위해 팀을 편성하고, 선택한 토의방법을 소개하고 수업을 운영한다.

---

1) 학교급별로 한 차시의 기준이 다르다. 초등학교는 40분, 중학교는 45분, 고등학교와 대학교는 50분이고, 대학의 경우 학점에 따라 1.5시간, 2시간, 3시간 연강이 가능하며 해당 시간 내에서 교수자 재량으로 수업시간과 쉬는 시간을 조정하여 운영할 수 있다.

1) 팀 편성

토의수업에서 활용하는 토의방법에 따라 적정한 팀원 수와 팀 편성방법은 다양하게 이루어질 수 있다. 여기서는 일반적으로 4~6명으로 팀을 구성해야 하는 상황을 중심으로 팀 편성 전략을 살펴볼 것이다.

일반적으로 팀 활동에 적절한 학습자 수는 4명이라고 알려져 있다. 4명의 학습자로 구성된 팀의 경우 팀원 간의 상호작용이나 구성원 각자가 갖는 책임감, 역할 분담이 가장 적절히 이루어질 수 있기 때문이다(Johnson & Johnson, 1979). 그러나 학습자 수가 많은 중형이나 대형수업에서 팀 수가 많으면 토의 내용 발표나 팀 운영에 어려움이 있을 수 있으므로 한 팀의 구성 인원 수를 늘려, 적정 수의 팀으로 편성한다. 일반적으로 중형수업의 경우 수업 운영의 효율성을 위해 팀을 최대 10개 내외로 구성하는 것이 바람직하므로, 4~6명으로 한 팀을 구성하는 것이 적절하다. 한 팀의 구성원이 6명 이상 되면 팀원 간의 상호작용에 어려움이 있을 수 있으므로 팀의 크기가 너무 커지는 것은 바람직하지 않다(최정임, 장경원, 2015).

팀을 구성하는 가장 쉬운 방법은 임의로 학습자들을 배정하거나 학습자들이 직접 팀을 구성하게 하는 것이다. 하지만 이러한 임의적인 배정방법은 집단활동의 공정성을 보장하지 못하고, 팀 간 갈등을 불러일으킬 수 있으며, 팀 효과성을 저해할 수 있다. 한편, 학습자들은 친한 친구들과 팀을 구성하려는 경향이 있는데, 이 경우 팀원 간에 친교를 맺기는 쉽겠지만 서로 다른 의견이나 자극의 경험이 없기 때문에 추가적인 지적 성장이나 정서적 훈련이 일어나기 어렵다. 또한 집단에 속하지 못하는 소외되는 학습자들이 생길 경우 집단 구성 과정에서 마음의 상처를 받을 수 있다. 따라서 학습자들에게 팀 구성의 자율성을 주기보다는 팀 효과성을 고려하여 교수자가 직접 팀을 구성하는 것이 적절하다. 그렇다면 어떻게 팀을 구성할 것인가? 팀 구성 시 참고가 될 수 있는 두 연구를 소개한다.

첫 번째 연구는 장경원과 성지훈(2012)의 연구로, 문제해결형 과제를 함께 해결한 학습자들의 의견을 제시한 것이다. 연구에 따르면 학습자들은 주어진 과제

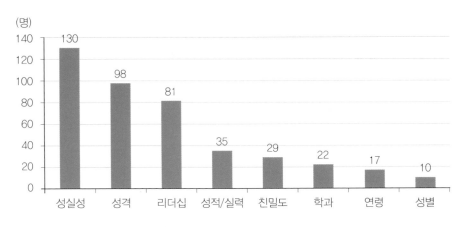

[그림 8-2] 팀 활동에 기여한 구성원들의 특성

※ 출처: 장경원, 성지훈(2012).

를 성공적으로 마무리하는 데 팀원들의 성실성, 성격, 리더십이 중요하다고 하였다([그림 8-2] 참조). 성실성은 주어진 역할을 충실히 수행하는 것과 과제 해결을 위한 팀 활동에 적극적으로 참여하는 것을 의미한다. 성격은 다른 사람을 잘 배려하는 것과 자신의 의견을 적극적으로 제시하는 것을 의미한다. 리더십은 그룹의 분위기를 즐겁게 만드는 것과 회의를 잘 진행하는 것을 말한다. 이 세 요인에 비해 구성원들의 성적/실력, 자신과의 친분 정도, 학과, 연령, 성별은 상대적으로 팀 활동의 성공 여부에 크게 영향을 주지 않는다는 것이다(장경원, 성지훈, 2012).

이러한 내용을 반영하면 학습자들의 특성을 파악하기 위해 〈표 8-2〉와 같은 조사표를 활용할 수 있다. 6개의 질문은 학습자들이 스스로 그룹 구성원으로서 자신의 성실성, 성격, 리더십에 대해 답변하도록 한 것이다. 학기 초에 교수자가 이러한 조사를 하면, 학습자들은 일반적으로 ①, ②, ③의 질문에 대해서는 '매우 그렇다'나 '그렇다'에 답변하는 경향이 있다. 그러나 ④, ⑤, ⑥의 질문에 대해서는 비교적 솔직하게 답변한다. 학습자들의 답변을 고려하여 학습자들이 고르게 분포할 수 있도록 팀을 구성할 수 있다.

〈표 8-2〉 팀 편성을 위한 조사표 예시

이름 :				연락처 :	
학과 :		학년 :		나이 :	성별 :
지난 학기 성적(평점) :		자료검색 능력:* 하( ) 중( ) 상( )			

질문**	전혀 그렇지 않다	그렇지 않다	보통 이다	그렇다	매우 그렇다
① 나는 주어진 역할을 충실히 수행한다.					
② 나는 과제를 위한 모임에 적극적으로 참여한다.					
③ 나는 다른 사람을 잘 배려해 준다.					
④ 나는 내 의견을 적극적으로 표현한다.					
⑤ 나는 소집단의 분위기를 즐겁게 할 수 있다.					
⑥ 나는 소집단 활동 시, 회의를 잘 진행할 수 있다.					

* 자료검색 능력은 실력의 예시항목으로 수업활동의 특성을 반영하여 발표력, 컴퓨터 활용능력, 프로그
래밍 능력, 외국어 능력 등으로 대체 혹은 추가할 수 있다.
** 질문 가운데 ①, ②는 성실성, ③, ④는 성격, ⑤, ⑥은 리더십을 묻는 질문이다.

두 번째 연구는 Belbin(2010)의 연구로 다양한 형태로 팀을 구성하여 팀의 성
과를 비교한 결과, 성과를 창출하는 성공적인 팀이 되기 위해서는 팀 역할의 균
형이 필요하다는 것이다. 즉, 팀원의 수와는 관계없이 〈표 8-3〉에 제시된 아홉
가지의 팀 역할이 어느 정도 갖추어져 있느냐에 따라 팀의 성과가 달라진다는
것이다. Belbin이 제시한 팀 역할은 전문가, 완결자, 실행자, 창조자, 분위기 조
성자, 자원 탐색자, 지휘/조절자, 추천자, 그리고 냉철판단자이다. 팀 내에서 9개
의 역할이 균형 있게 이루어질 때 역량 있는 팀이 될 수 있다.

Belbin에 따르면 성공적인 팀은 팀을 이끄는 팀장이 지휘/조절자의 요건을 갖
추고 있고, 창조자를 포함하고 있으며, 팀원들의 지능 분포가 폭넓고, 팀 역할이
고르게 분포되어 있고, 팀원들이 능력에 맞는 팀 역할을 맡은 경우라고 하였다.

이러한 내용을 반영하기 위해서는 팀을 편성하기 전 학습자들을 대상으로 팀

〈표 8-3〉 팀 역할의 균형을 위한 아홉 가지 팀 역할

역할	특성
전문가 (specialist)	• 한 가지 일에 전념하고 솔선하며 헌신적임 • 전문분야의 지식과 기능을 잘 제공함
완결자 (completer)	• 근면 성실하고 매우 열심이어서, 실수나 빠진 것을 찾아내고 제시간에 일을 완수해 냄
실행자 (implementer)	• 엄격하고 신뢰성이 있으며 보수적이고 능률적임 • 아이디어를 실행에 잘 옮김
창조자 (plant)	• 창조적이고 상상력이 풍부하며 전통이나 인습에 얽매이지 않아 어려운 문제를 잘 해결함
분위기 조성자 (team worker)	• 협력적이고 온화하며 남을 잘 이해하는 등 외교적임 • 경청하고 마찰을 하며 조직을 평온하게 함
자원 탐색자 (resource investigator)	• 외향적이고 열정적이며 말하기를 좋아하며 기회를 발굴/탐색하고 친교를 잘함
지휘/조절자 (coordinator)	• 성숙하고 자신감에 넘치는 훌륭한 지도자로서, 목표를 명확히 하고 의사 결정을 증진하며 위임을 잘함
추천자 (shaper)	• 도전적이고 활기에 넘치며 곤경 속에서 능력을 발휘함 • 장애를 극복하는 추진력과 용기를 지님
냉철판단자 (monitor evaluator)	• 냉정하고 전략적이며 총명하며, 모든 방안을 살피고 정확히 판단함

역할을 검사한 후 이를 토대로 팀을 구성하는 것이 바람직하다. 학습자들에게 아홉 가지 팀 역할을 소개한 후 자신에게 가장 잘 맡는 팀 역할이 무엇인지 선택하도록 하여, 그 결과를 토대로 팀을 구성해 볼 수 있다. 조금 더 체계적으로 팀 역할을 파악하려면 학습자들에게 온라인 사이트에서 제공하는 '팀 역할 검사'에 참여하도록 한 후 그 결과를 토대로 팀을 편성할 수도 있다.[2]

---

2) 무료로 참여할 수 있는 팀 역할 검사 사이트 중 하나는 http://www.123test.com/team-roles-test/이다. 여기서는 검사에 참여한 사람이 아홉 가지 팀 역할 중 어떤 역할 유형을 갖고 있는지 그래프와 함께 제시한다.

[그림 8-3] 팀 역할 균형을 위한 역할분담

2) 토의수업 운영

토의수업은 [그림 8-4]와 같이 토의수업 전후에 토의수업을 위한 준비활동이 선행되어야 하고, 토의를 실시한 이후에는 토의 내용을 공유하는 시간을 갖는 것이 필요하다. 단계별 주요 내용은 제1장에서 소개했으므로 여기서는 운영 측면에서 잊지 말아야 할 내용을 소개한다.

첫째, 토의 준비 단계에서 토의주제와 토의 결과물에 대해 명확하게 안내한다. 토의주제를 명확하게 안내한다는 것은 주제에 대한 안내와 함께 토의를 통해 도출해야 하는 결과물에 대한 안내도 포함된다. 학습자들이 토의 과정에서 무엇을 해야 할지 모르는 경우가 종종 있는데, 대부분 토의 결과물에 대한 안내가 충분하지 않기 때문이다. 토의 결과물에 담겨야 하는 내용, 형식, 분량 등에 대해 명확하게 안내해야 한다. 이때 토의 내용 정리양식을 구성하여 학습자들에게 배포한다면 유용할 것이다. 그러나 때로는 토의 내용 정리양식이 학습자들의 창의적 사고를 가로막을 수 있으므로 토의주제에 따라 선별적으로 사용하는 것

1단계(토의 준비)	2단계(토의 실시)	3단계(토의 정리)
• 토의집단 편성 • 주제 제시/설명 • 팀별 토의 결과 정리양식 준비 • (필요시) 토의 관련 자료 제시 • 토의수업 사전 훈련 -동기화, 토의예절, 진행자 훈련	• (팀별 주제가 상이한 경우) 팀별 주제 배분 • 팀별 진행자 선정 • 팀별 토의 • 토의 결과 정리 • 교수자의 토의 결과 검토	• 교수자의 진행 • 팀별 발표 • 전체 토의 • 종합 정리

[그림 8-4] 일반적인 토의수업 모형

※ 출처: 김주영(2005).

이 필요하다.

둘째, 토의방법을 명확하게 안내한다. 토의방법 중에는 원탁토의처럼 특별한 토의규칙이 없는 경우도 있지만, 직소우토의, 월드카페, 오픈스페이스 기법처럼 토의활동의 순서나 규칙 등에 대한 이해가 선행되어야 하는 경우도 있다. 이 경우 토의방법을 명확하게 안내하지 않으면 토의과정에 혼란이 생길 수 있다. 따라서 토의방법을 명확하게 안내하기 위해 구두로만 설명하기보다는 그림, 영상 등 다양한 자료를 활용해야 한다.

셋째, 학습자의 역할을 명확하게 안내한다. 학습자의 역할에는 사회자, 기록자, 팀원의 역할 등이 포함된다. 특히 사회자와 기록자의 역할이 중요한데, 교수자가 각각의 역할을 구두로 설명할 경우 학습자들이 이해하지 못하거나 잊어버릴 수 있다. 따라서 가능하면 학습자 전체가 참여하는 토의활동을 운영하여 자연스럽게 교수자가 사회자와 기록자의 역할에 대해 시범을 보이는 것이 필요하다. 이때 명목집단법, 의사결정 그리드 등 토의활동에 필요한 기법을 활용할 수도 있다.

넷째, 토의 실시 단계에서는 학습자들의 토의 과정을 모니터링하고 토의가 이루어지도록 촉진해야 한다. 만약 학습자들이 토의하는 내용이 주제에서 벗어나 있거나 의견 제시를 잘하지 못한다면, 교수자로서 당신은 어떻게 할 것인가? 아마도 많은 교수자들이 '힌트'를 제공하거나, '정답'을 알려 줄 것이다. 학습자들의 침묵을 견디어 내는 것이 생각보다 쉽지 않기 때문이다. 이때 교수자가 해야 할 바람직한 행동은 '힌트'나 '정답' 제시가 아니라 '질문'이다. 학습자들이 교수자가 제시한 질문에 대답하는 과정에서 자신이 이해한 것을 정리하고, 점검하고, 비교하고, 적용할 수 있어야 한다.

다섯째, 토의 정리 단계에서는 팀별로 토의 결과를 발표하고, 토의 내용에 대해 교수자가 요약, 정리한다. 종종 학습자들이 발표만 하고 수업이 마무리되는 경우가 있는데 교수자의 요약, 정리는 매우 중요하다. 학습자들은 토의 과정에서 많은 것을 학습했을 것이다. 그러나 해당 내용에 대한 전문가인 교수자가 주요 내용을 요약해 주는 디브리핑(debriefing) 과정이 있어야 해당 내용에 대해 명확히 이해하고 적용하는 데 도움이 될 것이다.

3. 토의수업에서의 평가

토의수업은 학습자 참여 수업이므로, 학습자 평가는 학습자들이 토의에 참여하는 과정 및 결과가 평가의 대상이 되며, 수업에 대한 평가는 교수자의 역할, 토의방법과 토의주제 등을 포함한 토의수업설계가 평가의 대상이 된다. 학습자 평가와 수업 평가 모두 학습자와 교수자가 평가 주체가 된다.

1) 학습자 평가

평가는 학습목표와 밀접한 관련을 갖기 때문에 토의수업에서의 평가기준과 평가대상은 토의수업이 이루어진 수업의 목표에 근거한다. 토의수업은 일반적으로 토의에서 다루는 내용에 대한 이해와 함께 문제해결 능력, 협동학습 능력과 같은 복잡한 능력의 획득도 목표로 하기 때문에 이러한 능력 및 태도에 대해서도 함께 평가한다.

　평가는 토의 과정에 대한 관찰, 결과물에 대한 질적 평가 등으로 이루어지는데, 이때 교수자뿐만 아니라 학습자들도 평가자로 참여하여 팀원의 활동, 다른 팀의 토의 결과 등에 대해서 평가한다. 이때 평가 결과의 객관성을 높이도록 목적에 부합한 다양한 평가준거표나 평가양식을 활용한다.

(1) 토의 결과 평가

　토의 결과는 교수자와 다른 팀원들이 평가한다. 〈표 8-4〉는 토의 결과를 평가할 때 활용할 수 있는 평가준거로, 이를 참조하여 각각의 수업에 맞게 수정·보완하여 사용할 수 있다.

〈표 8-4〉 토의 결과에 대한 평가기준

가능점수	평가기준
9~10	• 내용의 논리적 전개가 매우 우수 • 원인 분석과 해결방안이 매우 타당성 있음 • 이론과의 연계성이 설득력을 갖춤 • 내용이 학습에 많은 도움이 됨 • 창의적이고 사려 깊은 성찰 • 상당한 노력의 흔적이 보임
7~8	• 내용의 논리적 전개가 우수 • 원인 분석과 해결방안이 비교적 타당성 있음 • 이론과의 연계성이 인정됨 • 내용이 학습에 다소 도움이 됨 • 기본적인 수준의 성찰 • 노력의 흔적이 보임

5~6	• 내용 전개의 논리성이 부족 • 원인 분석과 해결방안의 타당성 부족 • 이론과의 연계성이 자연스럽지 않음 • 내용이 학습에 별 도움이 되지 않음 • 제한된 수준의 성찰 • 노력과 성의 다소 부족
1~4	• 어떤 최소 요구조건에도 부합하지 않음
구체적인 의견	

한편, 여러 팀에서 토의 결과를 발표할 때 다른 팀의 의견에 무관심한 경우가 있다. 이러한 무관심 문제를 해결하기 위해 [그림 8-5]와 같은 평가양식을 활용하여 학습자 모두가 자신의 팀과 다른 팀의 발표 내용에 대한 평가자로 참여하게 할 수 있다.

팀별 발표에 대한 의견

토의주제:

팀명: 학번: 이름:

팀명	칭찬하고 싶은 점	개선 및 추가가 필요한 내용	점수(1~5)

[그림 8-5] 팀별 발표에 대한 평가양식

(2) 토의 과정 평가

토의 과정에 대한 평가는 팀 활동 평가이기도 하다. 토의수업은 팀 활동을 중심으로 이루어지기 때문에 팀에서 어떻게 활동했는가는 매우 중요하다. 팀 활동 평가는 팀 구성원들이 팀 활동에 적극적으로 참여하도록 유도하며, 다른 사람의 노력에 무임승차하려는 부작용을 방지할 수 있다. 팀 활동 평가는 교수자와 팀원들이 주체가 된다. 교수자는 팀 활동을 관찰하거나 팀 활동 내용과 성찰 내용이 담긴 보고서를 토대로 팀 활동 내용과 정도를 파악하고, 팀원들은 바람직한 팀 활동 내용에 대한 준거를 토대로 자신과 다른 팀 구성원들의 팀 활동에 대해 평가할 수 있다. 이때 〈표 8-5〉와 같은 평가표를 사용할 수 있다.

〈표 8-5〉 팀 활동 평가표

* 각 개인의 각각의 준거에 따라 해당 점수를 기입하세요.
(매우 우수함 = 5, 우수함 = 4, 보통임 = 3, 부족함 = 2, 매우 부족함 = 1)

내용	팀원 이름				
팀 활동에 적극적으로 참여하였다.					
토론 결과를 도출하는 데 공헌하였다.					
다른 사람의 의견을 경청하였다.					
질문을 제기하고 다른 사람의 질문에 대답하였다.					
유용한 정보를 찾아 제공하였다.					
다른 팀원들과 협력하였다.					
긍정적인 의견을 제시하였다.					
리더십을 발휘하였다.					
다른 팀원을 칭찬하고 격려하였다.					
점수 합계					

※ 출처: Lambros(2004).

2) 토의수업 평가

전통적인 수업평가는 교수자가 내용을 효과적으로 제시했는가에 초점이 맞추어져 있다. 그러나 토의수업은 교수자의 역할, 학습자의 역할, 수업 진행방법이 다르기 때문에 새로운 평가철학과 방법이 필요하다.

(1) 학습자용 토의수업 평가

학습자용 토의수업 평가는 평가의 용이성을 고려해야 하기 때문에 편리하게 활용할 수 있어야 하며, 학습자들의 의견을 충분히 포함해야 한다. 이를 위해 토의주제, 토의수업 운영, 교수자의 역할에 대한 주된 내용으로 〈표 8-6〉과 같은 평가항목을 구성할 수 있으며, 수업의 특성을 고려하여 문항을 가감하여 활용할 수 있다.

〈표 8-6〉 토의수업 평가도구(학습자용)

내용	전혀 그렇지 않다	그렇지 않다	보통이다	그렇다	매우 그렇다
1. 토의주제는 교과목의 내용과 관련된 것이었다.					
2. 토의주제는 흥미와 관심을 가질 만한 것이었다.					
3. 토의주제의 난이도는 적절하였다.					
4. 교수자가 토의방법 등을 친절하게 안내하였다.					
5. 교수자가 워크시트 등 토의활동에 필요한 자료를 준비하였다.					
6. 학습자 특성, 수업 규모 등을 고려할 때 토의방법이 적절하였다.					
7. 팀 구성방식이 적절하였다.					
8. 교수자의 질문과 피드백이 토의활동에 도움이 되었다.					
9. 토의 내용 발표 후 교수자가 토의 내용을 요약·정리하였다.					
10. 토의활동에 대한 평가방식이 적절하였다.					
11. 토의활동은 과목의 주요 내용을 이해하는 데 도움이 되었다.					
12. 토의활동은 과목의 주요 내용을 실제로 활용하는 데 도움이 되었다.					

13. 토의활동은 나의 성장(학습 및 리더십 등)에 도움이 되었다.				
14. 전반적으로 토의활동이 학습에 도움이 되었다.				
15. 토의수업으로 운영되는 이 강좌는 다른 학습자들에게 추천할 만하다.				

16. 토의활동으로 운영된 본 수업에서 가장 어려웠던 점은 무엇입니까?

17. 본 수업의 운영방식은 어떻게 개선되었으면 좋겠습니까? (팀 구성, 토의활동 시기, 토의방법 등)

18. 어떤 도움이나 지원이 이루어진다면 토의활동을 더 잘할 수 있겠습니까?

---

(2) 교수자용 토의수업 평가

수업 개선을 위해서는 학습자에 의한 수업 평가 이외에 교수자가 스스로 자신의 수업을 성찰하고 진단하는 것도 필요하다. 자신의 수업에 대한 진단과 성찰은 다양한 방법으로 이루어질 수 있다. 학습자들에게 제시하는 평가표를 이용하여 교수자 스스로 토의수업을 점검할 수도 있고, 〈표 8-7〉에 제시한 토의수업 분석도구를 이용하여 교수자 본인 또는 전문가가 평가할 수 있다. 또한 학습자들이 작성한 성찰일지, 교수자의 성찰일지, 토의 결과 등을 통해 학습자들의 학습이 충분히 이루어졌는가를 확인할 수도 있으며, 많은 대학이 활용하고 있는 CQI(Continuous Quality Improvement)를 활용할 수도 있다. CQI는 교수자가 직접 본인의 수업을 분석, 평가하여 수업의 질을 지속적으로 개선하기 위한 보고서로, 학교마다 활용하는 양식이 상이하지만 기본적으로 수업내용, 수업방법, 수업평가 등에 대한 자기성찰의 내용을 담는다. 수업에 대한 성찰은 학습자의 학습을 완성시키듯 토의수업을 설계하고 운영하는 교수자의 역량을 향상시킬 것이다.

〈표 8-7〉 토의수업 평가도구(교수자용)

구분		토의수업 평가 내용	전혀 그렇지 않다	그렇지 않다	보통 이다	그렇다	매우 그렇다
토의주제		토의주제가 학습목표에 부합한다.					
		토의주제가 학습자 수준에 적절하다.					
토의 준비		학습자들에게 토의주제를 명확히 안내하였다.					
		학습자들에게 토의방법(절차와 규칙)을 안내하였다.					
		토의 결과를 정리할 수 있는 워크시트를 준비하였다.					
		허용적인 분위기를 조성하였다.					
		학습자들은 토의에 참여할 준비(자료 준비 등)가 되어 있다.					
토의 실시	학습자 활동	학습자들이 적극적으로 자신의 의견을 표현하였다.					
		학습자들이 다른 사람들의 의견을 경청하였다.					
		학습자들이 토의결과를 잘 정리하였다.					
	교사 활동	원활한 토의가 진행될 수 있도록 팀 구성 및 역할 분배를 하였다.					
		원활한 토의가 진행될 수 있도록 학습자들의 참여를 독려, 격려, 칭찬하였다.					
		원활한 토의가 진행될 수 있도록 적절한 질문(주제 환기, 심층적인 논의 유도 등)을 제시하였다.					
		원활한 토의가 진행될 수 있도록 시간관리를 잘 하였다.					
토의 정리		학습자들이 토의결과를 발표하거나 공유할 수 있는 기회를 제공하였다.					
		교수자가 토의내용을 학습주제와 연관하여 정리, 설명하였다.					
		학습자들이 토의과정 및 결과에 대해 성찰할 수 있는 기회를 제공하였다.					

토론수업을 위한 수업설계

논제 선정, 토론 팀 구성, 토론 준비, 토론 진행 그리고 이에 대한 평가의 과정으로 이어지는 토론수업의 과정은 면밀한 수업설계 없이는 혼란과 좌절을 낳을 수 있다. 토론수업에 익숙하지 않은 학습자들이 토론활동에 자신감과 호기심을 갖고 참여할 수 있도록 꼼꼼한 수업 준비가 필요하다. 이 장에서는 토론수업의 과정에 따라 토론수업을 실제로 어떻게 준비하고 운영해야 하는지를 안내할 것이다.

1. 토론수업 계획

다른 방식으로 이루어지는 수업도 마찬가지겠지만 토론수업을 위해서는 면밀한 준비가 필요하다. 불행히도 토론은 학습자와 교수자 모두에게 익숙하지 않은 의사소통 방식인 동시에 수업방식이다. 실제로 토론수업 후 학습자들의 평가를 살펴보면 많은 학습자들이 대학생활을 통해 처음 토론수업을 접했음을 고백하기도 한다. 단순히 교수자의 편의나 호기심 차원에서 즉흥적으로 이루어지는 토론수업은 교수자와 학습자 모두에게 좌절만 남길 수도 있다. 토론을 수업에 끌어들이기 위해서는 수업의 목표를 명확히 설정하고, 이를 달성하기 위한 구체적인 계획을 수립할 필요가 있다.

1) 학습목표 수립

목표는 '달성하려고 하는 바람직한 미래의 상태'라고 정의할 수 있다. 인간은 어떠한 의사결정과 이의 실행을 통해 현재의 상태에서는 충족되지 못한 어떤 바람직한 미래의 상태에 이르려고 한다. 이를 위해서는 현재의 만족스럽지 못한 상황에 대해 면밀하게 분석하고, 앞으로 달성해야 할 바람직한 가치가 무엇인지에 대해서 끊임없이 모색하고 고민하게 된다. 또한 목표는 어떤 의사결정을 구체화시키기 위한 행위가 어떤 지향성을 가져야 하는지를 보여 주는 방향타 역할을 수행하는 한편, 끊임없이 목표 지향적인 행위를 유지할 수 있도록 하는 동기부여의 수단이 되기도 한다. 최종적으로 목표는 그 행위의 결과물을 평가하는 기준이 되어 앞으로의 결정이나 행위를 교정해 줄 수 있는 근거가 되기도 한다. 수업은 단지 무의식적으로 이루어지는 반복적인 행위가 아니라 사람들의 노력을 통해서 무엇인가 더 나은 미래의 상황을 지향하는 행위이다. 그래서 목표의 설정은 매우 중요한 의미를 가진다.

목표가 앞서 설명한 것과 같은 역할을 온전히 수행하기 위해서는 몇 가지 중요한 속성을 가져야 한다. 첫째, 목표는 구체적이어야 한다. 예를 들어, '오늘보다 나은 내일'은 수사적으로는 의미가 있을 수 있으나 목표 역할을 하기에는 구체성이 결여된 것이다. 오늘의 상태가 어떤 것인지, 나아진다는 말이 무엇을 의미하는지, 내일의 상태가 구체적으로 무엇을 현실화시킨 것인지가 제시되지 않는다면 그저 막연히 잘하자는 뜻 정도로밖에 받아들여지지 않을 것이기 때문이다. 물론 조직의 성격이나 하고자 하는 일의 성격에 따라서는 매우 추상적인 목표를 제시할 수밖에 없는 한계가 존재하기도 하지만 수업은 충분히 구체적인 목표를 설정하고 이를 달성하기 위해 노력할 수 있는 공간이다.

둘째, 목표는 어느 정도는 달성하기 어려워야 한다. 의사의 결정이나 이를 실현하기 위한 행위의 여부와 관계없이 저절로 달성되는 수준의 목표는 목표 역할을 하기 힘들다. 즉, 의식적으로 노력하지 않아도 달성될 정도의 목표는 그다지 좋은 목표라고 할 수 없다는 것이다. 반대로 목표가 지나치게 어려워서 도저히 정상적인 노력을 통해서는 달성할 수 없는 수준이 된다면 적절한 행위의 방향타나 동기부여의 수단이 되지 못할 것이다. 이런 목표 앞에서 우리는 쉽게 포기하고 변명하게 된다.

이런 점을 고려했을 때 수업의 목표 설정은 학습자들이 현재 처해 있는 상황이 무엇이고, 그들에게 모자란 것은 무엇인지 분석하여 수업을 통해 이를 어떻게 채워 줄 것인가에 대한 고민에서 출발해야 할 것이다. 특히 수업이 교육을 통해 학습자들을 더 역량 있는 사람으로 만들어 가는 과정이라고 보았을 때, 학습자들이 현재 가지고 있는 역량이 무엇이고 그에 비해 갖추지 못하고 있는 역량이 무엇인지를 파악하는 일이 필요하다. 특히 토론수업은 기존의 수업과는 많이 다른 방식이기 때문에 이 수업을 통해서는 기존의 수업에서는 간과되었던, 현재 학습자들이 갖추고 있지 못하고 토론을 통해서 함양할 수 있는 역량이 무엇인지를 찾아 이를 중심으로 목표를 설정하는 것이 바람직할 것이다.

그렇다면 토론수업을 통해 달성하여야 하는 목표는 토론을 통해 개발할 수 있는 학습자들의 역량과 관계가 있을 것이다. 토론수업을 통해서 달성할 수 있는 학습자들의 역량은 다음과 같이 정리할 수 있다. 첫째, 인지적 능력으로, 주제에 대한 이해력과 증거 수집 및 정리능력, 정보처리 및 가공능력, 독립적인 사고능력, 돌발적인 상황대처 능력을 포함한다. 둘째, 합리적(자주적, 논리적) 사고능력으로 말할 내용의 개요를 작성하는 능력, 주장과 논거들을 분석하는 능력, 논리적 대응능력, 추론(결론 도출)능력을 포함한다. 셋째, 조직화 능력으로 메시지 구성능력, 정보종합 능력, 시간관리 능력, 시청각 등 자료의 활용능력을 포함한다. 넷째, 언어능력으로 다양한 상황에서 언어전달력, 정확한 발음과 효과적인 발성훈련을 포함한다. 다섯째, 신체적 능력으로, 자세와 태도, 제스처, 시선, 외관과 외모 등 비언어적 표현능력을 포함한다. 여섯째, 대인관계 능력으로 협동능력, 의사소통 능력, 조정능력을 포함한다(신희선, 2006, 2012). 결국 토론수업의 목표는 해당 교과에서 다루는 내용 지식의 습득과 함께 앞서 제시한 학습자들의 역량을 구체적으로 적절한 수준에서 달성할 수 있도록 설정해야 한다.

2) 토론 논제 선정

토론을 위한 논제를 정하는 것은 토론수업의 출발점이 된다. 논제는 해당 전공의 특성, 교과목의 주요 내용과 학습목표 등을 고려하여 정해야 한다. 또한 토론이 일정한 쟁점을 놓고 찬성과 반대의 입장을 논리적으로 설득하는 행위라는 점을 우선적으로 고려해야 할 것이다. 따라서 논제는 학습 내용 중 논쟁적인 것, 그리고 논쟁을 통해 여러 관련된 쟁점이 드러날 수 있는 것을 선별하여 정하여야 한다. 논쟁적이지 않은 것은 논제로 적당하지 않다. 예를 들면, '오늘 날씨는 맑다'와 같이 논쟁이 불가한 것은 논제가 될 수 없다. 토론은 논증(argumentation)을 위해 하는 것이다. 논증은 그럼직한 개연성에 기초하여 다른 사람을 설득하기 위한 말하기로 증명과 구분된다. 논증은 증명과 달리 일정한 논지를 중심으로 상반된 주장이 펼쳐지며, 항상 반론이 가능한 것이다. 여기에 찬반토론의 가능성이 있다.

시의성도 논제를 선정하는 데 고려해야 할 중요한 요소이다. 너무 오래되어 이미 결론이 나 있는 문제는 토론의 대상이 되기에 적절치 않다. 예를 들어, '금융실명제를 실시해야 하는가'와 같은 주제는 그 자체로 의미가 전혀 없는 것은 아

니지만, 관련된 쟁점에 대한 논의가 충분히 이루어진 데다가 이미 실시되고 있는
제도를 새삼스럽게 논의하는 것을 통해 얻을 수 있는 수업의 효과가 별로 없기
때문이다. 이런 이유로 토론의 논제는 현재의 시점에서 시도되고 있는 변화와 관
련되어 있는 것이 좋다. 이럴 경우 논제의 형식은 현 상태를 기준으로 변화를 주
장하는 것이 찬성 측 입장이 될 가능성이 높다(예: '의사 조력 자살을 허용하자' '담배
판매를 즉각 금지하자'). 논쟁적인 쟁점일수록 토론에 적합하다고 여겨진다. 토론
의 주제는 정책적인 것, 가치에 관한 것, 사실판단에 관한 것으로 크게 대별된다.

   그러나 가장 중요한 것은 찬성과 반대 입장의 균형이다. 지나치게 한 입장이
유리한 경우 토론은 일방적으로 흐를 수 있다. 어떤 논제는 사회평균적인 시각
에서는 너무도 당연해서 토론의 주제로 적합하지 않은 것처럼 보인다. 하지만
어떤 논제에 대해 많은 사람이 어떻게 이해하고 있다거나 하는 것, 예를 들면 '그
문제야 뻔히(당연히) 이것이 맞는 입장 아니겠어? 다른 어떤 것을 감히 주장할 수
있겠어?' 하는 인식은 토론 현장에서 승패를 결정짓는 데 어떤 영향도 줄 수 없
다. 토론의 실제를 보면 얼마나 토론 준비를 하였는가에 의해 승패가 가려지는
것을 흔히 볼 수 있기 때문이다. 토론장에서 사람들이 내 주장에 동조할 것이라
든지 하는 막연한 기대만 가진 채 충분하게 논지를 전개하지 않는다면, 그는 자
신이 주장하는 바를 분명하게 제시하였는가, 상당한 이유와 자료, 논거를 가지
고 그 근거를 뒷받침하였는가 하는 점에 대한 평가에서 낮은 점수를 받을 것이
다. 자신이 당연하다고 여기는 것조차도 막상 왜 그것이 당연한 것인지 충분한
근거를 제시하지 않는다면 그런 정도의 인식은 피상적이고 저급한 수준에 머물
러 있다고 여겨진다. 예컨대, '민주주의는 확대되어야 한다'는 것이 논제로 주어
졌다면, 다음과 같이 논지를 전개하는 것은 사고의 내용이나 수준, 논리력, 언어
구사력, 표현력 등에서 극히 빈약하다는 인상을 줄 것이다. "저는 '민주주의는 확
대되어야 한다'는 주장에 대해 찬성합니다. 왜냐하면 민주주의는 옳기 때문입니
다……. 옳은 것이 확대되는 것은 좋은 것입니다……." 토론자가 이런 정도의 발
언으로 발언 시간을 끝낸다고 상상해 보라. 이 경우 토론자가 낮은 평가를 받는
것은 논제가 '너무도 당연'한 것이기 때문이 아니라 그 논지를 충분히 이해하고

설득력 있게 제시하지 못하였다고 여겨지기 때문이다. 그런 태도나 지적 기반으로는 토론에서 승리할 수 없다. 당연히 어떤 주장이 옳다고 이해되고, 또 그것이 널리 보편적이라 하더라도 그 주장 자체나 주장을 뒷받침하는 논거가 충분히 전개되지 않고 반대 주장에 대해 충분히 반론을 제기하지 않는다면, 토론에서 승리할 수 없다. 어떤 주장이 무슨 내용이며 얼마나 타당한 것인지 알고 있어도 실제로 토론이 이루어지는 현장에서 기억해서 인용할 수 없고 반대 주장에 대해 반박할 말문이 막힌다면, 어느 누구에게도 도움이 되지 않는 것으로 취급된다. 그런 논거로는 토론에서 승리할 수 없다.

　토론수업의 논제 선정에서 고려해야 할 중요한 요소는 논제가 지니는 교육 효과이다. 대학수업에서 이루어지는 토론은 교육의 한 방법이다. 결국 토론수업은 토론을 통해서 학습자들이 더 많은 것을 습득하고, 그 과정에서 학습자들이 자신이 가지지 못했거나 혹은 충분히 가지지 못한 역량을 높이는 한 수단인 것이다. 이런 이유로 Alford와 Surdu(2002)는 좋은 논제의 첫 번째 조건으로 학습자들의 지식을 쌓을 수 있고, 생각을 하게 하고, 그리고 이를 통해 배움을 축적하는 데 도움이 되는 것을 들고 있다. 또한 이를 통해 학습자들이 비판적인 사고력을 키우고, 더 나아가서는 논리적으로 말할 수 있는 기술까지 발전시킬 수 있는 논제를 좋은 논제의 조건으로 들고 있다.

> **Teaching Tips** 좋은 논제 vs 나쁜 논제

좋은 논제	나쁜 논제
• 법정 노인의 기준은 상향되어야 한다.	• 막스 베버는 『경제와 사회』의 저자이다.
• 동성결혼을 허용해야 한다.	• 사후세계는 존재한다.
• 공무원 연금은 개혁되어야 한다.	• 금융실명제를 실시하여야 한다.
• SNS 내용에 대해 규제하여야 한다.	• 민주주의는 확대되어야 한다.
• 지하철 요금은 인상되어야 한다.	• 자연은 아름답다.

좋은 논제는 공통적으로 찬성과 반대 입장이 나누어져 논쟁이 가능한 것들이다. 예를 들어, 법정 노인의 기준을 현행의 65세에서 상향하는 것은 찬성과 반대 입장이 다양한 각도에서 논거를 가지고 논쟁할 수 있는 주제이다. 또한 이 주제는 현실 정책에서도 중요한 의미를 지니고 있고, 어떤 입장이 일방적으로 규범적으로 옳다고 정해져 있지도 않다. 또한 논쟁의 과정에서 복지정책, 국가 재정의 우선순위 문제 등 다양한 주제에 대한 학습이 이루어질 수도 있다. 동성결혼이나 공무원 연금 개혁, SNS 내용 규제, 공공요금 인상 역시 찬반토론의 가능성, 시의성, 규범적 균형성, 교육 효과의 측면에서 모두 적절한 토론주제로 볼 수 있다.

반면, 나쁜 논제는 찬성과 반대 입장으로 나누어 논쟁하기 어려운 것들이다. '막스 베버는 『경제와 사회』의 저자이다'와 같은 주제는 사실에 관한 주제로 찬성과 반대 논쟁이 이루어질 수 없다. 사후세계의 존재 여부는 찬성과 반대 입장이 나누어질 수 있지만 수업에서 구체적인 논거를 바탕으로 학습자들이 논쟁을 벌이기에는 적절치 않은 주제이다. 금융실명제의 실시 여부는 본문에서 지적했듯이 이미 오래전에 여러 논란 끝에 도입된 제도로 현재는 상식으로 받아들여지고 있어 논쟁의 무의미한 주제라고 할 수 있다. '민주주의는 확대되어야 한다'라는 주제는 무의미한 주제라고 할 수는 없지만 규범적으로 이에 반대하기 힘든 주제이다. 마지막으로 '자연은 아름답다'라는 주제 역시 찬반 입장이 나누어질 수 있지만 구체적인 논거를 제시하거나, 관련하여 어떤 교육 효과를 기대하기도 힘들어 보인다.

3) 토론방법 선정

토론수업을 통해서 달성하려는 목표를 설정하고 논제를 선정하였다면 수업을 어떻게 진행할지에 대한 계획을 세워야 한다. 토론수업이라고 하더라도 수업 첫 시간부터 토론을 바로 진행하는 데는 무리가 따른다. 다시 한 번 이야기하지만 토론수업은 학습자들에게 익숙하지 않은 수업방식이다. 따라서 토론수업이 원활하게 진행되기 위해서는 사전에 몇 가지 준비가 필요하고 이를 미리 계획할 필요가 있다.

우선 한 학기 수업 전체에서 토론방식의 수업을 어느 정도 포함시킬 것인지를 결정할 필요가 있다. 토론은 특정한 쟁점에 대해 찬성과 반대의 입장을 논리적으로 펼쳐 청중을 설득하는 과정이다. 따라서 쟁점에 대한 이해와 찬성과 반대 입장을 논리적으로 구축하기 위해서는 상당한 준비가 필요하다. 그렇기 때문에 실제로 토론에 참여하는 학습자들에게 토론 준비시간을 줄 필요가 있고, 또 그 전에 학습자들에게 토론방식에 참여할 수 있도록 하는 마음의 준비시간을 줄 필요도 있다. 수업에서 실제 토론활동을 어느 정도의 비중으로 어떤 시점에서 진행할지 미리 결정해야 하는 이유는 바로 이 때문이다.

또한 어떤 방식의 토론을 도입할 것인지도 결정해야 한다. 토론은 일종의 경쟁이기 때문에 공정한 경쟁이 이루어질 수 있도록 설계된 다양한 토론경연 방식이 존재한다. 어떤 방식의 토론경연을 수업에 도입할 것인지는 수강하는 학습자의 다양한 조건을 고려한 후 결정해야 한다. 대부분의 토론경연은 팀을 이루어 참여하는 방식으로 이루어지는데, 이런 방식이 많은 학습자들이 수강하고 있는 우리의 수업 현실에 적합할 것으로 여겨진다.

2. 토론수업 운영

1) 팀 편성

토론경연이 대부분 여러 명의 학습자가 팀을 이루어 진행된다는 점을 고려한다면 팀을 어떻게 구성할지도 미리 계획을 세워야 할 중요한 문제이다. 팀의 구성은 학습자들의 수업에 대한 만족도와 성취도에 중요한 영향을 미치는 문제이므로 수업 전체의 성과를 위해서도 무척 세심하게 고려될 필요가 있다(장경원, 고수일, 2014). 팀의 구성은 학습자들의 친소관계에 따라 자율적으로 이루어질 수도 있으나 보다 높은 학습 성과를 위해서는 이질적인 학습자들이 팀 활동을 통해 관계를 형성하며 지적으로 자극하는 것 자체가 일종의 학습이 될 수 있기 때문에 교수자가 학습자들의 특성을 고려해 구성하는 것이 바람직하다. 구체적인 내용은 이 책의 제8장에서 제시된 팀 편성의 내용을 참고할 수 있다.

토론을 위한 팀을 구성하는 것 못지않게 중요한 것은 전체 팀의 수를 정하는 것이다. 토론경연에 참여할 수 있는 기회가 모든 팀에게 공평하게 주어지기 위해서는 전체 팀의 수가 4팀 혹은 8팀이 되는 것이 바람직해 보인다. 물론 팀 수가 달라지더라도 모든 팀이 동일한 참여 기회를 가지도록 토론경연을 설계할 수 있으나 토론에 할애할 수 있는 제한된 시간을 고려한다면 현실적으로 팀의 수는 4팀 혹은 8팀이 되는 것이 좋을 것으로 여겨진다. 전체 팀의 수는 학습자 수와도 연관되어 있는데, 한 팀을 구성하는 적정한 학습자 수가 4명이라고 한다면 이를 기준으로 전체 팀의 수가 결정될 수 있을 것이다.[1] 그러나 현실적으로 학습자 수가 기대 이상으로 많아지거나 혹은 그와 반대 경우가 생길 수도 있기 때문에 전체 팀의 수와 참여 학습자의 수는 그에 따라 다소 유동적으로 결정될 수도 있다. 이 경우에는 팀 활동이 제대로 이루어질 수 있도록 교수자가 세심하게 관심을 가지고 준비할 필요가 있을 것이다.

2) 토론수업 운영

그렇다면 토론수업은 실제로 어떻게 운영하는 것이 좋을까? 예를 들어, 의회

---

1) 일반적으로 팀 활동에 적절한 학습자의 수는 4명이라고 한다. 4명의 학습자로 이루어진 집단이 구성원 간의 상호작용이나 역할 및 책임감의 분담이 가장 이상적으로 이루어질 수 있기 때문이다. 그러나 현실적으로 수강생의 수가 항상 이상적으로 팀 전체 수와 팀원의 구성에 맞추어 정해지는 것이 아니기 때문에 어느 정도의 융통성을 가질 필요가 있다(장경원, 고수일, 2014). 특히 토론경연에는 직접 참여하는 학습자뿐만 아니라 이를 돕고 보조하는 학습자들이 필요하기 때문에 한 팀을 구성하는 팀원의 수는 이보다 조금 많아도 괜찮을 것으로 여겨진다. 그러나 이 경우에는 팀 구성원들이 역할을 적절히 배분하고 상호작용할 수 있도록 적절한 규칙을 제시할 필요가 있다. 팀 활동을 통해 이루어지는 수업에서 항상 문제가 되는 것이 무임승차 문제이고, 이 문제가 학습자들의 학업 성취도나 만족도를 떨어뜨릴 수 있는 원인이 된다는 점은 기억해야 할 필요가 있다.

식 찬반토론을 가정하여 토론수업을 진행한다면, 다음과 같은 순서로 전개할 수 있다. 먼저 학급 전체를 대상으로 2인 1조로 조를 편성한다. 조 편성에 있어 학습자의 개인적인 의견을 반영하는 것은 무방할 것이다. 다음으로 교수자는 토론주제 및 토론규칙을 제공하고, 토론을 실시하고 모니터링하며 토론 진행 과정과 결과에 대해 평가 및 정리를 해 주는 역할을 수행한다(조은순, 2006). 논제와 그 논제에 대해 찬반토론을 진행할 조는 사전에 공지하여 해당 조가 충분히 토론에 대비하도록 하되, 각 조가 찬성 또는 반대의 어느 입장에서 토론을 할 것인지는 토론 직전에 추첨이나 제비뽑기 같은 방식으로 결정한다. 토론은 제한된 시간 내에 진행되므로 학습자 중에 타임키퍼를 정하여 토론 진행에 방해되지 않는 방법으로 적절히 제한시간을 고지하도록 한다. 토론이 진행되기 전에 좌석을 적절히 배치한다. 토론수업 당일에 추첨으로 찬반 역할이 정해지면, 각자 좌석에서 발표를 준비할 수 있도록 준비시간을 부여한다. 토론 참여자는 토론에 필요한 메모지나 스톱워치는 사용할 수 있어도 일단 토론이 시작되면 그동안 준비한 토론 자료는 더 이상 활용할 수 없다. 토론은 암기한 것을 기억해 내어 말하는 것이지 미리 작성해 온 연설원고를 보고 읽는 것은 아니기 때문이다. 교수자는 토론의 진행을 관리할 수 있지만, 학습자가 토론활동을 자율적으로 전개하는 방법을 익히는 것도 필요하기 때문에 토론규칙에 따라 한두 번 토론을 진행한 후에는 학습자에게 사회의 역할을 맡기는 것이 바람직하다. 교수자가 평가나 모니터링을 위해 촬영과 녹화를 해 두는 것도 좋은 방법이 될 것이다.

[그림 9-1] **토론수업 좌석 배치**

잘 준비된 토론수업이라고 하더라도 실제 토론경연을 진행하는 과정에서는 여러 예상치 못한 일이 발생할 수 있다. 실제 토론경연이 진행되면 학습자들이 주도적으로 수업에 참여하고 이끌어 가기 때문에 학습자 스스로 문제를 해결하도록 할 수도 있다. 그러나 많은 경우 이런 문제들은 교수자의 적절한 개입으로 훨씬 적은 비용으로 바람직한 방향으로 해결되기도 한다. 따라서 교수자는 실제 토론 과정을 적절히 관리할 필요가 있다.

Teaching Tips 칼 포퍼식 토론 진행자 대본

학습자들이 토론 진행을 어려워한다면 다음과 같이 대본을 제공하여 도움을 줄 수 있다.

칼 포퍼식 토론 진행 절차

순서	토론자의 역할	발언 시간
1	찬성 측 A의 입론	6분
2	반대 측 C의 질문	3분
3	반대 측 A의 입론	6분
4	찬성 측 C의 질문	3분
5	찬성 측 B의 반박	5분
6	반대 측 A의 질문	3분
7	반대 측 B의 반박	5분
8	찬성 측 A의 질문	3분
9	찬성 측 C의 반박	5분
10	반대 측 C의 반박	5분
숙의 시간(팀당)		10분(팀당 5분)
총 소요 시간		54분

안녕하세요? 사회자 ○○○입니다. 오늘은 '사형제도는 유지되어야 하는가?'라는 주제로 토론을 하도록 하겠습니다. 먼저 오늘 토론에 참여한 토론자들을 소개하겠습니다. 찬성 측은 ○○○, ○○○, ○○○입니다. 반대 측은 ○○○, ○○○, ○○○입니다. 본 토론은

칼 포퍼식 토론 방식에 따라 발언 순서와 발언 시간을 진행하겠습니다. 타임키퍼가 각 토론자에게 주어진 시간이 종료되기 20초 전에 종을 쳐서 알려드리겠습니다. 청중 여러분께서도 토론을 경청해 주시고, 토론 이후 평가를 잘 부탁드리겠습니다. 또한 토론에 방해가 되지 않도록 정숙해 주시면 감사하겠습니다.

먼저 찬성 측 주장부터 들어보도록 하겠습니다.
첫 번째 토론자 ○○○ 님께서는 입론해 주시면 되겠습니다.
[발표]
찬성 측(A) 토론자 ○○○ 님의 주장 잘 들었습니다.
반대 측(C) ○○○ 님은 찬성 측의 주장에 대해 질문해 주십시오.
[질문]
찬성 측(A) ○○○ 님은 질문에 대해 간략하게 답변해 주십시오.
[답변]

다음으로 반대 측 토론자(A) ○○○ 님께서 발표해 주시기 바랍니다.
[발표]
반대 측(A)토론자 ○○○ 님의 주장 잘 들었습니다.
찬성 측(C) ○○○ 님은 반대 측의 주장에 대해 질문해 주십시오.
[질문]
반대 측(A) ○○○ 님은 질문에 대해 간략하게 답변해 주십시오.
[답변]

이제 찬성 측(B) ○○○ 님께서 발표해 주시기 바랍니다.
[발표]
반대 측(A) ○○○ 님은 찬성 측의 주장에 대해 질문해 주십시오.
[질문]
찬성 측(B) ○○○ 님은 질문에 대해 간략하게 답변해 주십시오.
[답변]

다음으로 반대 측(B) 토론자 ○○○ 님께서 발표해 주시기 바랍니다.

[발표]

반대 측(A)토론자 ○○○ 님의 주장 잘 들었습니다.

찬성 측(A) ○○○ 님은 반대 측의 주장에 대해 질문해 주십시오.

[질문]

반대 측(A) ○○○ 님은 질문에 대해 간략하게 답변해 주십시오.

[답변]

이제 각 입장의 마지막 발표 의견을 듣도록 하겠습니다.

먼저 찬성 측(C) 토론자 ○○○ 님께서 발표해 주시기 바랍니다.

[발표]

찬성 측(C) 토론자 ○○○ 님의 주장 잘 들었습니다.

마지막으로 반대 측(C) 토론자 ○○○ 님께서 발표해 주시기 바랍니다.

[발표]

반대 측(C) 토론자 ○○○ 님의 주장 잘 들었습니다.

지금까지 '사형제도는 유지되어야 하는가?'라는 주제로 토론을 하였습니다.

토론자들과 토론 내용을 경청해 주신 청중들께 감사드립니다.

청중들께서는 토론 내용에 대해 다시 한 번 생각해 보시고, 평가해 주시면 감사하겠습니다.

3. 토론수업에서의 평가

토론수업의 마지막 과정은 평가이다. 학습자에 대한 평가는 학습자들의 토론수업에서의 성취도를 평가한다는 점에서 중요한 의미를 지닌다. 더불어 수업 자체에 대한 평가 역시 더 나은 수업을 위한 기초 자료가 된다는 점에서 의미를 가진다.

1) 학습자 평가

　토론수업에 대한 불만과 우려는 주로 평가의 공정성에 대해 모아진다. 토론수업에서의 평가원리로는, 첫째, 사회자에 대한 평가가 이루어져야 한다. 둘째, 토론 진행 과정 각각에 대한 평가가 이루어져야 한다. 셋째, 토론자 전원이 각자에 대해 스스로 평가한다. 넷째, 토론의 규칙과 예절에 대해 평가한다 등을 들 수 있다(김재봉, 2003).

　당일 토론에 참가하지 않는 팀 및 교수자가 토론에 대한 평가를 담당한다. 토론식 교수법에서 유의하여야 할 교수목표는 의사소통 능력의 면과 논증능력 면으로 구분할 수 있다고 한다(안경화, 2009). 그러나 여기에 토론 진행 과정에 대한 평가를 더할 수 있다. 또 일반적으로 토론능력은 논리적 대응력, 분석력, 조사논증 능력, 개방적 듣기능력, 순발력, 수용성(커뮤니케이션 기술능력), 적극성, 규칙성 등 8개 항목으로 구성된다고 보고되므로 토론수업에서 이러한 항목들이 기본적인 평가요인이 될 수 있다(강태완, 2003). 이러한 항목들을 종합하여 평가하되, 항목별로 세분하여 평가한다. 이 글에서는 내용적인 면, 전달적인 면, 토론 진행 과정으로 구분하여 각각에 대한 평가가 이루어지도록 제안한다.

　내용적인 면은 논리력, 언어 이해, 창의성 · 준비성으로 구분하여 평가한다. 논리력 부분은 ① '찬성 또는 반대의 논지가 일관성 있고 전개가 자연스러운가?', ② '제시된 논거가 적절하고 정확한 것인가?', ③ '상대방의 입장을 잘 이해 · 분석하였는가?'를, 언어 이해 부분은 '개념의 이해나 용어 사용이 정확한가?'를, 순발력 부분은 ① '상대방이 제시한 논거의 허점을 적절하게 지적하였는가?', ② '상대방의 논거 공격에 순발력 있게 적절히 방어하였는가?', ③ '논제와 제시된 자료를 충분히 숙지하였는가?', ④ '제시된 자료나 논거는 타당한가?'를 평가한다.

　전달 부분은 음성/표현 부분, 태도/자세 부분으로 나누어, 전자는 '발음이 정확하고 목소리의 강약과 속도는 적절하였는가?'를, 후자는 ① '어휘 선택과 수사적 표현, 비유, 창의적인 설명법 등을 사용하여 관심을 끌거나 이해를 도왔는가?', ② '시선과 몸짓, 몸동작은 적절하였는가?', ③ '자신감 있는 태도로 당당하고 설득력 있게 말하였는가?'를 평가한다.

　토론 진행 측면에서는 '정해진 토론규칙에 따라 자신의 역할을 충실히 하였는가?' '제한시간은 잘 준수하였는가?' '토론 참여자로서의 예절 등 준수사항을 잘 지켰는가?' 하는 것을 평가한다.

〈표 9-1〉 스피치 평가표

연설자:　　　　　　　　　　　　　　　평가자:

(점수: 5 상 - 4 - 3 중 - 2 - 1 하)

토론자	내용(15)			전달(10)		기타 의견 (5)	복장/시간 (O/X)	총점 (30)
	논리 (5)	언어 이해 (5)	창의성/ 준비성(5)	음성/ 표현(5)	태도/ 자세(5)			
1								
2								
3								
4								
5								
6								
7								
8								
9								

평가에서 유의할 점도 있다. 우리 토론문화의 문제점으로, 첫째, 논리보다 감정에 호소한다는 점(적절한 논리 제시 없이 감정으로 논거를 삼는 것), 둘째, 타당성이 약한 논거를 사용한다는 점, 셋째, 개인적 권력을 사용한다는 점(토론자가 연령, 성별, 사회적 지위나 경력을 바탕으로 상대방의 주장을 제압하려 할 때), 넷째, 내용 비판보다 사람을 비판한다는 점(토론자의 주장의 당부보다 그 토론자 개인의 경력이나 태도 등을 문제 삼는 것), 다섯째, 사적 견해와 공적 의견을 혼동한다는 점(토론의 논제를 적극적으로 주장하거나 반대해야 할 입장에 있으면서 자신을 어떤 단체 내지 집단의 대변자로 여기는 것), 여섯째, 토론규칙을 경시한다는 점(토론에서 예의뿐 아니라 발언 시간과 순서를 어기고 사회자의 진행이나 심판의 판정에 따르지 않는 것) 등이 지적되고 있으므로 토론의 평가에서는 이러한 토론문화를 개선하는 데 기여하도록 유의하여야 할 것이다(박재현, 2004). 또한 교수자 자신도 토론에 참가하든지, 기타 적절한 방법으로 일종의 표준적인 평가점수를 조사해 둘 필요가 있다는 점을 잊어서는 안 된다.[2]

경우에 따라서는 토론 과정에 대해서는 교수자를 포함한 심판과는 별도로 청중의 평가를 포함시킬 필요도 있다. 심판의 평가가 세밀한 평가의 기준에 따라 보다 전문적인 견지에서 이루어지는 평가라면 청중의 평가는 전체 토론 과정에 대한 인상 평가를 중심으로 구성된다고 할 수 있다. 이런 평가를 통해 토론의 전체 흐름에 대한 우열을 가릴 수 있어 심판을 통해 이루어진 평가를 보완할 수 있다. 물론 이와 같은 청중의 평가를 실제 평가에 포함시킬 것인지, 포함시킨다면 어떤 방법으로 어느 정도의 비중으로 할 것인지에 대해서는 사전에 충분히 논의하여 결정하여야 불필요한 논란을 막을 수 있다. 다음의 〈표 9-2〉는 청중용 토론 과정 평가지의 예시이다.

---

2) 실제 토론에 대해 평가를 해 보면, 평가자들의 평가 결과가 거의 비슷한 양상을 보이는 것을 알 수 있다. 혹 평가를 맡은 학습자가 통상의 범주를 벗어나는 평가를 할 우려가 있으므로, 이를 예방하기 위해 평가를 공정하게 하는 것도 토론수업에서의 평가항목이 된다는 것을 공지하는 것이 바람직하다.

〈표 9-2〉 토론 과정 평가지(청중용)

문항	전혀 그렇지 않다	그렇지 않다	보통 이다	그렇다	매우 그렇다
주장에 대한 근거가 타당한가?					
주장이 논리적으로 제시되었는가?					
상대방 주장의 오류나 문제점을 논리적으로 잘 지적하였는가?					
상대방의 질문에 적절한 근거를 들어 답변하였는가?					
주어진 토론시간을 잘 지켰는가?					

　　가능하다면 토론이 끝난 후에 평가지를 취합하여 사회자 또는 교수자가 토론 결과에 대해 판정하고, 아울러 각 토론자에 대해 간단한 평가 요지를 발표하도록 한다. 토론을 진행한 조에 대해 조별 평가를 실시할 뿐 아니라 토론에 참가한 학습자에 대해서도 개별적으로 평가하여 토론 평가 후 가장 우수한 토론자를 선정하여 발표한다.

〈표 9-3〉 토론 채점표

	A	B		C	D
	이름:	이름:		이름:	이름:
입론 (10)			입론 (10)		
교차조사 (10)			교차조사 (10)		
반박 (10)			반박 (10)		
평가 이유			평가 이유		
개인 총점 (30)			개인 총점 (30)		
총점(60)			총점(60)		

※ 찬성 토론자 A, B, 반대 토론자 C, D일 경우

한편, 토론수업에 대한 평가 가운데 필요한 또 하나는 학습자들의 팀 활동에 대한 평가이다. 이는 대부분의 토론수업이 실제로 팀 활동을 기반으로 이루어지고 있다는 점을 고려할 때 필수적인 것이라 할 수 있다. 많은 경우 학습자들이 토론 등의 팀 활동 수업을 기피하는 이유는 팀 활동에 대한 기여 여부가 불공정하게 평가되고, 때문에 무임승차 문제가 발생하기 때문이다. 또한 팀 활동에 대한 평가는 학습자들이 팀을 형성하여 이루어지는 토론수업의 경우 수업 개선을 위한 중요한 기초 자료가 될 수 있다. 이를 통해 교수자는 팀을 이루어 진행되는 토론수업에서 성취도가 높은 팀과 그렇지 않은 팀에서 이루어진 구성원 간의 상호작용의 특성을 확인할 수 있다. 이러한 자료는 이후에 이루어질 토론수업에서 팀 형성을 위해 교수자가 어떤 방식으로 개입하는 것이 바람직한지를 알려 주는 이정표 역할을 할 것이다. 〈표 9-4〉는 팀 활동 평가 설문지의 예시이다.

〈표 9-4〉 팀 활동 평가 설문지 예시[3]

설 문 지

본 설문은 팀 학습의 과정을 평가하기 위해 제작되었습니다. 본 설문에 여러분이 주신 응답은 평가의 중요한 기초가 됩니다. 따라서 여러분이 참여했던 토론수업을 위한 팀별 학습과정을 회상하여 질문에 가장 적절한 답을 솔직하게 해 주시기 바랍니다.

이름:

학번:

1-3. 다음 표에 음영으로 표시된 부분에 본인의 이름을 제외하고 본인이 속한 팀원의 이름을 기입해 주십시오. 질문에 해당하는 사람의 이름을 체크해 주십시오.
  해당되는 사람이 여러 명이라면 해당하는 사람을 모두 ○표해 주십시오.

	김정훈	나철수	박재연	김혜윤	정일남
예) 나와 같이 밥을 먹은 사람은?	○		○	○	
※ 오른쪽에 본인의 이름을 제외하고 팀원의 이름을 모두 기입해 주십시오					
1. 회의에서 질문을 자주 하는 사람은?					
2. 회의에서 설명을 자주 하는 사람은?					
3. 회의에서 요약 및 정리를 자주 하는 사람은?					
4. 회의에서 아이디어를 자주 제시하는 사람은?					
5. 내용 이해 측면에서 도움을 준 사람은?					
6. 팀의 의사결정에 도움을 주는 사람은?					
7. 팀의 분위기를 화기애애하게 만드는 사람은?					
8. 회의가 효율적으로 진행될 수 있도록 하는 사람은?					
9. 회의를 위한 자료 수집을 가장 열심히 한 사람은?					

-감사합니다-

---

3) 이 평가 설문지 예시는 효과적인 팀원이 되기 위해 필요한 9개의 역할을 제시한 Belbin(2010)의 논의를 참고하였다. Belbin은 전문가, 완결자, 실행자, 창조자, 분위기 조성자, 자원 탐색가, 지휘/조절자, 추천자, 냉철한 판단자의 9개 역할이 균형 있게 이루어질 때 효과적인 팀이 될 수 있다고 보았다(장경원, 2015). 이 평가 설문지의 질문은 Belbin이 제시한 팀원의 역할을 토론수업을 위한 팀 구성원의 역할에 맞도록 적용한 것이다.

2) 토론수업 평가

토론수업에 대한 평가는 토론 자체에 대한 평가 못지않게 중요한 의미를 지닌다. 토론수업에 참여한 학습자들이 토론수업에 대해 내린 평가는 학습자들의 수업 만족도를 직접 확인할 수 있을뿐만 아니라 학습자들이 스스로 토론수업을 통해 개발하거나 발전시킨 역량을 어떻게 평가하고 있는지를 확인할 수 있는 근거가 된다. 따라서 토론수업에 대한 평가는 토론수업의 목표 달성 여부를 확인할 수 있는 기초 자료가 된다고 할 수 있다.

또한 토론수업에 대한 평가는 이후에 이루어질 토론수업을 발전시킬 수 있는 근거 자료가 된다. 토론수업이 일반적인 강의방식이 아닌 현실에서 이러한 점은 매우 중요한 의미를 지닌다. 이를 통해 현재 진행되고 있는 토론수업이 개선해야 할 점은 무엇인지, 구체적으로 토론경연이 진행방식이나 평가방식에서 고쳐야 할 점이 무엇인지를 확인하는 것은 더 나은 토론수업을 위한 출발점이 될 수 있다. 더불어 그 결과는 현재 토론수업에 관심이 있거나 토론수업을 시도해 보려는 많은 교수자에게도 중요한 정보가 될 것이다.

이를 위해 〈표 9-5〉에서 예시를 든 것과 같은 성찰저널을 활용할 수 있다. 성찰은 자신의 신념이나 실천행위에 대해 그것의 원인이나 궁극적인 결과를 적극적이고 끈기 있고 주의 깊게 고려하는 것으로(Dewey, 1933), 학습자들의 성찰내용을 분석하면 학습 효과를 파악할 수 있다(노원경, 2007; 장경원, 고수일, 2013; 최정임, 2007). 이 같은 성찰저널 작성을 위한 주요 질문은 '무엇을 배우고 느꼈는가?' '배운 것을 어떻게 실천할 것인가?' '어떤 역량을 키울 수 있었는가?' 그리고 수업 운영 전략을 수정·보완하기 위한 질문인(Brush et al., 2003; Guba & Lincoln, 1981) '수업의 강점과 개선점은 무엇인가?'로 구성될 수 있다.

〈표 9-5〉 성찰저널 예시

○○○○년도 ○학기 성찰저널

학번: 팀명: 이름:

1. 토론으로 진행된 수업을 통해 배운 것은 무엇입니까? (주제와 관련된 내용, 방법 등 자유롭게 기술)

2. 토론 과정(준비, 토론, 정리)에 참여하면서 이전과 비교하여 자신의 역량(능력)이나 태도 중 더 향상된 것은 무엇입니까? 자세히 작성해 주세요.

3. 본 수업에서 배우고 경험한 것을 이후에 어떻게 활용할 것입니까? (공부, 생활, 진로 등 자유롭게 기술)

4. 우리 팀이 ① 성공적인 성과를 얻었다고 생각한다. (   ) ② 성공적이지 않은 성과를 얻었다고 생각한다.(   ) (해당한다고 생각하는 쪽에 ○표를 해 주세요.)
   위와 같이 생각한 이유는 무엇입니까? (구체적으로 진술하세요.)

5. 토론으로 이루어진 본 수업에 대한 의견을 제시해 주세요.

강점	개선이 필요한 점	건의사항

이처럼 성찰저널이 토론수업에 대한 질적인 평가의 도구로서 활용될 수 있다면 〈표 9-6〉은 보다 계량적으로 토론수업을 평가할 수 있는 도구의 한 예시를 보여 주고 있다. 이러한 계량적인 평가도구는 여러 학기에 걸쳐 지속되는 토론수업에 대한 학습자들의 객관적인 평가의 수준을 확인할 수 있다는 장점이 있다. 또한 수업의 설계, 교사의 역할, 사회자, 토론자, 청중, 결과 정리 등 토론수업의 구성요소를 중심으로 구조화된 평가를 통해 상대적으로 잘된 점과 그렇지 않은 점을 확인하여 이후의 토론수업을 개선할 근거를 마련할 수 있다.

〈표 9-6〉 토론수업 평가도구

문항			전혀 그렇지 않다	그렇지 않다	보통 이다	그렇다	매우 그렇다
설계	수준	토론주제가 학습자 수준에 적절하다.					
	내용	찬성과 반대의 입장을 취할 수 있는 주제이다.					
	시간	주어진 시간 안에 운영 가능하도록 설계되었다.					
교사의 역할	환경 구축	교실 환경(좌석배치 등)은 토론수업을 위해 준비되었다.					
	토론 안내	토론 절차와 참여자들의 역할에 대해 안내하였다.					
사회자	토론 진행	사회자가 토론 진행(시간 엄수, 중립)을 잘 수행하였다.					
토론자	주제	토론자가 토론주제에 대해 잘 인지하였다.					
	방법	토론자가 토론방법에 대해 잘 인지하였다.					
	팀워크	토론 시 팀워크가 잘 이루어졌다.					
	근거 준비	토론자가 적절한 근거를 가지고 자신의 의견을 주장하였다.					
	태도	토론자들이 토론에 적극적으로 참여하였다.					
청중	태도	청중은 토론 과정에 관심을 가지고 주의 집중하였다.					
	평가	청중은 토론 내용에 대해 적절한 평가 의견을 제시하였다.					
결과 정리	정리	교수자가 토론에서 다루어진 주요 내용을 정리, 제시하였다.					
	피드백	토론 내용 및 방법에 대한 피드백이 잘 이루어졌다.					

토의 · 토론을 포함하는
교수 · 학습 방법

토의와 토론은 수업에서 독립적인 교수 · 학습 방법으로도 활용하지만, 강의와 병행하거나 문제중심학습, 액션러닝 등의 문제해결형 교수 · 학습 방법 내에 포함되기도 한다. 따라서 토의 · 토론뿐만 아니라 다른 교수 · 학습 방법들에 대해 잘 이해한다면 수업의 목적에 맞는 토의와 토론 방법을 선택하고 운영하는 데 도움이 될 것이다. 또한 문제해결형 교수 · 학습 방법으로 수업을 운영하는 경우에는 문제해결 과정 중 학습자들의 논의와 협력이 필요한 단계에서 앞서 소개한 다양한 토의 · 토론방법을 적절하게 적용할 수 있을 것이다. 이 장에서는 토의 · 토론활동을 포함하고 있는 교수 · 학습 방법 중 문제중심학습, 액션러닝, 플립드러닝의 주요 특성을 안내할 것이다.

1. 문제중심학습[1]

1) 문제중심학습의 정의 및 문제의 역할

문제중심학습(Problem Based Learning: PBL)은 문제를 활용하여 학습자 중심으로 학습을 진행하는 교수 · 학습 방법이다(Barrows & Myers, 1993). 전통적인 수업에서는 개념이나 원리를 학습한 후에 문제가 제시된다. 다시 말해, 전통적인 수업에서는 학습할 개념이나 원리를 소개한 다음, 학습이 제대로 이루어졌는지 확인하기 위한 방법으로 문제(연습문제)가 주어진다. 하지만 문제중심학습에서는 학습을 시작하기 위한 방법으로 문제가 제시된다. 즉, 학습이 시작되는 출발점에서 문제가 제시되는 것이다. 또한 전통적인 수업에서 다루어지는 문제는 한두 개의 사실적 지식이나 원리를 적용하는 단순한 문제이다. 이 문제들은 개념이나 원리를 이해했는지를 점검하기 위해서 사용되는 것이므로 대부분 정답을 가지고 있다. 하지만 문제중심학습에서 제시되는 문제는 학습해야 하는 내용을 모두 포괄하는 광범위한 문제, 즉 여러 개의 개념과 원리가 복합적으로 작용하는 복잡한 문제이다. 따라서 하나의 정답이 존재하기보다는 다양한 해결책이 존재한다.

2) 문제중심학습의 주요 특성

문제제시로부터 시작하는 문제중심학습의 주요 특성을 정리하면 다음과 같다 (최정임, 장경원, 2015).

(1) 문제중심학습에서는 문제로부터 학습이 시작된다

문제중심학습에서는 문제가 제시되고, 그 문제를 해결하기 위한 활동으로 학

---

[1] 문제중심학습에 대한 내용은 최정임, 장경원(2015)의 『PBL로 수업하기』에서 발췌한 것이다.

습이 시작된다. 따라서 학습자들이 문제를 이해하고 학습의 당위성을 인식할 수 있도록, 문제중심학습에서는 실생활에서 경험할 수 있는 사실적이고 실제적인 (authentic) 문제가 사용된다. 이는 실제로 그 교과 영역의 전문가가 직업인으로 서 접하게 되는 문제이다. 이러한 실제적인 문제를 통해서 학습자는 문제를 해 결해야 하는 상황을 이해하고, 문제해결의 당위성에 공감하며, 문제해결이 자신 의 경험과 관련된 것이라고 느끼게 된다. 결과적으로 이러한 실제적인 문제의 해결을 통해 학습자는 학습 내용과 관련된 전문가의 사고를 경험하고, 그 지식 과 관련된 전문 직업을 이해하게 된다(Dunlap, 2005).

(2) 문제중심학습은 학습자 중심의 학습 환경이다

　문제중심학습에서는 교수자의 일방적인 강의가 아니라 학습자의 활동을 통해 학습이 진행된다(Barrows, 1996). 따라서 학습자는 스스로가 자신의 학습에 대한 책임을 져야 한다. 자신이 해결해야 하는 문제를 이해하고 관리하기 위해 무엇 을 알아야 하는지 확인하고, 필요한 정보를 어디서 얻어야 하는지 결정해야 한 다. 이를 통해 학습자는 문제를 해결하는 과정을 통해 관련된 개념과 원리를 배 우며, 필요한 정보를 수집, 분석, 처리하는 능력을 기르게 된다. 궁극적으로 수 집된 정보를 종합하고 정리함으로써 문제해결 능력을 기르게 된다. 이러한 과정 을 통해 학습자는 개별화된 학습을 하게 되고, 학습 과정과 결과에 대해 주인의 식(ownership)을 갖게 된다.

(3) 문제중심학습에서는 팀 활동을 중심으로 학습이 진행된다

　문제중심학습에서의 문제해결 과정은 팀 활동으로 이루어진다. 초기의 의과 대학에서 진행된 문제중심학습 활동은 5~8명의 학습자가 팀을 이루어 학습을 진행하고, 팀별로 배정된 교수자가 각 팀의 진행을 도와주었다. 교수자는 각 팀 구성원들의 활동을 점검하고 촉진하며, 피드백을 제공하는 역할을 담당하였다. 또한 문제중심학습에서는 팀 활동과 함께 개별학습이 이루어진다. 학습자는 팀 활동에서 팀원들과 함께 문제를 분석하고, 문제해결에 필요한 절차와 방법을 논의하며, 문제해결을 위해 필요한 자료를 수집하고 이해하기 위한 역할분담을 한다. 역할분담에 따라 개별적으로 주어진 학습과제를 학습한 후에는 다시 팀원들이 모여 학습한 내용을 발표하고, 논의하며, 최종 해결안을 모색한다. 개별학습은 자신이 맡은 학습과제를 학습하고 팀원들과 공유하는 과정으로 이루어진다.

(4) 문제중심학습에서는 자기주도적 학습을 통해 새로운 지식을 습득한다

문제중심학습에서는 팀 활동뿐만 아니라 자기주도적 학습도 함께 요구한다. 학습자 중심 학습의 특성상 학습자는 스스로의 학습과 연구 과정에서 새로운 지식을 습득하고, 전문성을 축적해 나가도록 기대된다. 이 또한 실제 전문가들이 참여하는 활동이기도 하다. 자기주도적 학습을 통해 학습자는 스스로 새로운 정보를 얻고, 학습하는 전문성을 지니게 되며, 문제해결 과정에 적극적으로 참여하게 된다. 학습자는 스스로 얻은 정보를 팀 활동을 통해 다른 팀원들과 교환하고 자신의 학습 결과에 대해 함께 논의하고 비교하면서 학습 결과를 수정 · 보완하게 된다. 자기주도적 학습은 팀 학습에 의해 개별학습자의 학습이 소홀해지는 것을 방지할 뿐 아니라 팀의 학습능력을 배가시킨다. 궁극적으로는 전문학습인, 평생학습자로서의 능력을 개발하게 한다.

(5) 문제중심학습에서는 교수자가 '학습진행자 또는 촉진자' 역할을 한다

문제중심학습에서는 교수자를 팀 활동을 촉진해 주는 촉진자(tutor)라고 부른다. 일반적으로 교수자는 강좌의 교수자일 수도 있고, 교수자와는 별도로 팀 활동을 도와주는 수업 보조자일 수도 있다. 어떤 형태이든 교수자의 역할은 일방적인 강의를 통해 지식을 전달하는 것이 아니라 학습자로 하여금 문제를 더 잘 이해하고 학습을 효과적으로 수행할 수 있도록 필요한 질문을 제기하여 학습을 촉진하는 것이다(Barrows, 1988). 이러한 교수자의 역할은 전통적인 강의에 익숙한 교수자에게는 낯선 기능이다. 일반적인 교수자들은 학습자의 생각을 묻거나 그들의 아이디어를 도출하기 위한 질문을 하기보다는 일방적인 정답을 제시하는 경향이 있다. 또한 끊임없이 무언가를 가르쳐야 한다는 부담감이 있고, 수

업의 주도권을 빼앗기는 것에 대해 불안을 느낀다. 그러므로 효과적인 교수자의
역할을 수행하기 위해서는 훈련이 필요하다.

　문제중심학습에서는 내용 전문가뿐만 아니라 비교과 전문가를 교수자로 활용
하기도 한다. 이는 교과 전문가의 능력보다 촉진자의 능력이 더 요구됨을 반영
하는 것이다. 하지만 교과 전문가이면서 촉진자의 능력을 겸비한 교수자가 이상
적이라는 것은 논의의 여지가 없다.

3) 문제중심학습의 절차

　문제중심학습의 형태와 절차는 적용하는 대상과 기관의 특성, 학습목표, 교과
등에 따라 달라질 수 있다. 하지만 모든 문제중심학습 활동은 [그림 10-1]과 같이
문제 제시, 문제 분석 및 학습과제 도출, 문제해결을 위한 자료 수집, 문제 재확인
및 해결안 도출, 문제해결안 발표, 학습 결과 정리 및 평가의 여섯 단계로 정리될
수 있다.

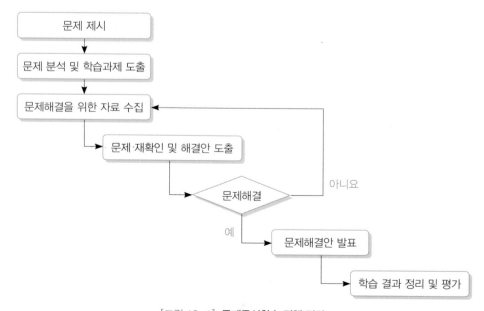

[그림 10-1] **문제중심학습 진행 절차**

(1) 문제 제시

문제중심학습의 첫 번째 단계는 해결해야 할 문제를 제시하는 것이다. 교수자는 수업에 사용할 문제를 미리 준비해 수업시간에 학습자에게 제시한다. 문제중심학습에서의 문제는 텍스트뿐만 아니라 비디오, 모의실험, 역할극, 컴퓨터 시뮬레이션 등 다양한 형태로 제시될 수 있다(Barrows, 1988). 이 문제는 학습자에게 학습을 위한 관련성과 동기를 제공한다. 문제를 이해하기 위한 시도를 통해서 학습자는 그들이 전공 영역에서 무엇을 학습해야 하는지 알게 되고, 학습활동에 대한 주인의식을 갖게 된다. 그러므로 문제는 실재에서 경험할 수 있는 것과 같은 방법으로 제시되어야 한다. 예를 들면, 의과대학에서 학습자에게 환자를 진찰하는 문제 상황을 주는 경우, 환자에게 질문하고, 필요한 검사를 수행하고, 실험실 테스트를 하는 등 문제해결에 필요한 모든 활동을 하고, 각 활동에 대한 결과물을 얻을 수 있도록 해야 한다. 또한 문제를 해결하고 나면 최종적으로 어떤 과제를 제출해야 하는지에 대한 안내도 제공되어야 한다.

(2) 문제 분석 및 학습과제 도출

문제가 제시되면 학습자는 해결해야 하는 문제가 무엇인지를 확인하고, 해결안을 찾기 위한 방법을 모색해야 한다. 이 단계에서 학습자는 팀별로 문제를 확인하고, 문제에서 요구되는 해결안이 무엇인지를 파악하기 위해 문제를 상세히 검토한다. 문제해결을 위해서 학습자들은 〈표 10-1〉과 같이 크게 '생각' '사실' '학습과제' '실천계획'의 네 단계를 거치면서 문제를 검토하고 학습과제를 도출한다(Barrows & Myers, 1993).

'생각(ideas)'은 문제에 대해 이해하고, 문제의 원인, 결과, 가능한 해결안에 대한 학습자들의 가설이나 추측을 검토하는 것이다. 초기의 의과대학 문제중심학습 모델에서는 환자의 증상에 대한 가설을 설정하고, 그 가설을 검증해 가는 단계로 문제중심학습이 진행되었다. 가설 설정이 바로 '생각' 단계가 된다. 하지만 의학이나 과학처럼 가설 수립에서 문제해결 과정이 시작되지 않는 교과 영역(예: 사회과학)에서는 문제를 접한 초기에 가설을 설정하는 것은 매우 어려울 뿐

〈표 10-1〉 문제 분석 및 학습과제 도출 단계에서 이루어지는 내용

생각	사실	학습과제	실천계획
• 주어진 문제에 대한 이해 내용(중요하게 고려해야 하는 것, 요구사항, 결과물 등) • 해결안 도출과 관련된 가설, 추측들 • 문제해결에 도움이 되는 모든 생각(아이디어들)	• 문제에 제시되어 있는 내용 중 문제해결을 위해 중요하게 고려해야 할 사실들 • 문제해결안을 도출하는데 도움이 되는 학습자들이 이미 알고 있는 사실들	• 문제해결을 위해 학습해야 할 내용	• 도출된 학습과제에 대한 자료 수집 및 학습계획(역할 분담, 정보 및 자료검색 방법, 시간계획 등)

만 아니라 전문가적 사고의 흐름과도 일치하지 않을 수 있다. 따라서 이 경우에는 문제에서 무엇을 요구하고 있으며, 학습자가 해결해야 할 문제가 무엇인지, 그 결과물은 어떤 형태가 될 수 있는지 등 문제를 이해하는 데 필요한 아이디어를 검토할 수 있다.

'사실(facts)'은 두 가지 측면에서 검토가 가능하다. 즉, 문제에 제시된 중요한 사실과 학습자가 이미 알고 있는 문제해결과 관련된 사실을 확인하는 것이다. 먼저 문제에 제시된 사실을 검토하는 것은 문제를 명확히 이해하고, 문제에서 빠진 중요한 단서가 무엇인지를 파악하는 데 도움이 된다. 중요한 것은 여기에서 확인할 사실은 문제를 구성하는 모든 사실이 아니라 문제해결을 위해 필요한 사실이라는 점이다. 즉, 생각(ideas) 단계에서 해결해야 할 문제가 파악되면, 문제 상황에 제시된 그 문제를 해결하기 위해 필요한 사실과 단서가 무엇인지를 파악하는 것이다. 예를 들어, 환자의 증세가 감기라는 가설이 세워지면 문제에서 어떤 사실이 감기와 관련된 증상인지를 확인하는 것이다.

문제에서 제시된 사실에 대해 확인이 끝나면, 이와 관련하여 학습자가 이미 알고 있는 사실을 검토할 수 있다. 예를 들면, 감기 증상에는 문제에서 제시된 환자의 증상 이외에 어떤 것이 있는지 학습자가 알고 있는 사실을 확인하는 것이다. 학습자가 이미 많은 것을 알고 있다면 학습해야 할 과제가 줄어들 수 있고, 문제의 사실을 확인하기 위해서 어떤 추후활동이 필요한지(예를 들면, 어떤 검사

가 필요한지)도 결정할 수 있다.

'학습과제(learning issues)'는 문제를 해결하기 위해 학습자가 조사 · 학습할 필요가 있는 학습 내용을 말한다. 이것은 앞부분의 '사실' 확인 단계와 연결된다. 문제에서 제시된 사실이 확인되면 자연스럽게 문제해결을 위해 조사해야 할 과제가 도출되기 때문이다. 또한 학습자가 문제와 관련된 지식을 이미 많이 가지고 있다면 그만큼 학습과제가 줄어들 수 있다. 실질적으로 학습과제 도출은 문제중심학습에서 가장 핵심적인 요소다. 이 과정을 통해 학습자는 그 강좌에서 무엇을 학습해야 하는지 알 수 있으며, 그 문제가 어떻게 자신의 학습에 영향을 주는지 깨달을 수 있기 때문이다. 또한 학습과제는 문제해결과 직접적인 관계를 가지고 있기 때문에 교수자는 학습자가 학습과제를 잘 도출할 수 있도록 도움을 제공해야 한다.

마지막으로 '실천계획(action plan)'은 문제를 해결하기 위해 학습자가 이후에 필요한 자료를 누가 어떻게 수집 · 학습할지 계획하는 것이다. 실천계획은 역할분담과 자료 검색방법, 시간계획 등을 포함할 수 있다. 일단 학습과제가 도출되면 누가 특정한 학습과제를 학습할 것인지 역할분담을 해야 한다. 이 역할분담에 따라서 학습자는 개별 학습계획을 세우게 된다. 또한 분담된 학습과제는 어떤 방법을 통해 학습할 수 있는지를 확인할 필요가 있다. 예를 들면, 환자의 증상을 좀 더 알아보기 위해 X-Ray 검사 결과를 검토하거나 혈액검사 결과를 살펴볼 수도 있고, 의학사전에서 환자의 증상과 유사한 사례를 찾아볼 수도 있다. 역할분담 후에는 다음 팀 모임 일정을 수립한다.

이러한 문제 분석 및 학습과제 도출 과정이 끝나면 팀 구성원들은 계획에 따라 각자 개별학습을 진행하게 된다.

┌───┐

Teaching Tips 문제중심학습의 문제와 문제 분석 결과 예시

└───┘

학습자들에게 문제가 주어지면 학습자들은 팀별로 모여 문제를 분석한다. 즉, 자신이 해결해야 할 문제가 문제인지, 해결안으로 무엇을 어떻게 해결해야 하는지, 무엇을 알아야 문제에서 원하는 결과물을 도출할 수 있을지에 대한 것이다. 다음의 사례를 통해 생각, 사실, 학습과제, 실천계획의 단계로 구성된 문제분석 과정을 살펴볼 수 있다.

문제

> 혁신도시 ○○시에 새로운 초등학교가 설립될 것입니다. 이 학교는 유치원을 포함하여 600명 정도의 아이들을 수용할 것이며, 학교 건립에 필요한 돈은 약 1,000억 정도가 예상되며, 이 중에서 0.15%는 아이들 놀이터를 건축하는 데 사용될 예정입니다. 학교공간디자이너인 당신은 일주일 후에 담당 건축설계사에게 주어진 예산 안에서 어떤 놀이기구가 들어가면 좋을지 알려 주어야 합니다. 물론 그 놀이터에는 유치원에서부터 시작하여 6학년 아이들까지 모두 사용할 수 있는 놀이기구가 있어야 합니다.

문제 분석 및 학습과제 도출 결과

생각	(이미 알고 있는) 사실	학습과제	실천계획
• 학교 놀이터 면적 조사 • 아이들이 즐겨 하는 게임 종류 및 인기 있는 놀이기구 종류 • 다른 학교의 경우 소요된 비용 내역 • 제안서 형식 꾸미기 • 누구에게 제안서를 제출할 것인가?	• 학생 수용력: 600명 • 유치원생부터 6학년 학생까지 사용할 것임 • 사용 가능 예산: 1억 5천만 원 • 옆 학교 놀이터와 ○○○○ 놀이터가 매우 모범적인 경우임 • ○○부속초등학교–저학년, 고학년 놀이터 구분	• 학교 놀이터 모양 및 면적 조사 • 아이들이 즐겨 하는 게임 종류 및 인기 있는 놀이기구 종류, 가격, 재질 • 연령대별 발달 상황 • 제안서 형식 꾸미기 • 좋은 놀이터의 주요 특성 • 필요한 놀이 및 활동	• 해당 교육지원청 및 구청 담당자(전지원) • 인근 학교 재학생 대상 설문조사 및 놀이기구 업체에 문의(김철수, 박영수) • 청소년 관련 전문서적(최지현, 권혁수) • 해당 교육지원청 • 인터넷 검색(최지현) • 인터넷 검색 및 교육지원청 문의(김재범) • 청소년 관련 전문서적(최지현, 권혁수)

(3) 문제해결을 위한 자료 수집(자기주도학습)

문제 분석 및 학습과제 도출을 위한 팀 활동이 끝나면 문제해결을 위한 자료와 정보를 수집한다. 이러한 자료 수집은 팀 구성원 각자가 자신에게 주어진 학습과제를 해결하는 개별학습(자기주도학습)으로 이루어진다. 일반적으로 개별학습은 문제의 규모에 따라 2~3일이 걸릴 수도 있고, 1~2주가 걸릴 수도 있다. 학습자는 이 과정을 통해 자기주도적으로 정보를 찾고, 지식을 학습하는 평생학습 능력을 기른다.

개별학습 과정에서 학습자가 활용하는 자료는 전공서적, 인터넷, 학술지 논문, 비디오와 같은 매체뿐만 아니라 동료, 선배, 전문가와의 면담 같은 인적 자료도 포함된다. 이때 다양한 자료를 수집 · 활용하는 것도 중요하지만 주어진 시간에 효과적인 자기주도학습 결과를 만들어 내야 한다. 따라서 학습자가 자기주도학습능력이 부족할 경우에는 교수자에 의한 중재 및 훈련이 필요하다.

학습자의 개별학습을 중재하는 방법으로는 교수자가 학습자가 참고할 수 있는 자료의 예를 제시해 주거나 도움을 줄 수 있는 동료나 선배, 전문가와의 만남을 주선하는 방법이 있다. 또한 학습자의 학습과정을 살펴본 후 참고자료의 적절성, 학습과정의 적절성 등에 대한 피드백을 제공할 수도 있다.

(4) 문제 재확인 및 해결안 도출

이 단계에서는 문제 제시 단계에서 확인된 자료를 중심으로 문제에 대한 재평가를 실시한다. 학습자는 개별학습을 한 다음, 다시 팀별로 모여 각 개인이 학습한 결과를 발표하고, 의견을 종합하여 문제 분석 및 학습과제 도출 단계에서 정리한 생각, 사실, 학습과제, 실천계획의 사항을 재조정하게 된다. 이 과정에서 동료의 학습 결과를 청취하고, 자신의 학습 결과와 비교해 봄으로써 자연스러운 학습이 발생하게 된다. 또한 이 단계는 확인된 자료를 중심으로 문제를 재평가하여 최적의 진단과 해결안을 도출하게 된다. 만약 이 과정에서 최종 해결안이 도출되지 못하면, 새로운 학습과제를 추가 도출하고 최종 해결안에 도달할 때까지 반복하여 문제 재확인 과정을 진행할 수 있다.

(5) 문제해결안 발표

문제 재확인 단계를 통해 팀별로 최종 문제해결안이 만들어지면 수업시간에 각 팀별로 준비한 문제해결안을 발표한다. 이 발표 단계에서는 팀별로 진행된 공동 학습 결과 및 최종 결론을 전체 학습자들에게 발표ㆍ공유하여 자기 팀과 다른 팀의 문제해결안을 비교한다. 또한 전체 토의를 통해 최종 해결안을 모색하기도 한다. 전체 팀의 수가 적다면 모든 팀이 문제해결안을 발표할 수도 있지만, 만약 그 수가 많다면 몇몇 팀만 하는 방법도 있다. 발표할 팀을 정하는 방법은 무작위로 돌아가며 하거나 과제를 미리 점검한 후 가장 잘한 두세 팀이 발표를 하게 할 수도 있다. 이 경우에는 학습자들의 선의의 경쟁심을 유발시켜 다음 과제에 더욱 열심히 하게 하는 동기를 유발시키고, 우수 사례를 접함으로써 자신의 과제와 비교, 학습하는 계기를 제공할 수도 있다.

(6) 학습 결과 정리 및 평가

마지막 단계는 문제중심학습 결과를 정리하며 학습 결과 및 수행에 대한 평가를 실시하는 단계다. 학습자는 학습 결과의 발표를 통해 공유된 문제해결안을 정리하고, 교수자는 문제해결안의 주요 내용과 문제를 통해 학습해야 하는 주요 개념을 요약, 정리하거나 필요한 경우 간단한 강의를 제공할 수 있다. 학습 결과의 평가는 팀별로 제시된 문제해결안에 대한 교수자의 평가, 학습자들 스스로가 자신의 학습 수행을 평가하는 자기평가, 동료에 의한 동료평가 등이 사용될 수 있다.

학습 결과 정리가 끝난 후 학습자에게 성찰일지를 작성하게 하는 것도 좋은 평가방법이 된다. 성찰일지는 학습자에게는 학습 내용을 정리하고, 배운 내용을 점검하는 계기가 되며, 교수자에게는 학습자의 학습 내용 및 과정을 평가하는 자료가 된다. 성찰일지는 문제가 해결될 때마다 작성하게 할 수도 있고, 매 수업이 끝난 후 작성하게 할 수도 있다. 매 수업이 끝난 다음에 성찰일지를 작성하는 경우는 교수자가 학습자의 학습과정에 대해 피드백할 수 있는 좋은 자료가 된다.

2. 액션러닝[2]

1) 액션러닝의 정의 및 구성요소

액션러닝(Action Learning)이란 과제 해결을 위해 모인 구성원들이 실제 과제를 해결하거나 해결방안을 도출하는 과정에서 질문과 성찰을 통해 학습이 이루어지는 과정이다. 액션러닝을 제안한 Revans는 『Action learning: New techniques for management』(1980) 첫 장에서 'L = P+Q'라는 공식을 소개하였다. L은 학습(Learning), P는 프로그래밍(Programming), Q는 질문(Questioning)이다. 이 공식은 학습이 이루어지기 위해서는 반드시 질문이 이루어져야 함을 보여 준다. 이후 Marquardt는 Revans의 공식을 'L = P+Q+R'로 확장하였다. R은 성찰(Reflection)이다. 새롭게 추가된 요소인 성찰은 현재의 문제, 바람직한 목표, 전략 수립, 취해야 할 행동계획 수립, 계획의 실행 등을 고려할 때 깊은 성찰을 할 수 있도록 해야 함을 강조하는 것이다(Marquardt, Leonard, Freedman, & Hill, 2009). 'L = P+Q+R'에는 액션러닝의 철학과 과정이 모두 포함되어 있다. 즉, 실제 과제를 해결하기 위해 스스로 자료를 찾아 공부하고 그 과정에서 많은 질문과 답변, 그리고 성찰이 이루어졌을 때 진정한 학습이 이루어질 수 있다는 것이다.

액션러닝의 본질을 추구하기 위해서는 이를 구성하는 요소가 충족되어야 한다. 학자에 따라 액션러닝의 구성요소를 다양하게 제시하고 있지만, Marquardt가 제안한 구성요소가 가장 보편적으로 활용된다. Marquardt는 액션러닝의 주요 구성요소를 과제, 학습 팀, 실행의지, 지식 습득, 질문·성찰·피드백, 러닝코치 등 여섯 가지 요소로 제시하였는데, 구성요소 각각의 특징은 다음과 같다.

첫째, 과제이다. 액션러닝의 가장 중요한 특징 중 하나는 교육에 참가하는 개

---

2) 액션러닝에 대한 내용은 장경원, 고수일(2014)의 『액션러닝으로 수업하기』에서 발췌한 것이다.

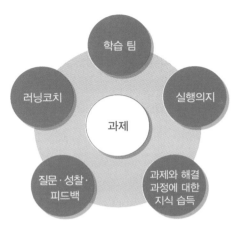

[그림 10-2] 액션러닝의 여섯 가지 구성요소

인 또는 팀이 실제 과제를 다룬다는 점이다. 과제는 조직에서 꼭 해결해야 할 중대하고 난해한 과제여야 하며, 가상으로 만든 과제가 아니라 중요하고 실존하는 실제 과제여야 한다. 과제의 유형은 팀이 하나의 과제를 다루는 팀 과제방식(single project)이 일반적이지만, 구성원 각자가 과제를 가지고 와서 팀원들의 도움을 받으며 해결하는 개인 과제방식(open group project)으로 액션러닝이 이루어질 수도 있다.

둘째, 학습 팀이다. 실제 과제는 팀원들이 함께 해결한다. 과제를 해결할 학습 팀은 4~8명으로 구성하며, 학습 팀을 구성할 때는 과제와 과제 해결에 대한 창의적 접근이 가능하도록 다양한 시각과 경험을 가진 사람들이 다양하게 혼합될 수 있도록 한다. 이때 한두 사람이 팀의 활동을 주도하는 것을 방지하고, 토의와 비판이 자유롭게 이루어질 수 있도록 해야 하므로 가능하다면 구성원의 능력 수준이 비슷하게 팀을 구성하는 것이 바람직하다(Marquardt et al., 2009). 흥미로운 것은 액션러닝 방식의 수업에 참여한 학습자들은 능력보다도 구성원이 팀에 얼마나 성실하게 참여하는지가 더 중요하다고 말한다는 점이다(장경원, 성지훈, 2012).

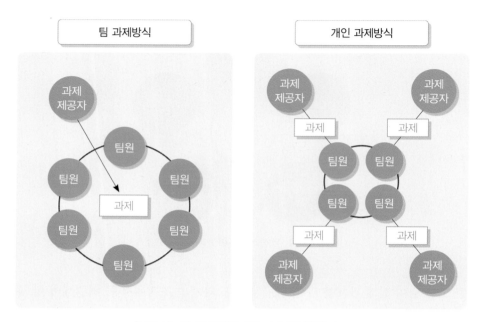

[그림 10-3] 팀 과제와 개인 과제 운영방식 비교

구성된 학습 팀은 [그림 10-3]과 같이 하나의 과제를 해결할 수도 있고, 팀 구성원 각자가 다른 과제를 해결할 수도 있다. 팀이 하나의 과제를 해결하는 것을 팀 과제방식이라 하는데, 이 방식이 액션러닝이 이루어지는 가장 보편적인 형태이다. 팀 구성원들이 각자의 개인 과제를 가지고 와서 팀 구성원들의 도움을 받으며 과제를 해결하는 것을 개인 과제방식이라 하는데, 액션러닝이 이루어지는 상황에 따라 팀 과제방식과 개인 과제방식 중 선택할 수 있다. 물론 반드시 팀 과제와 개인 과제 중 한 가지를 택해야 하는 것은 아니다. 두 방법을 혼합하여 팀 내에서 소집단을 구성하여 2~3개의 과제를 해결할 수도 있다. 팀에서 하나의 과제를 함께 해결하거나 각자 자신의 과제를 해결하는 것 모두 팀이나 개인에게 의미 있고 중요한 학습의 기회가 되는데, 이때 각각의 경우가 갖는 장단점이 있으며 과제의 주제나 범위도 달라진다. 따라서 액션러닝 프로그램 설계 단계에서 과제의 범위 그리고 어떠한 방식으로 과제를 다룰 것인가를 결정해야 한다.

셋째, 실행의지이다. 액션러닝의 가장 큰 특징은 실패의 위험이 있는 실제 과제의 궁극적·실질적 해결을 전제로 한다는 것이다. 과제를 해결하기 위해서는 실천이 필요하므로 실행의지가 액션러닝의 핵심 구성요소에 포함된다. 학습 팀에서 개발한 해결안이 실행으로 연결될 수 있다는 것은 학습 팀으로 하여금 더욱 열정적이고 창의적으로 과제 해결을 위해 노력하려는 동기를 유발한다. 또한 실행을 통해 자신이 제안한 해결안에 대한 다양한 질문과 의미 있는 성찰을 함으로써 진정한 학습이 이루어질 수 있다.

넷째, 과제와 해결과정에 대한 지식 습득이다. 지식의 종류에는 과제의 내용과 관련된 지식, 과제해결 과정과 관련된 지식이 있다. 액션러닝 과정에서 익힐 수 있는 과제해결 과정과 관련된 지식으로는 다양한 과제해결 기술, 팀 리더십, 커뮤니케이션 기술, 프레젠테이션 기술, 프로젝트 매니지먼트, 갈등관리, 회의 운영 기술, 팀 학습 기술 등이 있다.

다섯째, 질문과 성찰 그리고 피드백이다. 액션러닝이 다른 학습방법과 구별되는 것은 과제를 해결하는 과정에서 학습이 이루어진다는 것이다. 이때 전통적인 방식인 설명이나 시범과 같이 교수자가 주도하여 학습이 이루어지는 것이 아니라, 학습 팀이 과제를 해결하기 위해 과제의 본질과 효과적으로 과제를 해결할 수 있는 방안에 대해 스스로 탐구하고 질문 및 성찰하는 과정에서 학습이 이루어진다. 앞서 말한 것처럼 액션러닝에서의 학습은 지식에 질문과 성찰이 더해지면서 이루어진다. 이는 과제 내용, 즉 프로그램화된 지식에 경험을 토대로 현장에서의 실행과 이에 대한 질문 및 성찰과정을 통해 학습이 이루어진다는 의미이다.

여섯째, 러닝코치이다. 러닝코치란 학습 팀의 과제 수행과 학습이 효과적으로 이루어지도록 개입하는 사람으로서 집단에서 다루는 토의주제에 대해 중립을 취하며, 의사결정을 할 수 있는 공식적인 권한은 부여되지 않은 사람을 말한다. 러닝코치는 학습 팀이 과제를 명확히 정의하고 타당한 과제 해결 방법을 탐색하여 올바른 의사결정을 할 수 있도록 도움을 제공한다. 동시에 학습 팀원들이 과제를 해결하는 데 필요한 효과적인 질문과 피드백, 성찰을 통해 과제 해결의 내용 측면뿐만 아니라 과정 측면에서도 학습이 이루어지도록 도와주는 역할을 한다.

2) 액션러닝의 주요 절차

액션러닝은 기본적으로 경험을 통한 학습이다. 액션러닝은 실제 과제(문제)를 해결하기 위해 현장의 자료를 수집, 분석, 적용한다(O'neil & Marsick, 2007). 과제를 해결하는 과정이 한 가지로 정해져 있지는 않지만, 앞서 제7장에서 소개한 [그림 10-4]와 같은 문제해결 과정을 거친다.

[그림 10-4] 문제해결 과정

첫째, 과제(문제) 명확화란 우리가 해결해야 할 과제의 범위와 구체적인 내용, 그리고 최종 해결안의 형태 등을 정의하는 것이다. 과제를 명확하게 정의하면, 이후의 자료 및 정보 수집 단계에서 무엇을 해야 할 것인지 명확해진다. 과제를 명확하게 하기 위해서는 요구사항 또는 당면 과제가 무엇인지를 파악해야 한다. 해결해야 하는 과제나 요구가 명확한 경우도 있지만, 당사자와의 면담 등을 통해 명확화해야 할 때도 있다. 어떤 경우든 과제의 목표와 배경, 과제가 해결되었을 경우의 효과 등을 구체화하는 것이 필요하다.

둘째, 과제(문제) 해결을 위한 자료 수집 및 분석은 과제를 해결하기 위해 필요한 자료를 수집, 정리, 분석하는 것이다. 과제의 범위와 결과물에 대한 명확한 방향이 세워지면 결과물 산출을 위한 연구를 하게 된다. 이때 가장 먼저 할 일은 연구 계획을 세우는 일이고, 계획에 따라 자료와 정보를 수집한다. 과제 해결에 필요한 자료와 정보는 문헌 조사, 인터뷰, 관찰, 실험 등 다양한 방법으로 수집할 수 있다.

셋째, 과제(문제)해결안 개발과 타당성 검증이란 수집, 분석된 자료를 토대로 과제에서 요구하는 해결안을 도출하고 그 아이디어가 타당한지 검증하는 것이다. 연구활동을 통해 자료와 정보가 수집되면, 이를 바탕으로 해결안을 도출해야 한다. 이 과정에서 아이디어 개발은 앞서 설명한 다양한 아이디어 발산 기법을 활용할 수 있다. 해결안 개발에서 가장 중요한 포인트는 '구체성'이다. 예를 들어, 과제를 해결하기 위해 누가 누구를 대상으로, 또는 언제부터 언제까지, 누구부터 할 것인가, 무엇을 할 것인가 등을 구체적으로 결정하는 것이 바람직하다. 해결안을 도출한 후에는 그것이 타당한지 검증해야 한다. 과제 해결안의 타당성을 검증하는 방법은 다음의 네 가지 정도의 방법을 사용할 수 있다.

가장 좋은 방법은 그 방안을 직접 실천한 후 바람직한 결과가 나왔음을 보여 주는 것이다. 그러나 여러 이유로 직접 실천하기 어려운 경우에는 파일럿 테스트와 같은 대안적인 방법을 활용한다. 과제의 성격상 해결안을 실행에 옮기는 데 많은 시간과 비용이 필요하다면, 그 방안의 일부를 파일럿 테스트를 통해 실행에 옮긴 다음, 그 결과를 근거로 학습 팀이 도출해 낸 방안이 타당했다고 말할 수 있다. 만약 파일럿 테스트를 수행하는 것이 어렵다면 도출한 해결안을 외부 전문가나 과제 관련자에게 보여 주고 그들의 의견을 수렴하는 방법을 통해 타당성을 검증할 수도 있다. 그러나 이처럼 전문가나 관련자의 의견을 듣는 것조차 어려울 경우에는 과제 해결안에 내포되어 있는 가정이 옳다는 것을 논리적으로 증명한다.

넷째, 최종 결과물 도출 또는 실행 및 평가란 도출된 아이디어를 실행하고 그 결과를 평가하는 것이다. 타당성 검증 결과를 바탕으로 방안이나 결과물을 실행에 옮기게 되면 그 결과물에 대한 정성적·정량적 효과 등을 분석, 평가한다. 실행 또는 최종 결과물을 도출한 후, 학습자들이 그동안의 활동에서 배우고 느낀 점 등을 성찰한다.

액션러닝에서도 이 절차에 따라 과제를 해결한다. 다만, 여러 사람이 함께 과제를 해결하는 것이므로 각 단계에서 보다 효율적, 효과적으로 여러 사람의 의견과 학습 결과를 공유할 수 있는 다양한 도구나 전략을 활용하는 것이며, 과제가 무엇이냐에 따라 각 단계를 표현하는 방식이 조금씩 달라질 수 있다.

액션러닝에서 다루는 과제는 크게 문제해결형, 작품 만들기형, 개인과제형으로 나눌 수 있다. 첫째, 문제해결형 과제란 어떤 상태를 변화(문제를 해결하거나 현재 상태를 변화)시키는 것에 초점을 맞추는 과제로, 에너지 절약, 왕따 없는 학교 만들기, 조직구성원들이 원활하게 소통하기 등이 문제해결형 과제라고 할 수 있다. 둘째, 작품 만들기형 과제란 직접 어떤 것을 제작하거나 개발하는 과제 또는 유형의 결과물을 만들어 외부에 공개하는 데 초점을 맞춘 과제이다. 마을회관 벽화 그리기, 할머니를 위한 자서전 써 드리기, '독도는 우리 땅'에 대한 블로그 운영 등이 대표적이라 할 수 있다. 셋째, 개인과제형이다. 팀원들이 과제 해결을 위해 함께 논의하지만, 팀원별로 각자 해결하거나 하고 싶은 과제를 수행하는 것으로, 몸짱 만들기, 영어성적 올리기 등이 대표적인 과제라 할 수 있다(장경원, 고수일, 2014).

3) 액션러닝에서의 과제

액션러닝은 과제에서 시작한다. 과제를 해결하는 과정에서 학습이 이루어지도록 하는 것이 액션러닝의 핵심이다. 학습자들은 과제해결 과정에서 학습을 하므로 과제는 학습을 위한 의미 있는 기회를 제공해야 한다. 과제가 적절히 어렵고 도전적일수록 학습자의 학습량과 질도 높아질 수 있고 성취감도 크다. 따라서 액션러닝에서 과제의 선택은 매우 중요하다. Marquardt 등(2009)은 액션러닝 과제의 기준으로 중요성, 긴급성, 적합성, 친숙성, 유의미성, 학습기회, 학습 팀의 실행력, 해결안 부재 등 여덟 가지를 들고 있지만, 교수 · 학습 방법으로 액션러닝을 활용할 때는 과제가 다음과 같은 다섯 가지 기준을 충족하는 것이 바람직하다.

▌액션러닝 과제의 다섯 가지 조건

> 1. 학습기회 제공: 학습목표와 부합하는 학습기회를 제공해야 한다.
> 2. 중요성: 과제는 관련된 개인이나 조직에 중요한 것이어야 한다.
> 3. 실제성: 가상이 아닌 실제 문제여야 한다.
> 4. 비구조성: 과제 해결을 위한 접근방법과 해결안이 다양해야 한다.
> 5. 구체적인 결과물: 주어진 기간 안에 성취할 수 있는 유형, 무형의 산출물이 있어야 한다.

※ 출처: 장경원, 고수일(2014).

(1) 학습기회 제공

액션러닝의 과제는 학습목표와 부합하는 학습기회를 제공하는 것이어야 한다. 액션러닝은 과제해결 역량과 대인관계 역량 등 다양한 역량을 개발할 기회를 준다. 그러나 중요한 것은 이 과제가 교수자가 추구하는 학습목표와 부합하는 학습기회를 주는지의 여부이다. 그래서 과제를 수행하는 과정에서 이 과제가 어떤 학습기회를 제공할지에 대해 검토하는 것이 중요하다. 이후에서 언급할 조건인 중요성, 비구조성, 실제성, 구체적인 결과물 등도 학습기회를 높이는 데 공헌하는 요인이다.

(2) 중요성

과제는 그 과제와 관련된 개인, 집단, 조직에 중요한 것이어야 한다. 과제가 중요할수록 학습자들은 더 많은 열정과 관심을 가지고 몰입한다. 과제가 중요하지 않거나 너무 단순하면 학습자들에게 도전감이나 사명감이 생기기 어렵다. 또한 과제가 중요하지 않으면 과제를 마친 후에도 학습자들이 성취감을 갖기 어려울 것이다.

(3) 실제성

액션러닝의 과제는 실제의 것이어야 한다. 실제 과제를 다루는 것은 학습자의 흥미를 유발하는 데도 중요하다. 액션러닝은 실제 상황에서 실존하는 과제를 해결하고 이 과정에서 학습이 이루어진다. 실제 과제는 지식을 단순히 이해하는 것이 아니라, 지식을 활용하도록 요구한다. 또한 실제 과제는 지식이나 기능이 별도로 구분되어 있지 않고 과제가 제시된 맥락 안에서 이해되고 사용된다. 따라서 실제 과제는 과제를 해결해야 하는 정당성과 도전감을 일으키며, 학습자를 더 집중시키기 위한 동기를 유발한다.

과제의 실제성을 갖추기 위한 방법은 다양하다. 반드시 실제 대상의 문제를 해결하거나, 변화시키거나, 창작하는 것만 실제는 아니다. 학습자가 단순히 이론을 암기하는 것이 아니라 외부(학회, 신문, 블로그, 유튜브 등)에 이론을 발표하거나 토의에 참여한다면 실제적인 것이다. 결과물을 교실에서 단순히 발표하는 데 그치지 않고 과제 관련자나 다수의 외부인에게 발표 또는 공개한다면 이 역시 실제 과제가 된다.

(4) 비구조성

액션러닝의 과제는 비구조화된 것이어야 한다. 구조화된 과제는 제한된 특정 상황에서 제한된 수의 개념, 원칙 및 원리의 적용을 요구한다. 구조화된 과제는 초기 상태와 목적 상태가 명확하게 정의되어 있고, 과제 해결을 위한 단일한 해결안과 해결 경로를 가지고 있다.

반면, 비구조화된 과제는 문제와 관련된 상황이나 요소가 분명히 정의되어 있지 않고 과제 해결을 위해 정보가 충분히 포함되어 있지 않은 것을 말한다. 따라서 비구조화된 과제는 다양한 해결안이나 해결 경로를 가지고 있다. 학습자들은 최선의 해결안을 도출하기 위해 노력해야 하고 그 해결안이 다른 대안들보다 우수하다는 점을 증명하고 설득할 수 있어야 한다.

Jonassen(2004)은 교육 및 일상에서 사용되는 문제의 유형을 '구조화'의 정도에 따라 열한 가지 유형으로 구분하였다. 이를 액션러닝의 과제에 적용해 보자. 상대적으로 구조화가 많이 되어 있는 논리적 문제, 연산 문제, 이야기 문제, 규칙 적용 문제와 가장 구조화되지 않은 것으로 분류된 딜레마 문제와 같은 성격을 가진 과제는 액션러닝에서 다루기에는 적합하지 않다고 할 수 있다. 그 나머지

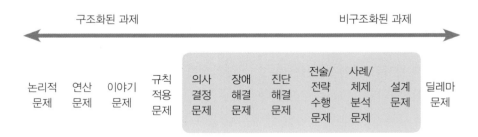

[그림 10-5] **과제(문제)의 유형**

※ 출처: Jonassen(2004).

과제 유형들, 즉 의사결정 문제, 장애 해결 문제, 진단 해결 문제, 전술/전략 수행 문제, 사례/체제 분석 문제, 설계 문제의 성격을 가진 과제가 액션러닝의 과제로 적합하다고 할 수 있다.

(5) 구체적인 결과물

액션러닝의 과제는 구체적인 결과물이 존재해야 한다. 구체적인 결과물이란 유형의 것만을 의미하지는 않는다. '행동의 변화'나 '관계의 변화' 등 변화된 상태나 결과 등 무형의 결과물도 포함하는 개념이다. 액션러닝에서의 학습은 경험과 성찰이 반복되는 과정에서 이루어진다는 점에서 결과물은 중요하다. 학습의 효과는 결과물을 확인할 수 있을 때 높아진다. 구체적인 결과물이 없으면 과제의 성과를 측정하기 어려우며, 그만큼의 학습기회는 줄어들 것이다. 따라서 과제의 결과는 눈에 보이는 것이 바람직하다. 예컨대, '～향상 방안'이라는 제목보다는 '～향상'이라는 결과 중심으로 과제를 정의하는 것이 좋다.

3. 플립드러닝

1) 플립드러닝의 개념 및 특성

플립드러닝(Flipped Learning)은 온라인 학습과 오프라인 학습이 결합된 블렌디드 학습(blended learning)의 한 형태로, 교실수업에서 학습을 보다 효과적으로 돕기 위해 테크놀로지를 활용하여 사전 학습을 하는 수업방식을 의미한다(백영균 외, 2015; 이지은, 최정임, 장경원, 2017; Findlay-Thompson & Mombourquette, 2014). 플립드러닝 형태의 수업을 제안한 Baker(2000)는 수업을 진행하면서 강의 슬라이드를 온라인 사이트에 공개하고 수업 참여자들에게 학습 내용을 미리 학습하도록 하는 방식을 적용하였을 때 수업시간에 학습자들의 참여도와 질문이 양과 질이 증가하는 것을 발견하였다. 이후 Baker는 학습자들의 반응을 조사하여 수업 이전에 교수자가 전달할 내용을 미리 학습해 오는 형태의 수업이 교실수업의 질을 향상시킬 뿐 아니라 학습자들의 긍정적인 반응을 이끌어 낼 수 있음을 확인하였고, 'The classroom flipped'라는 용어를 사용하여 새로운 형태의 교수법을 제안하였다(홍기칠, 2016). Lage, Platt와 Treglia(2000)도 그들이 경험한 수업 사례를 토대로 'Inverted Classroom'이라는 용어를 사용하여 플립드러닝 형태의 수업을 주장하였다. 이들은 대학 수업에서 교수자의 수업양식과 대학생들의 학습양식 간 불일치에서 오는 학습자들의 학습과 관심 저하를 막기 위해 교실수업 방식을 변경할 것을 제안하였는데, 이들이 말한 교실수업 방식의 변경은 전통적으로 교실 안에서 일어나는 일련의 사태(events)가 역으로 교실 밖에서 발생하도록 하는 것이다(이지연, 김영환, 김영배, 2014; 김연경, 2016 재인용).

'플립드러닝'이라는 용어와 교육방식이 교육 분야에 보다 널리 확산된 것은 미국 고등학교 교사인 Bergmann과 Sams가 교수자의 강의를 온라인 형태로 볼 수 있도록 미리 만들어서 학습자들이 볼 수 있게 하고 교실 내에서는 과제를 수행하도록 하는 수업방식을 제안하고 그들의 경험담을 책으로 펴내면서부터이다(홍기칠, 2016). 그들이 제안한 플립드러닝 방식은 교실수업 전에는 강의 영상이나 수업 자료를 온라인으로 학습자들에게 제공하여 스스로 학습하게 하고, 교실수업에서는 사전에 학습한 내용을 기반으로 학습자들이 과제나 문제를 동료 학습자들과의 상호작용 및 토의·토론 혹은 교수자 및 조교의 도움을 받아서 적극적으로 해결하도록 유도하는 학습자 중심의 교육방법을 의미한다(Bates & Galloway, 2012; Bergmann & Sams, 2012). 즉, 플립드러닝은 집합식 교실수업에 동영상이나 멀티미디어 자료를 활용한 온라인 학습을 더하는 블렌디드 학습에 선행학습의 개념을 도입한 것으로, 디지털 도구를 활용해 온라인 선행학습을 하고 오프라인 교실수업에서는 재택에서 학습한 내용을 근거로 토의와 토론, 실제적 과제연습, 문제풀이, 실습 등 학습자 중심의 심화된 학습활동을 수행한다(이지은, 최정임, 장경원, 2017).

동영상 강의 제공과 학습자들의 시청을 가능하게 하는 교육적 테크놀로지와 학습자 활동 중심 학습은 플립드러닝을 구성하는 가장 핵심적인 요소이다(이동엽, 2013; 이지연, 김영환, 김영배, 2014). 플립드러닝의 근본 목적은 교육적 테크놀로지를 수단으로 하여 수업방식을 교수자 중심의 강의식 수업에서 학습자 중심의 참여학습으로 바꿈으로써 교실수업의 혁신을 도모하는 데 있다(이민경, 2014). 즉, 플립드러닝은 교수자가 교실 전 수업에서는 교육적 테크놀로지 기반의 수업자료를 제공하고 교실 안 수업에서는 학습자들의 흥미를 유발하고 적극적인 학습 참여를 유도할 수 있는 다양한 활동을 실행하는 학습자 중심 교육방법이다. 이를 통하여 학습자의 학습 내용 습득 및 활용을 도모하고 궁극적으로 학습자의 고차원적인 사고의 확장과 사회적인 능력의 향상을 촉진할 수 있는 것으로 여겨지고 있다. 따라서 플립드러닝이 이루어지기 위해서는 교수자가 학습자의 요구에 맞게 수업 자료를 제공하고 학습자들의 학습수준에 따라 보충 및 심화학습을 유도하는 역할을 수행해야 한다(Aronson & Arfstrom, 2013).

플립드러닝의 주요 특성은 다음과 같이 요약할 수 있다(김연경, 2016 재인용).

첫째, 플립드러닝은 이전까지 전통적인 수업에서의 교사주도 '강의'가 교실 밖 학습으로 이동하고, 수업 후 적용의 의미를 가졌던 교실 밖 '과제'가 교실 안으로 이동한 형태라고 볼 수 있다. 이것은 학습자에게 보다 많은 책임감과 주도성을 부과하고, 교수자는 자신의 강의가 교실 밖 학습으로 옮겨간 대신 수업에서 학습자들과 보다 많은 상호작용을 하고 개별화 학습을 지원하는 안내자가 된다(이민경, 2014; Bergmann, Overmyer, & Wilie, 2013). 지금까지 수동적인 학습자들이 있었던 교실의 모습을 자기주도학습활동의 적용을 통해 능동적으로 변화시키고 학습 참여를 유도하여 보다 고차원적 인지활동이 일어나도록 하는 데 플립드러닝 수업의 특징이 있다(Brame, 2013).

둘째, 교실 전 수업에서는 학습과 관련된 테크놀로지를 활용하여 학습자들에게 선수지식의 습득을 안내하고 촉진하는 다양한 도구를 제공한다(Bergmann & Sams, 2012; Berrett, 2012; Frydenberg, 2013; Hoffman, 2013). 교실 전 수업에서 사용되는 도구는 사전 학습을 위한 강의 동영상, 기존의 웹 사이트에 존재하는 다양한 동영상, 읽기 자료, 인터넷 자원 등이 있다(박상준, 2009; 여은정, 김진백, 한승희, 2015; 한형종 외, 2015; Howitt & Pegrum, 2015; O'Flaherty & Phillips, 2015).

셋째, 교실 중 수업에서는 팀을 기반으로 하는 학습자 중심의 활동이 이루어 진다(Strayer, 2012). 이는 학습자들이 동료 학습자, 교수자, 조교 등과 상호작용 하여 학습 내용의 분석, 평가, 적용 활동을 수행하는 협력학습이 이루어진다는 것을 의미한다. 이때 교수자의 역할은 지식의 전달자가 아니라 학습자들의 학습 에 도움을 주는 조언자이자 촉진자가 되며 교실수업의 주체로 학습자 역할과 활 동이 강조된다(이동엽, 2013; 이민경, 2014; Bergmann & Sams, 2012).

넷째, 교수자와 학습자의 역할 변화이다. 플립드러닝에서는 전통적인 교실수 업에서 주류를 이루어 왔던 교수자의 강의가 동영상 및 관련 학습 자료 제공을 통해 교실 밖으로 이동함으로써 교실수업의 구조가 전면적으로 변화하게 된다 (Howitt & Pegrum, 2015). 즉, 수업의 핵심이 전체 학습자들을 대상으로 하는 교사 의 획일적인 강의에서 학습자 활동 중심의 개별화된 수업으로 바뀜으로써 전통 적인 교실에서 지식 전달자(knowledge delivery) 역할을 수행했던 교수자는 플립 드러닝에서는 학습자의 활동을 돕는 학습 촉진자(learning facilitator)로 그 역할이 바뀐다. 반면, 전통적인 수업방식과 비교하여 플립드러닝에서의 학습자는 교실 밖에서는 테크놀로지 기반의 온라인 콘텐츠를 학습하고 교실 안에서는 다양한 학습활동을 수행하는 과정에서 보다 능동적이며 주도적인 학습을 이끌어 간다 (한형종 외, 2015). 하지만 플립드러닝에서 교수자와 학습자의 역할이 변화한다는 것은 교수자의 역할이 사라지는 것을 의미하지는 않는다(Hamdan et al., 2013).

플립드러닝에서 교수자는 수업의 전 과정에서 학습자의 학습 내용 이해와 활 용을 돕는 복합적이고 다양한 활동을 실행해야 하기에 '수업 전문성을 보유한 교 육자'로서의 역할이 전통적인 수업보다는 더 강조된다(Chen et al., 2014). 이처 럼 플립드러닝은 동영상 강의나 학습 자료를 활용하는 온라인 수업과 고차원적 인 사고를 촉진하는 문제해결 및 상호작용 활동을 통한 학습자 중심의 교실수업 으로 구성된 교육방법이다. 그러나 플립드러닝은 단순한 학습자 중심 교육방법 이 아니라 교실 안 수업과 교실 밖 수업의 동등한 가치, 교수자와 학습자의 역할 변화, 다양한 테크놀로지 도구 사용 등을 전제로 하는 복합적이고 다면적인 교 수 · 학습 방법이다. 즉, 플립드러닝은 학습자의 자기주도학습을 유도하는 온라

인 테크놀로지의 장점과 교실 내의 학습 참여를 통한 사회적 지식 구성 및 고차
적 사고를 이끄는 학습자 중심의 상호작용 학습의 장점을 모두 포함하고 있다고
할 수 있다(권오남 외, 2013).

2) 플립드러닝 수업 절차와 실행 과제

플립드러닝의 수업 절차는 기본적으로 교실 전 수업에서 교실 중 수업의 순
서로 이루어지며 각 단계에서는 교수자와 학습자가 수행해야 하는 세부 활동이
제시된다. 플립드러닝 수업 절차에는 때때로 교실수업 이후에도 교수자와 학습
자의 상호작용 및 피드백, 학습자의 성찰, 총괄평가 등이 진행되는 교실 후 수업
단계까지 포함되기도 한다(권오남 외, 2013; 이지연, 김영환, 김영배, 2014; Gilboy,
Heinerichs, & Pazzaglia, 2015). Bergmann과 Sams(2012)가 학습자의 학습 내용 숙
달을 목표로 제시한 플립드러닝 수업의 기본적인 세부 절차는 수업 자료의 제공
과 예습, 질의응답, 다양한 활동과 평가로 이루어진다.

교실 전 수업 단계에서 교수자는 수업 영상뿐만 아니라 교재, 과제물, 학습 자
료 등 다양한 수업 자료를 제공한다. 학습자는 자신의 학습능력과 방법, 일정 등
에 맞추어 수업 자료를 선택하여 분량, 속도, 시간을 조정하여 공부하고 주요 개
념이나 용어를 정리한다. 교실수업에서 학습자는 학습 내용과 관련된 의문사항
을 질문하고 교수자는 질문에 응답하면서 학습자의 내용 이해를 돕거나 잘못 형
성된 개념을 교정해 준다. 다음으로 교수자는 내용의 이해도, 학습능력 등이 비
슷한 학습자들 4~5명으로 팀을 조직하고 팀별로 다양한 과제를 제공한다. 교수
자는 팀 활동을 지도하고 학습 내용을 이해하지 못한 학습자들을 확인하여 이들
을 대상으로 개별 보충학습을 부여한다. 수업이 끝난 후에 교수자는 학습자들이
학습 내용을 잘 이해했는지를 확인하기 위한 형성평가 및 총괄평가를 실시한다.
형성평가는 각 학습자가 학습 내용을 충분히 이해했다는 것을 검증할 때까지 여
러 차례 실시된다. 총괄평가는 학습자의 학습능력과 이해도에 따라 지필 시험,
구술 토론, 산문 쓰기, 프레젠테이션, 짧은 동영상 제작 등을 학습자가 선택하여

수행할 수 있게 한다. 이러한 절차는 교수자가 학습자의 완전학습을 목표로 플립드러닝 수업을 실행하는 데 적용할 수 있는 절차를 수업의 순서대로 보다 개괄적으로 파악할 수 있게 해 준다.

이와 다르게 텍사스대학교(오스틴) 교수혁신센터(2015)는 전통적인 수업과 비교하면서 보다 구체적인 형태로 플립드러닝 수업 절차를 제시하였다. 이 센터에서 제시한 플립드러닝 절차는 크게 세 단계로 교실수업 전, 교실수업 중, 교실수업 후 활동의 구조로 되어 있다(이지연, 김영환, 김영배, 2014). 첫째, 수업 전에 학습자는 교수자가 온라인에 업로드시켜 놓은 비디오나 동영상을 시청하면서 새롭게 배울 개념에 대해 예습한다. 학습자는 퀴즈와 같은 간단한 평가를 통해 학습 내용 이해 정도를 점검하고 학습 내용 중 이해가 미흡한 부분을 노트에 별도로 표기하여 교실수업에서 교수자에게 질의할 질문을 준비한다.

둘째, 교실수업 활동은 크게 두 부분으로 구분된다. 도입 단계에서 학습자들은 사전 학습 내용 중에서 모르는 부분을 개별 질문하고 교수자는 피드백을 하면서 학습자들의 학습 이해도를 점검한다. 다음 단계로 교수자는 학습자들에게 토의·토론, 프로젝트 학습 등 팀별로 수행할 수 있는 활동적인 과제를 제시하고 학습자는 수업시간 내 완수와 습득한 학습 내용의 적용을 목표로 과제를 수행한다. 학습자의 팀 활동 동안에 교수자는 학습 내용 이해가 미흡하거나 진행 속도가 느린 학습자를 위해 개별화 학습을 진행하고, 학습자 활동을 점검한다. 학습활동의 지속적인 평가를 진행하면서 학습자가 알고 있는 사항과 모르고 있는 부분을 파악하고 개별 또는 팀별 피드백과 처방을 한다.

셋째, 교실수업 후에 교수자는 학습자들이 보다 고차원적인 적용 활동을 할 수 있도록 온라인을 통해 다양한 학습 자료와 지속적인 피드백을 제공한다. 이러한 플립드러닝 수업 절차에서는 학습자의 학습 내용 습득 및 적용이 보다 고차원적 사고능력으로 확장될 수 있도록 교실수업 후 활동이 강조되고 있다. 플립드러닝 관련 연구자와 기관 차원에서 제시한 플립드러닝 수업의 기본 절차를 살펴보면 무엇보다 플립드러닝 수업은 수업 환경 차원이 온라인과 오프라인 학습 환경을 포괄하는 복잡한 형태로 구성된다. 교실 전-중-후 수업 단계에서 교수자와 학습자가 수행해야 하는 활동 역시 다각적으로 변화하는 구조이다. 따라서 전통적인 수업과 비교하여 교수자들이 학습자의 교실 밖 온라인 수업과 교실 안 오프라인 수업을 포괄하는 플립드러닝 수업을 실제로 준비하여 실행하는 데에는 상당한 시간과 노력이 요구된다(이동엽, 2014; Aronson & Arfstrom, 2013; 김연경, 2016 재인용).

3) 플립드러닝과 Bloom의 교육목표분류

Bloom의 교육목표분류(Taxonomy)는 심리학 박사인 Benjamin Bloom 교수가 인간의 사고하는 단계를 기억, 이해, 적용, 분석, 평가, 창작의 여섯 단계로 분류한 것으로, 사람이 어떻게 학습하는지 이해하는 데 도움을 준다. Bloom의 교육목표분류를 보는 한 가지 방법은 [그림 10-6]에 제시된 것처럼 피라미드 가장 아래 학습의 기초를 닦는 것에서 시작하여, 점차 피라미드 상위의 고차원적 사고를 요하는 능력으로 옮겨 가게 하는 것이다. [그림 10-6]에 피라미드로 표현한 Bloom의 교육목표분류는 하위능력에 많은 시간을, 상위능력에 최소한의 시간을 할애하는 방식으로 수업시간이 배정된다는 것을 함축하고 있다. 실제 대부분의 교실에서 이런 일이 벌어지고 있다. 교사들은 기억하기와 이해하기를 중심

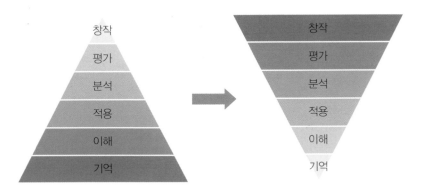

[그림 10-6] 'Bloom의 교육목표분류'와 '거꾸로 뒤집은 Bloom의 교육목표분류'

출처: Bergmann & Sams(2012).

으로 수업시간을 대부분 사용하고, 응용하기에는 거의 이르지 못한다. 교사들은 사고력을 요하는 상위능력에 학습자들이 도달하기를 바라지만, 분석, 평가 또는 창작을 위해 배정할 시간은 거의 없다(Bergmann & Sams, 2012).

플립드러닝에서 교사들은 많은 수업 영상이 Bloom의 교육목표분류의 가장 하위에 있는 두 단계, 즉 기억하기와 이해하기를 위한 내용 전달 도구로 가장 적합하다고 생각한다. 이렇게 되면, 교사는 소중한 수업시간을 Bloom의 교육목표 분류의 상위 단계에 있는 능력을 키울 수 있는 활동에 학습자들을 참여시키면서 사용할 수 있다. 즉, 보다 깊은 배움을 촉진시킬 수 있는 것이다.

[그림 10-7]은 Bloom의 교육목표분류의 단계별 목표를 달성하기 위한 활동과 활동의 산출물을 제시한다(Clark, 2002). 〈표 10-2〉는 Clark(2002)이 제시한

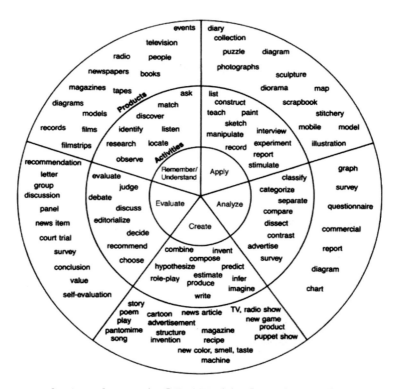

[그림 10-7] Bloom의 교육목표분류 기반 교육목표, 활동들, 산출물들

내용 중 주요 내용을 정리한 것으로, 기억하기와 이해하기에 해당하는 것은 사전 학습을 위한 동영상 자료로, 적용하기, 분석하기, 평가하기, 창작하기에 해당하는 것은 교실에서의 학습활동으로 연결할 수 있다. 이때 앞서 소개한 다양한 토의방법과 토론방법을 활용할 수 있다(장경원, 2017a).

〈표 10-2〉 교육목표 달성을 위해 필요한 주요 활동과 산출물

구분	주요 활동	산출물
창작	결합하기, 발명하기, 구성하기, 예측하기, 추론하기	이야기, 새로운 산출물 등
평가	평가하기, 판단하기, 논쟁하기, 논의하기, 제안하기	제안서, 그룹토의 결과 등
분석	분류하기, 비교하기, 추출하기, 대조하기, 요약하기	그래프, 질문지, 차트 등
적용	나열하기, 구성하기, 가르치기, 실험하기, 인터뷰하기	사진, 다이어그램, 일지 등
이해	질문하기, 발견하기, 배치하기, 확인하기, 연결하기	다이어그램, 신문, 책 등
기억		

제4부

토의 · 토론수업 사례

제11장 토의수업 사례

—

제12장 토론수업 사례

토의와 토론 방법이 다양한 만큼 토의수업과 토론수업 역시 다양하다. 또한 초등학교와 대학교에서의 토의수업은 다른 모습이며, 사회 교과와 국어 교과에서의 토론수업 역시 다른 모습이다. 또한 같은 학교급, 교과라 할지라도 어떤 학습자와 교수자가 참여하느냐에 따라 다른 색깔의 수업이 될 것이다. 제4부에서는 다양한 토의 · 토론 수업 중 몇 개의 수업 사례를 소개하고자 한다. 소개한 수업 사례는 대표적인 수업 사례는 아니지만, 앞서 소개한 여러 토의와 토론 방법이 어떻게 구현되는지 그려보는 데 도움을 제공할 것이다.

토의수업 사례

　토의는 다양한 방법으로 진행할 수 있기 때문에 한 차시 수업에서 1~2개의 토의방법을 적용하여 활용할 수도 있고, 여러 차시에 걸쳐 다양한 방법을 활용할 수도 있다. 이 장에서는 하나의 주제를 여러 차시에 걸쳐 운영한 수업 사례를 소개할 것이다. 초등학교 수업 사례는 개인과 조직 개발 방법론인 긍정 탐색(Appreciative Inquiry: AI)을 수업방법으로 도입하면서 다양한 토의방법을 활용하였다. 대학교 수업 사례는 플립드 러닝(Flipped Learning)을 운영하면서 온라인 사전 학습 내용을 적용하기 위한 교실활동으로 다양한 토의방법을 활용하였다. 두 수업 사례는 토의를 어떻게 활용할 수 있는지 구체적으로 안내할 것이다.

1. 초등학교 토의수업 사례[1]

1) 수업의 성격

이 수업은 경기도 소재 A 초등학교의 5, 6학년 학급 임원들 중 희망학생이 참여한 창의적 체험활동 수업이다. A 초등학교 교사들은 학생회 임원들을 대상으로 한 학생자치회 프로그램으로 긍정 탐색을 운영하기로 하였고, 논의 결과 '즐거운 우리 반 만들기'라는 주제를 선정하였다. 긍정 탐색을 운영하기 위해 '즐거운 우리 반 만들기'에 대한 긍정주제를 선정해야 하는데, 교사들은 학습자들이 수업에 적극적으로 참여하고 몰입할 수 있도록 학습자들에게 주제를 선택할 수 있는 기회를 주기로 결정하였다.

> **Teaching Tips 긍정 탐색**
>
> 긍정 탐색(Appreciative Inquiry: AI)은 개인이나 조직이 가지고 있는 좋은 경험, 긍정적인 사례들을 토대로 개인과 조직을 개발하는 방법론이다.
>
> 긍정 탐색은 총 4단계로 이루어지는데, 각 단계가 D로 시작하므로 4D 프로세스라고도 한다. 첫 번째 D는 Discovery(발견하기), 두 번째 D는 Dream(꿈꾸기), 세 번째 D는 Design(설계하기), 네 번째 D는 Destiny(다짐하기)이다. 4D 프로세스가 원활하게 이루어지기 위해서는 먼저 대화의 중심이 될 긍정주제를 선정한 후, 4D 프로세스를 진행한다. 긍정 탐색을 위한 4D 프로세스를 실행하기 위해서는 먼저 대화의 중심이 될 긍정주제(positive core)를 선정한다. 긍정주제는 긍정 탐색 과정에서 이루어지는 학습, 지식 공유, 과제 수행의 핵심 주제이며 대화를

---

1) 이 사례는 장경원(2014)의 논문 「초 · 중 · 고등학생을 위한 AI 프로그램 개발 및 운영 지침 개발 연구」에 소개된 수업이다.

이끌어 가는 방향이 된다. 긍정주제를 결정하는 방법은 크게 두 가지이다. 첫째, 긍정 탐색에 참여한 사람들의 의견을 반영하여 긍정주제를 결정한다. 둘째, 긍정 탐색 프로그램을 준비하는 조직(학교, 학급, 팀 등)에서 조직이 원하는 주제를 반영하여 긍정주제를 선택한다. 긍정주제 선택방법은 프로그램의 성격을 반영하여 결정하며, 긍정주제를 선택한 후에 이루어지는 4D 프로세스는 다음과 같다.

　첫째, 발견하기는 다루는 주제와 관련된 과거 또는 현재의 긍정적인 경험에 대해 탐색하는 과정이다. 이를 위해 긍정적인 질문들을 활용하여 참석자들이 서로의 경험과 의견을 인터뷰한다. 인터뷰가 끝나면 수집된 다양한 경험을 공유, 정리하는 시간을 갖는다. 둘째, 꿈꾸기(Dream)는 발견하기 단계에서 도출한 긍정적인 경험과 이야기들을 토대로 미래에 이루고자 하는 이상적인 모습을 자유롭게 상상하는 단계로, 학습자들은 미래에 대한 구체적인 꿈과 희망, 비전이 담긴 이미지를 구성, 공유한다. 셋째, 설계하기(Design)는 꿈꾸기 단계에서 상상했던 미래의 이상적인 이미지를 실현하기 위해 구체적으로 실행해야 할 일들을 설계하는 단계이다. 넷째, 다짐하기(Destiny)는 미래에 대한 새로운 이미지를 실현하고 공유된 목적과 행동을 더욱더 강화하는 단계이다. 꿈꾸기와 설계하기 단계에서 만들어진 목표와 계획을 실현하기 위해 현재의 상황에 기반을 두어 구체적인 행동계획을 세우고 실천하여 이루고자 하는 것을 달성하려는 의지를 다지는 것이 이 단계의 목적이다.

2) 수업 진행 및 성찰

학습자들이 스스로 긍정주제를 도출할 수 있는 시간과 4D 프로세스 이후에 실천 결과를 발표하는 시간을 포함하여 〈표 11-1〉과 같이 360분으로 구성된 5회차의 긍정 탐색 프로그램을 구성하였다. 이때 학습자들이 다짐한 내용을 실천할 수 있는 시간을 주기 위해 4회차와 5회차 사이에는 10일의 간격을 두었다.

〈표 11-1〉 '즐거운 우리 반 만들기' 프로그램

회차	구분	주제	세부 활동	시간
1	오리엔테이션		• 긍정 탐색 소개 • 자기소개 및 팀빌딩	20분
	긍정주제 도출	즐거운 우리 반의 특성	• 즐거운 우리 반을 만드는 긍정주제 찾기	60분
2	발견하기	최고의 순간 찾기	• 1:1 교차인터뷰 −긍정주제와 관련된 학급에서의 즐거운 경험 모으기 • 학급에서의 즐거운 경험 나누기	80분
3	꿈꾸기	우리의 미래 모습	• 우리가 꿈꾸는 즐거운 학급의 모습 그림으로 표현하기 • 팀별로 '즐거운 우리 반' 내용 발표하기	80분
4	설계하기	무엇을 할 것인가?	• '즐거운 우리 반'이 되기 위해 우리가 해야 할 일 계획하기	80분
	다짐하기	실천을 위한 다짐하기	• '즐거운 우리 반'이 되기 위해 오늘부터 내가 실천할 것 계획하고 다짐하기	
5	성찰		• 실천 내용 공유 및 성찰하기	40분

긍정 탐색은 학습자들이 자신이 긍정적인 경험을 함께 찾아 이를 토대로 실천 전략을 수립하는 과정이다. 따라서 모든 과정이 학습자들의 토의활동을 토대로 이루어지는데, 5회에 걸쳐 이루어진 긍정 탐색 프로그램은 명목집단법, 1:1 교차인터뷰 등을 활용하여 진행되었다. 단계별로 이루어진 주요 활동은 다음과 같다.

첫째, 프로그램의 첫 번째 시간에는 프로그램에 대해 간략히 소개한 후 학습자들이 자기소개를 하는 시간을 가졌다. 이후 학습자들이 '즐거운 우리 반'이 되기 위해 중요한 긍정주제를 선정하였다. 긍정주제 선정은 명목집단법을 활용하였는데, [그림 11-1]과 같이 즐거운 학급이 되기 위해 중요한 요인을 학습자들이 각각 3~5개씩 포스트잇에 작성한 후 내용을 분류하는 방식으로 도출하였다. 학습자들이 도출한 긍정주제는 서로 존중하기, 긍정적 마인드 갖기, 서로 배려하기, 다 함께 친하게 지내기였다. 각각의 긍정주제에 포함된 구체적인 내용은 〈표 11-2〉와 같다.

[그림 11-1] 명목집단법을 활용하여 긍정주제 선정하기

〈표 11-2〉 학습자들이 도출한 '즐거운 우리 반'의 긍정주제

긍정주제	하위 내용
서로 존중하기	고운 말 쓰기, 서로를 이해하기, 남 탓하지 않기
긍정적 마인드 갖기	서로의 장점 찾기, 긍정적으로 생각하기, 많이 웃기
서로 배려하기	양보하고 배려하기, 규칙과 질서 지키기
다 함께 친하게 지내기	친하게 지내기, 다 같이 놀기, 서로 소통하기

둘째, 발견하기 단계에서는 1:1 교차인터뷰와 명목집단법, 그리고 인터뷰 결과를 정리하기 위해 교사가 만든 토의 매트릭스 등을 활용하여 학습자들이 긍정주제와 관련된 자신의 경험을 도출하고 공유하였다. 학습자들은 교사가 미리 준비한 질문지에 긍정주제를 기입한 후 1:1 교차인터뷰를 실시하였고, 인터뷰 결과를 발표하였다. 학습자들은 발표자의 발표 내용을 듣고 중요하다고 생각되는 내용을 포스트잇에 작성한 후 준비된 전지에 붙여 공유하였다. [그림 11-2]는 학습자들이 사용한 질문지와 인터뷰 내용을 팀별로 공유한 결과이다. 학습자들이 도출한 성공 경험 사례는 〈표 11-3〉과 같다.

[그림 11-2] 발견하기 단계에서 사용한 질문지와 인터뷰 내용 공유 결과

〈표 11-3〉 발견하기 단계에서 찾은 성공 경험 예

긍정주제	사례
서로 존중하기	• 학급회의 때 친구들의 의견을 존중하였다. • 팀 과제를 할 때 내가 낸 의견대로 하여 기분이 좋았고, 책임감이 느껴졌고, 더 잘하고 싶어졌다.
긍정적 마인드 갖기	• 수업시간에 '친구 칭찬하기'를 했는데, 이때 친구의 장점을 찾아 칭찬했다. 나도 좋고 친구도 좋아했다. • 친구와 말다툼을 했었지만, 긍정적으로 생각해서 화해를 했더니 기분이 좋아졌다.

서로 배려하기	• 친구가 넘어졌는데 양호실에 갈 수 있도록 도와주었다. • 회의에 가야 해서 급했는데, 친구가 급식을 먼저 받으라고 해 주었다.
다 함께 친하게 지내기	• 우리 반에 친구들과 잘 어울리지 못하는 친구들이 몇 명 있었는데, 여자아이들이 다 같이 놀 수 있도록 노력하여 지금은 다 같이 친하게 지낸다. • 친구들과 잘 지내지 못하는 친구를 데리고 가서 내 친구들과 함께 게임을 하였다.

셋째, 꿈꾸기 단계는 공동 그림 그리기 활동으로 이루어졌다. 학습자들은 앞서 발견하기 단계에서 도출한 '즐거운 우리 반'과 관련된 다양한 사항 중 실현되기 원하는 내용을 자유롭게 그림으로 표현하였다. [그림 11-3]은 꿈꾸기 단계에서 학습자들이 작업한 내용이다. 학습자들은 함께 그린 그림이 무엇을 표현하는 것인지 다른 팀에게 설명하였다.

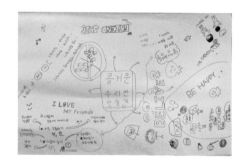 

[그림 11-3] 꿈꾸기 단계 활동 결과

넷째, 꿈꾸기 단계 이후 설계하기 단계의 활동을 하였다. 설계하기에서는 즐거운 우리 반(학급)이 되기 위해 해야 할 일을 논의하였는데, 학습자들의 의견을 효과적으로 수렴하기 위해 명목집단법을 활용하였다. 교사는 학습자들이 구체적인 실천계획을 수립할 수 있도록 실천의 주체를 세웠으면 하고 생각하였다. 그래서 교사는 학습자들에게 "여러분의 반이 즐거운 반이 되기 위해 누가 노력해야 할까요?"라는 질문을 제시했고, 학습자들은 학급 학생들, 학급 임원, 담임 선생님, 교과전담 선생님이 함께 노력해야 한다고 대답하였다. 교사가 학습자들로 하여금 자신의 의견과 활동에 주인의식을 가질 수 있도록 질문한 것이다. 학습자들의 의견을 반영하여 [그림 11-4]와 같이 학급 학생들, 학급 임원, 담임선생님, 교과전담 선생님이 해야 할 일을 구분하여 토의 매트릭스를 작성하였다. 〈표 11-4〉는 학습자들이 제시한 내용의 예이다.

[그림 11-4] 설계하기 단계를 위한 토의 매트릭스와 명목집단법 결과

〈표 11-4〉 즐거운 우리 반을 만들기 위해 해야 할 일

긍정주제 주체	서로 존중하기	긍정적 마인드 갖기	서로 배려하기	다 같이 친하게 지내기
학급 학생들	• 서로 기분 좋은 칭찬하기 • 아침에 서로 인사 나누기 • 욕설이나 나쁜 말 하지 않기	• 많이 웃기 • 싸우거나 갈등이 있을 때 긍정적으로 생각하기 • 재미있는 이야기를 자주 하기 • 서로 칭찬하기	• 준비물을 안 가져 온 친구에게 준비물을 빌려주기 • 질서 지키기 • 욕하지 않기	• 남녀 상관없이 친하게 지내기 • 욕설하지 않기 • 아침에 서로 인사 나누기 • 점심시간에 남녀 차별 없이 놀기
학급 임원	• 친구들이 장난칠 때 그 친구의 마음을 이해하기 • 친구가 이야기할 때 귀담아듣기 • 학급 학생들의 의견을 잘 듣기	• 서로의 장점을 찾아 칭찬하기 • 시험을 못 본 친구들에게 더 잘할 수 있다고 말해 주기 • 친구들의 단점을 보지 않도록 하기	• 힘든 일은 임원들이 먼저 하기 • 학급 친구들을 먼저 배려하기 • 반 친구들을 위해 양보하기	• 따돌림 당하는 친구들에게 먼저 다가가기 • 선생님께 고자질 하지 않기 • 혼자 노는 친구와 같이 놀기

담임 선생님	• 학생들 말 존중하 여 듣기 • 학생을 차별하지 않기 • 학생들을 평등하 게 대하기	• 학생들이 서로 칭 찬할 수 있는 시 간 마련해 주기 • 칭찬박스 만들기 • 학생들의 단점을 콕 집어 이야기하 지 않기	• 선생님이 먼저 학 생을 배려하기 • 서로서로 이야기 할 수 있는 시간 을 많이 주기	• 자신의 취미, 특기 등을 말해서 다 함 께 놀 수 있는 것 을 찾을 수 있도록 돕기 • 다 함께 놀도록 지도한다.
교과 선생님	• 학생들 말 무시하 지 않기 • 영어시간에 조금 못해도 잘할 수 있도록 도와주기	• 기분 좋게 말하기 • 학생들이 잘못했 을 때 화만 내지 말고 긍정적으로 생각해 주기	• 시험 못 봤다고 망 신 주지 않기 • 체육시간에 자유 시간 많이 주기	• 체육선생님이 함 께 놀 수 있는 게 임 많이 알려 주기 • 수업 중 재미있는 활동 많이 하기

다섯째, 설계하기 단계 이후 학생들은 '즐거운 우리 반'을 만들기 위해 자신이 해야 할 일을 [그림 11-5]와 같이 '우리의 다짐' 워크시트에 작성하고, 실천을 다짐하는 서명을 하였다. 또한 같은 팀 학생들의 것에 서로서로 서명을 하였다.

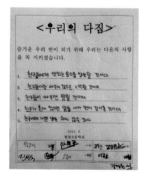
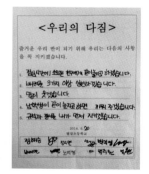
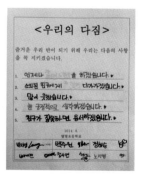

[그림 11-5] 다짐하기 활동 결과

여섯째, 학습자들은 자신이 다짐한 내용을 실천할 결과를 발표하였다. 〈표 11-5〉는 학습자들이 발표한 실천 결과에 대한 것이다.

〈표 11-5〉 실천 결과 주요 내용

발표학생	발표 내용
A**	실천하는 과정에서 다른 친구들이 기분 나빠하는 것이 줄어들었다. 기분 좋은 말을 사용하다 보니 친구들과 더 친하게 지내게 되었다.
B**	처음에는 맛있는 음식이 나와서 친구들에게 양보하는 게 힘들었지만 친구들에게 양보하다 보니 실천하는 것이 수월해졌다.
C**	친구의 장점을 찾아 이야기하니 듣는 사람들도 좋아하였다.
D**	친구의 말을 존중하려고 했는데, 친구들이 욕을 많이 해서 실천하기 어려웠다. 친구 놀리지 않기는 잘 지키지 못했다. 앞으로 잘 지키겠다.
E**	갑자기 실천하려니 조금 힘들었다. 임원의 역할을 잘하는 것은 지켰지만, 혼자 있는 친구를 돕고, 싸움을 말리겠다는 계획은 실천하지 못했다.
F**	친구를 이해하면서 서로 믿음이 커졌다. 앞으로도 친구들을 배려하겠다.
G**	왕따 친구에게 다가가는 게 어려웠다. 그러나 반 친구들이 다 같이 놀 수 있도록 보드게임을 같이 하자고 제안하였고 모두 즐거워하였다.
H**	실천하려고 노력했다. 친구들에게 먼저 인사하기 등은 지키기 쉬웠지만, 왕따를 당하는 친구나 혼자 있는 친구에게 다가가는 것은 쉽지 않았다. 또 서로의 장점을 찾아보니 더 친해질 수 있었다. 향후에도 많은 노력을 하겠다.
I**	소외된 친구에게 말을 거는 것은 용기가 부족해서 하지 못했다. 그러나 다른 것은 모두 실천했고, 그로 인해 반 분위기가 좋아지는 것을 경험했다.
J**	특히 친구의 말을 잘 들어 주는 것이 좋은 경험이었고, 향후에도 잘 실천하겠다.
K**	친구와 사이좋게 지내려고 노력했다. 그 결과 매우 뿌듯했다. 준비물을 안 가져온 친구들에게 준비물도 잘 빌려주었다. 반을 즐겁게 하는 재미있는 활동은 못해 아쉽지만, 앞으로도 잘 실천하겠다.
L**	친구의 장점을 찾아보는 과정에서 친구에 대해 잘 알게 되었고, 준비물을 가져오지 않은 짝에게 가위를 빌려주었는데, 기분이 좋았다. 또 친구의 실수에 대해 그냥 넘어갔다. 그래서 싸움이 일어나지 않았다.
M**	친구가 튀는 행동을 했을 때 지적했다. 그러나 친구들의 장점을 찾아보려고 노력했고, 그것을 이야기해 주었다. 그래서 사이가 좋아졌다.
N**	실천하려고 노력했고, 잘 지켰다. 그러나 솔선수범은 하지 못했다.
O**	실천하려고 노렸고, 친구가 잘못했을 때 용서했더니 싸움이 없어졌다. 앞으로는 나뿐만 아니라 반 아이들이 모두 서로를 배려할 수 있도록 노력하겠다.
P**	소외된 친구와 같이 놀자고 하는 것은 어려웠지만, 그 친구에게 준비물을 빌려주기 등을 실천하였다. 남학생과 함께 놀지는 못했고, 규칙과 질서는 먼저 지켰더니 반 학생들도 지키려고 노력하였다.
Q**	나쁜 언어를 사용했다. 앞으로는 쓰지 않으려고 노력하겠다.
R**	친구가 가지고 있는 장점을 찾아 칭찬해 주었더니, 친구가 좋아하였고 나도 기분이 좋았다.

일곱째, 프로그램을 정리하는 성찰활동에서 학습자들은 즐거운 학급을 만드는 것에 대해 구체적으로 생각할 수 있는 기회가 있어서 매우 좋았다고 평가하였고, 교사들은 학습자들의 의견을 보고 매우 만족해하였다.

2. 대학교 토의수업 사례[2]

1) 수업의 성격

이 수업은 경기도 소재 B 대학교의 교직과목인 '교육방법 및 공학' 수업 사례이다. 이 과목은 '어떻게 가르칠 것인가?'라는 질문에 대한 답을 탐구하는 교과목으로, 예비교사들이 잘 가르치기 위한 방법을 학습하는 데 목적이 있다. 이 수업은 플립드러닝으로 설계, 운영되었다.

`Teaching Tips` **플립드러닝의 개념 및 특성**

플립드러닝(Flipped Learning)은 온라인 학습과 오프라인 학습이 결합된 블렌디드 학습(blended learning)의 한 형태로, 교실수업에서 학습을 보다 효과적으로 돕기 위해 테크놀로지를 활용하여 사전 학습을 하는 수업방식을 의미한다(백영균 외, 2015; Findlay-Thompson & Mombourquette, 2014).

'플립드러닝'이라는 용어와 교육방식이 교육 분야에 보다 널리 확산되게 된 것은 미국 고등학교 교사인 Bergmann과 Sams가 교수자의 강의를 온라인 형태로 볼 수 있도록 미리 만들어서 학습자들이 볼 수 있게 하고 교실 내에서는 과제를 수행하도록 하는 수업방식을 제안하고 그들의 경험담을 책으로 펴내면서부터

---

2) 이 사례는 장경원(2017a)의 논문 「플립드러닝의 교실 수업 학습 활동에 대한 사례 연구」에 소개된 수업이다.

이다(홍기칠, 2016). 그들이 제안한 플립드러닝 방식은 교실수업 전에는 강의 영상이나 수업 자료를 온라인으로 학습자들에게 제공하여 스스로 학습하게 하고, 교실수업에서는 사전에 학습한 내용을 기반으로 학습자들이 과제나 문제를 동료 학습자들과의 상호작용 및 토의·토론, 혹은 교수자 및 조교의 도움을 받아서 적극적으로 해결하도록 유도하는 학습자 중심의 교육방법을 의미한다(Bates & Galloway, 2012; Bergmann & Sams, 2012). 즉, 플립드러닝은 집합식 교실수업에 동영상이나 멀티미디어 자료를 활용한 온라인 학습을 더하는 블렌디드 학습에 선행학습 개념을 도입한 것으로, 디지털 도구를 활용해 온라인 선행학습을 하고 오프라인 교실수업에서는 재택에서 학습한 내용을 근거로 토의·토론, 실제적 과제연습, 문제풀이, 실습 등 학습자 중심의 심화된 학습활동을 수행한다(백영균 외, 2015: 김연경, 2016 재인용).

본 교과목을 플립드러닝으로 운영하기 위해 먼저 〈표 11-6〉과 같이 온라인에서 학습할 내용을 선정하고 이를 동영상으로 제작하였다. 〈표 11-6〉에 제시한 것처럼 동영상으로 학습할 내용은 2~14주차에 교육 방법 및 공학에서 중요하게 학습해야 할 내용으로, 교육공학의 학문적 특성, 교육공학의 이론적 기초가 되는 학습이론과 철학(행동주의, 인지주의, 구성주의), 체제적 교수설계에 대한 것이다. 이 중 체제적 교수설계는 교육공학에서 다루는 핵심 내용으로 6주차에 체제적 교수설계에 대한 전체 과정을 설명한 후 7~14주차에는 각 단계에 대한 주요 내용과 사례를 학습하는 방식으로 구성하였다. 주차별 온라인 콘텐츠는 주요내용을 PPT로 제작한 후 이를 자이닉스 프로그램을 이용하여 [그림 11-6]과 같은 온라인 콘텐츠로 제작하였다.

〈표 11-6〉 교육 방법 및 공학 주차별 온라인 콘텐츠 주요 내용 및 분량

주차	학습 주제 및 내용	개발방법	학습 분량
2	교육공학의 학문적 특성	Commons활용 촬영	9분 37초
3	교육공학의 이론적 기초(1): 행동주의	Commons활용 촬영	12분 04초
4	교육공학의 이론적 기초(2): 인지주의	Commons활용 촬영	9분 26초
5	교육공학의 이론적 기초(3): 구성주의	Commons활용 촬영	8분 54초
6	체제적 교수설계	Commons활용 촬영	8분 01초
7	체제적 교수설계: 분석	Commons활용 촬영	6분 17초
8	체제적 교수설계: 설계(1) －객관주의적 교수설계모형, Gagné 의 9events, Keller의 ARCS모형	Commons활용 촬영	13분 21초
9	체제적 교수설계: 설계(2) －구성주의적 교수설계모형, 상황학습이론	Commons활용 촬영	5분 32초
10	체제적 교수설계: 설계(3) －문제중심학습(PBL)	Commons활용 촬영	12분 15초
11	체제적 교수설계: 개발	Commons활용 촬영	10분 12초
12	체제적 교수설계: 실행(1)	Commons활용 촬영	9분 16초
13	체제적 교수설계: 실행(2)	Commons활용 촬영	10분 40초
14	체제적 교수설계: 평가	Commons활용 촬영	7분 50초

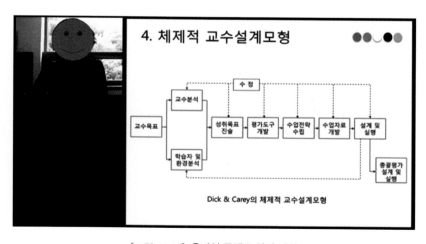

[그림 11-6] 온라인 콘텐츠 화면 예시

제작된 온라인 콘텐츠는 대학에서 사용하는 LMS에 탑재하였고, 학습자들은 [그림 11-7]에 제시된 것처럼 주차별로 정해진 기간 동안 사전 학습을 하였다.

[그림 11-7] LMS 화면 예시

2) 수업 진행 및 성찰

온라인 콘텐츠로 사전 학습을 한 학습자들은 2~14주차에 강의실에서 다양한 학습활동을 한다. 학습활동은 학습한 내용을 적용, 분석, 평가, 창작할 수 있도록 설계되었다. 〈표 11-7〉은 주차별로 이루어진 주요 학습활동과 Bloom의 교육목표분류 중 주요 학습목표를 제시한 것이다.

〈표 11-7〉 주차별 교실활동

주차	수업방법	교실수업 내용	Bloom의 교육목표분류					
			기억	이해	적용	분석	평가	창작
2	팀기반학습	• 교육공학의 학문적 특성 관련 5지선다형 객관식 10개 문항을 활용하여 개인평가, 팀평가, 이의 제기, 교정학습 순서로 토의활동 진행	○	○				
3	사례연구	• EBS 〈우리 선생님이 달라졌어요〉 등의 동영상 장면에서 행동주의 요인 탐색 및 분석을 위한 팀 활동 및 교수자의 요약, 정리	○	○	○	○		
4	1:1 교차인터뷰 & 명목집단법	• 학습자들의 초·중·고등학교 및 대학 시절 수업 중 경험한 인지주의 전략을 1:1 교차인터뷰로 도출한 후 팀별로 주요 내용 정리, 이후 교수자의 요약, 정리	○	○	○	○	○	
5	팀기반학습 1:1 교차인터뷰 명목집단법	• 학습자들의 초·중·고등학교 및 대학 시절 수업 중 경험한 구성주의 전략을 1:1 교차인터뷰로 도출한 후 팀별로 주요 내용 정리, 이후 교수자의 요약, 정리	○	○	○	○	○	
6	사례연구 명목집단법	• 영화 〈모나리자 스마일〉의 캐서린 선생의 수업을 본 후 해당 수업에서 ADDIE 요인을 찾아 팀별 토의, 이후 교수자의 요약, 정리	○	○	○	○	○	
7	실습 명목집단법	• 신문기사(인성교육에 대한)를 제공하여 해당 내용을 토대로 요구분석 실습(명목집단법 활용)	○	○	○	○		
8	프로젝트학습	• Gagné와 Keller의 모형을 통합한 새로운 모형 개발을 위한 팀별 토의 및 발표		○		○	○	○

9	프로젝트학습	• Mini Company, Tax Man 프로젝트 등과 같은 상황학습 기반의 프로젝트 학습 개발을 위한 팀별 토의 및 발표	○		○	○	○
10	문제중심학습	• 교수자가 문제를 제공한 후 해당 문제를 문제중심학습의 절차에 따라 해결	○	○	○	○	○
11	실습	• PPT의 Onoffmix를 이용하여 간단한 동영상 제작 실습 및 발표	○	○	○		○
12	명목집단법	• 교수자가 제공하는 20개의 수업 상황에서 활용할 수 있는 질문들을 팀별로 개발 및 발표	○	○			○
13	월드카페	• 교수자가 제공하는 토의주제를 월드카페 방법을 활용하여 팀별로 토의 후 발표	○	○	○	○	○
14	사례연구	• EBS 〈우리 선생님이 달라졌어요〉를 보면서 수업 평가(컨설턴트 역할 경험)	○	○	○	○	○

〈표 11-7〉에 제시된 것처럼 학습자들은 팀기반학습, 사례연구, 1:1 교차인터뷰, 명목집단법, 실습, 문제중심학습, 프로젝트학습, 월드카페, 직소우토의 등 다양한 방법으로 사전 학습 내용을 활용하였다. [그림 11-8]은 수업에 참여한 학습자들의 토의활동 장면이다.

[그림 11-8] 교실활동 장면 및 활동 산출물 사례

　한 학기 수업 동안 학습자들은 다양한 형태의 토의활동을 경험하였다. 학기가 종료된 후 학습자들은 우선 플립드러닝으로 운영된 수업에 대해 온라인 콘텐츠를 이용하여 사전 학습 후 교실활동에 참여하는 것은 학습에 매유 유용한 접근이라고 평가하였다. 토의방법에 대해서는 다른 학습자들의 이해 내용과 의견을 들을 수 있었고, 기존에 이루어지던 토의방법과 차별성을 갖고 있어서 팀기반학습, 1:1 교차인터뷰, 월드카페가 인상적이었다고 평가하였다. 또한 문제중심학습이나 프로젝트학습의 경우 한 주차에 경험하기에는 어려웠다고 평가하였다. 따라서 이 방법들을 활용할 경우에는 충분한 시간을 확보하여 운영하는 것이 좋겠다고 하였다.

　수업을 운영한 교수자는 플립드러닝의 특성상 한 주 단위로 내용과 교실활동을 설계, 운영할 때는 학습자들의 의견처럼 명목집단법, 1:1 교차인터뷰, 사례연구, 월드카페 등의 토의방법이 유용하였다고 평가하였다.

토론수업 사례

    이 장에서는 토론을 수업에 적용한 사례를 소개할 것이다. 구체적인 사례를 통해서 토론수업이 실제로 어떻게 진행되었는지를 확인할 수 있을 것이다. 실제 사례를 살펴보면 잘 설계되고 관리되기만 한다면 토론수업은 매우 잘 운영될 수 있음을 알 수 있을 것이다. 이 장에서 소개할 사례는 실제로 고등학교와 대학교에서 토론방식으로 진행한 수업에 기초하고 있다.

1. 고등학교 토론수업 사례[1]

고등학교 사회교과의 목표에는 '학생활동 중심의 평가를 통해 창의적 사고력과 문제해결 능력을 기른다'와 '사회 현상을 이해하는 데 필수적인 기본 개념을 철저히 이해하고, 이를 바탕으로 개인적, 사회적 수준에서 일어나는 문제의 해결에 필요한 의사결정력을 향상시키는 데 주안점을 둔다'가 있다. 이러한 사회과의 교육목표를 달성하기 위한 교수 · 학습 모형은 다양한데 그중 대표적인 교수 · 학습 방법이 토론수업이다.

1) 수업의 성격과 토론의 적용

학습자들은 일상생활을 하면서 또는 학교생활을 하면서 다양한 사회 문제에 직면한다. 이러한 사회 문제를 해결하기 위한 방법을 배우는 통로로 토론수업은 매우 유용하다. 그러나 이러한 토론수업을 수업시간에 적용하기란 쉬운 일은 아니다. 왜냐하면 교사 입장에서는 토론수업이라는 것이 갖는 무게감, 예를 들어 토론수업을 수업시간에 해 보고 싶지만 학습자들에게 미리 준비시켜야 하는 것도 많고, 수업시간도 많이 필요하기 때문이다. 또한 토론에 참여하는 학습자들은 적극적으로 임하는 데 반해, 그 밖의 학습자들은 참여가 소극적인 경우도 있다. 그러다 보니 학습자들은 토론수업에 관심이 있지만 논리적인 형태를 지닌 토론모형에 입각한 수업을 해 보기 어렵고, 그러다 보면 토론수업이 이루어지긴 하지만 일종에 자신의 주장을 발표하는 수준에서 끝나는 경우가 많다. 또한 학습자들의 말하고 듣는 능력이 부족해서 찬성과 반대의 입장에서 주장하는 것은 가능하나 반대편 주장에 대해 반박하는 것은 어려워한다.

---

1) 고등학교 토론수업 사례는 경기도 안산시의 성포고등학교 김다영 선생님이 2014년 1학년 사회 과목에서 실제로 진행한 사례를 직접 정리한 것이다. 이 책에서는 전체의 흐름을 해치지 않는 선에서 몇 개의 소제목으로 그 내용을 소개하였다. 수업사례를 공유해 주신 김다영 선생님께 감사드린다.

이에 모든 학습자가 토론수업에 참여할 수 있고, 토론의 질도 높일 수 있는 방법을 생각해 보았다. 고등학교 1학년 사회 교과 1단원 '사회를 바라보는 창'에서 사실과 가치판단을 학습하는 부분이 있는데, 이 단원에서 가치판단을 위한 수업활동에 사형제도에 대한 찬반 토론을 적용해 보고자 하였다.

우선 학습자들에게 '사형제도에 찬성하는가?'라는 주제에 대한 활동지를 나누어 주고, 이를 이용하여 탐구활동이 이루어졌다. 활동지에는 사형제도에 대한 찬성과 반대의 주장과 그 근거를 각각 작성하게 하였다. 그리고 사형제도와 관련된 사람들의 입장에서 사형에 대한 다양한 시각을 생각해 볼 수 있도록 하였다. 이러한 활동을 준비하는 데에는 참고문헌을 활용하였다.

2) 수업의 진행

토론수업은 총 2차시로 구성하였다. 수업활동에 대한 내용과 절차는 다음과 같다.

〈수업 내용〉

차시	내용	비고
1차시	• 사형제에 대한 탐구학습 • 토론수업에 대한 안내	
2차시	• 의회식 토론 • 토론활동에 대한 평가	신호등 토론과 연계

〈수업 절차〉

차시	수업활동	구체적인 내용
1 차 시	사형제에 대한 탐구학습	사형제의 개념, 사형제도를 바라보는 다양한 시각
	토론수업 안내	의회식 토론과 CEDA 토론 비교
	토론 참가자(찬, 반), 사회자, 타임키퍼 선정	토론 참가자, 사회자, 타임키퍼, 청중이 해야 하는 역할 안내
2 차 시	신호등 토론	신호등 토론으로 학습자들의 의견 파악
	토론활동	의회식 토론과 CEDA를 혼합하여 진행자를 중심으로 토론 진행
	신호등 토론	토론이 끝난 후 신호등 토론으로 생각의 변화를 파악하여 승자를 확인
	토론활동 평가	청중에 의한 토론활동에 대한 평가와 토론에 참여한 찬 · 반 입장의 학습자 및 토론 진행자 평가

[그림 12-1] '사형제도'에 대한 토론수업 내용과 절차

우선 사형제에 대한 탐구학습활동지는 다음과 같다. '생각열기' 활동을 통해 사형제도와 관련된 다양한 입장에 대해 생각해 볼 수 있는 시간을 갖는다.

생각열기

- 내가 사형수라면?

  ① 죄를 달게 받겠다. 죽음으로 용서를 빈다.

  ② 목숨만 살려 달라! 평생 속죄하며 살겠다.

- 내가 피해자라면?

  ① 사형은 당연하다. 편한 마음으로 눈감을 수 있겠다.

  ② 용서한다. 다시는 죄를 짓지 말고 살기를 바랄 뿐이다.

  ③ 나라면:

- 내가 사형수의 가족이라면?

  ① 받아들인다. 피해자와 가족들에게 위로가 되길 바란다.

  ② 사형만 면해 달라. 죄에 대한 대가를 치르며 살게 하겠다.

  ③ 나라면:

- 내가 피해자의 가족이라면?

  ① 하루빨리 사형을 집행하라. 죽은 이의 원혼을 달래야겠다.

  ② 사형을 원하진 않는다. 죽은 이가 살아나는 것도 아니다.

  ③ 나라면:

- 내가 판사라면?

  ① 내 판단으로 한 인간의 생명을 사라지게 할 수는 없다.

  ② 사형을 선고하지 않는다면 흉악 범죄가 더 늘어날 것이다.

  ③ 나라면:

- 내가 교도관이라면?

  ① 아무 이유 없이 단지 직업이라는 이유로 사람을 죽이는 일이다. 사형 집행관이라는 직업은 없어져야 한다.

    ② 내 손으로 사람을 죽여야 하기 때문에 괴롭지만, 어쩔 수 없다. 법적인 정의를 위
      해 누군가는 해야 할 일이다.

    ③ 나라면:

■ 여러분은 사형제도에 대해 어떤 입장을 가지고 계신가요?

■ 다음 쟁점에 대하여 자신의 입장을 정하고 근거를 제시해 봅시다.

쟁점 1 사형제도를 없애면 흉악범죄가 늘어날 것이다.

	그렇다	아니다
근거		

쟁점 2 복수심은 결코 사라질 수 없는 인간의 본성이다.

	그렇다	아니다
근거		

쟁점 3 살인자에게도 피해자와 동등한 인권이 있다.

	그렇다	아니다
근거		

그리고 각 쟁점에 대한 생각을 발표하며 서로의 생각을 나누었다. 활동이 이루어진 후 실제 토론수업에 참여할 참가자(찬성, 반대 입장 각 3명씩), 사회자, 타임키퍼를 선정하고, 나머지 학습자는 청중으로 토론 후 평가를 하도록 하였다. 2차시에 이루어지는 토론은 의회식 토론과 CEDA식 토론을 혼합하여 진행하였는데 토론을 시작하기 전에 신호등 토론을 이용하여 사형제에 대한 청중의 의견을 파악하였다. 신호등 토론은 녹색(찬성), 노랑(중립), 빨강(반대) 종이를 들게 하여 각 인원 수를 파악한다. 그리고 토론이 이루어진 후 녹색(찬성), 노랑(중립), 빨강(반대) 종이를 다시 들게 하여 확인하고 생각을 더 많이 변하게 만든 팀이 이기는 것으로 하였다.

교사가 토론을 진행하기보다는 학습자들이 활동을 진행하는 것이 학습자들의 수업 참여를 높일 수 있기 때문에 간단한 진행 대본을 작성해 주고, 진행자가 미리 읽어 보고 토론을 진행할 수 있도록 하였다.

사회자 대본

안녕하세요? 사회자 ○○○입니다. 오늘은 '사형제도는 유지되어야 하는가?'라는 주제로 토론을 하도록 하겠습니다.
먼저 청중들의 '사형제도는 유지되어야 하는가?'에 대한 생각을 알아보도록 하겠습니다.
모든 청중께서는 앞에 있는 색깔로 표시해 주시면 감사하겠습니다.
찬성은 파란색, 반대는 빨간색으로 높이 들어 주세요.
찬성 ○명. 반대 ○명입니다.
참여해 주신 청중 여러분 감사합니다.

토론자에게는 각각 2분씩 발언 시간이 주어집니다. 원활한 토론이 될 수 있도록 발언 시간을 넘지 않도록 해 주시면 감사드리겠습니다.
각 팀에서 2명의 입론 후 반대 측 반박, 찬성 측 반박의 순서로 진행됨을 다시 한 번 알려 드립니다.
중간에 궁금하신 점은 손을 들어 사회자에게 발언권을 얻어 질의해 주세요.

질의시간은 1분을 넘지 않습니다. 질의에 대한 답변도 1분 이내로 해 주시기 바랍니다. 청중 여러분께서도 토론을 경청해 주시고, 토론 이후 평가를 잘 부탁드리겠습니다. 또한 토론에 방해가 되지 않도록 정숙해 주시면 감사하겠습니다.

먼저 찬성 측 주장부터 들어 보도록 하겠습니다.

첫 번째 토론자 ○○○ 님께서는 입론해 주시면 되겠습니다.

[발표]

찬성 측 토론자 ○○○ 님의 주장 잘 들었습니다.

반대 측 질의 있으시면 해 주십시오.

찬성 측 보충내용 있으시면 해 주십시오.

다음으로 반대 측 토론자 ○○○ 님께서 발표해 주시기 바랍니다.

[발표]

반대 측 토론자 ○○○ 님의 주장 잘 들었습니다.

찬성 측 질의 있으시면 해 주십시오.

반대 측 보충내용 있으시면 해 주십시오.

다음번 찬성 측 토론자 입론해 주십시오.

[발표]

찬성 측 토론자 ○○○ 님의 주장 잘 들었습니다.

반대 측 질의 있으시면 해 주십시오.

찬성 측 보충내용 있으시면 해 주십시오.

다음으로 반대 측 토론자 입론해 주십시오.

[발표]

반대 측 토론자 ○○○ 님의 주장 잘 들었습니다.

찬성 측 질의 있으시면 해 주십시오.

반대 측 보충내용 있으시면 해 주십시오.

마지막으로 반대 측 토론자는 반박 및 주장을 해 주십시오.

[발표]

반대 측 토론자 ○○○ 님의 주장 잘 들었습니다.

마지막으로 찬성 측 토론자는 반박 및 주장을 해 주십시오.

[발표]

찬성 측 토론자 ○○○ 님의 주장 잘 들었습니다.

지금까지 '사형제도는 유지되어야 하는가?'라는 주제로 토론을 하였습니다.
청중께서는 토론 내용에 대해 다시 한 번 생각해 보시고, 평가해 주시면 감사하겠습니다.
자, 앞에 있는 색깔로 자신의 의견을 표시해 주십시오.

3) 토론수업에 대한 성찰

　토론활동 후 학습자들의 반응은 상당히 좋았다. 특히 수업에 참여하지 않은 학습자가 없었고, 학습자들이 교사가 진행하는 수업보다 훨씬 진지하게 임하는 모습을 볼 수 있었다. 토론수업에서는 모든 학습자가 참여해야 하기 때문에 보통 수업시간에 엎드려 자는 학습자도 청중으로서의 역할을 하기 위해 발표를 듣고 친구들의 토론을 평가하는 모습을 보였다. 특히 토론 참가 학습자들은 친구들의 평가에 긴장하면서도 어떤 평가를 할지에 대해 기대하는 눈치였다. 좋은 평가도 있었고 비판적인 평가도 있었지만 서로 이야기를 하는 과정에서 고개를 끄덕거리며 다른 사람의 생각을 받아들이는 모습이 인상적이었다. 또한 학습자들은 토론에 임하는 친구들의 주장과 근거를 듣는 과정에서 경청의 중요성을 알았고, 논리적으로 말하기 위해서는 지속적인 노력이 필요함을 깨달았다. 보다 완성된 형태의 토론수업이 이루어지기 위해서는 시간과 노력이 많이 필요할 수 있지만 간략한 형태의 토론수업을 진행한다면 학습자와 교사의 부담을 줄일 수 있고, 학습자들의 새로운 모습을 볼 수 있는 기회가 될 수 있다고 본다. 그러므로 조금의 부담은 있을 수 있지만 토론수업을 진행해 보길 제안한다.

2. 대학교 토론수업 사례[2]

여기서는 대학의 수업에서 실제로 토론방식을 적용한 사례를 소개하고자 한다. 토론방식이 적용된 과목은 행정학과 전공과목인 '행정윤리 및 철학'이다.

1) 강의의 성격과 토론의 적용

A대학교 행정학과에 개설된 '행정윤리 및 철학'은 4학년 전공과목으로 선택적 필수로 분류되어 있다. '행정윤리 및 철학'은 행정학의 중요한 주제인 공공성, 효율성, 민주성 등 가치의 문제를 다루는 한편, 이러한 가치들의 실현과정에서 나타나는 윤리적 실천의 문제에 대해 다루는 교과목이다.

따라서 이 과목은 이론과 지식의 습득과 함께 학습자들이 행정현상에 내포되어 있는 서로 충돌하는 가치의 문제에 대해 판단할 수 있는 비판적 사고능력과 이를 바탕으로 한 의사소통 능력을 배양하는 것에 초점이 맞추어진다. 이러한 목표를 달성하기 위해 수업은 이론에 대한 소개와 함께 학습자들이 사례 등을 통해 구체적으로 어떠한 가치들이 행정현상에 개입되어 있고, 이러한 가치들이 어떻게 상호 연관되어 있는지를 참여적 방식을 통해 습득하도록 구성되어 있다. 이는 수업계획서에 제시되어 있는 강의개요와 강의방식에서도 소개된다.

> "이 수업은 이러한 문제들을 이론에 대한 탐색뿐만 아니라 구체적인 사례들을 통해 이해하고, 이에 대한 비판적 시각을 획득하는 것을 목표로 한다." _강의 개요

---

2) 여기서 소개한 대학 토론수업의 사례는 저자 중 한 사람인 이병량이 실제로 '행정윤리 및 철학'이라는 수업에서 진행한 내용에 기반한 것이다. 2014년에 진행한 이 수업의 사례는 이병량, 장경원(2015)의 논문 「대학 수업에서 토론 활용 사례 연구: 행정학 수업을 중심으로」에 소개된 내용을 기본으로 하여 2015년에 변경된 내용을 반영하고, 보다 구체적인 자료를 추가하는 선에서 정리되었다.

"이 수업은 학습자들에게 어떤 특정한 지식을 전달하는 것을 목표로 하지 않는다. 학습자들은 수업을 통해 평소에는 별로 생각해 보지 못했던 행정현상의 여러 측면에 대해 이러저러한 질문을 던지고 그러한 문제에 대해 스스로 생각하는 기회를 가지게 될 것이다. 이를 위해서 학습자들은 수업의 주제에 대해 미리 생각해 봐야 하며, 그러한 생각을 논리정연하게 가다듬을 필요가 있다. 그리고 이를 수업과정에서 이루어지는 다양한 활동을 통해 표출하고, 다른 사람들의 의견을 들으면서 정리할 기회를 가질 것이다."_강의방식

2) 강의 구성 및 진행

16주로 구성된 강의는 〈표 12-1〉과 같이 이루어졌다. 〈표 12-1〉에서 제시된 바와 같이 강의는 크게 중간고사 이전의 전반부와 이후의 후반부로 구분하여 진행되었다. 전반부에는 주로 행정학에서 철학 및 윤리의 가능성에 대한 이론적인 논의와 더불어 행정철학 및 윤리의 몇 가지 주제에 대한 이론적 소개와 이에 대한 참여방식의 강의가 진행되었다. 후반부에는 주제를 선정하여 매주 토론을 진행하는 방식의 강의가 이루어졌다.

〈표 12-1〉 전체 강의의 구성

주차	강의 주제
1주차	강의 소개 및 강의 방향 토의
2~6주차	행정철학 및 윤리에 관한 이론적 논의
7주차	토론의 이해와 토론 팀 구성
9주차	토론 주제 선정
10~15주차	토론 진행

전반부 강의에서 다룬 주제는 〈표 12-2〉에 정리되어 있다. 해당 주제들에 대한 논의과정에서 학습자들은 행정철학 및 윤리의 영역에서 다루어지는 중요한 쟁점에 대한 이해를 높일 뿐만 아니라 이들 주제들이 모두 쟁점을 둘러싼 가치

들의 논쟁에 기반한 것이라는 사실을 인식할 수 있게 된다. 이를 통해 학습자들은 향후에 이루어질 토론의 성격을 미리 파악할 기회를 가지게 된다.

〈표 12-2〉 전반부 강의의 주제

주차	강의 주제
2주차	행정에서 철학과 윤리의 가능성
3주차	형평성과 사회적 약자
4주차	국가와 개인
5주차	관료의 윤리 그리고 부패
6주차	정책과 시민참여

이와 같은 주제에 대한 강의는 강의노트를 미리 배부하여 해당 주차의 주제에 대한 이론적 논의들을 소개한 후에 이와 관련한 학습자들의 의견을 듣는 방식으로 이루어졌다. 예를 들어, 형평성과 사회적 약자에 대한 주제에 대해서는 이론적 논의를 소개한 후 학습자들에게 '자신이 사회적 약자로서 경험한 일'에 대하여 간략한 글을 쓰도록 하고, 이를 바탕으로 학습자들의 경험을 공유하고 형평성의 의미를 구체적으로 이해하는 방식으로 강의가 이루어졌다. 또 국가와 개인에 대해서는 역시 이론적 논의를 소개한 후 [그림 12-2]에서 보는 것과 같이 학습자들이

[그림 12-2] 행정윤리 및 철학 수업 과정

포스트잇에 '내게 국가란 ○○이다'라는 질문의 답을 써서 칠판에 모두 붙인 후, 학습자들의 답에 대한 구체적인 설명을 듣고 그 내용을 분류하는 과정을 통해 국가와 개인의 관계에 대한 다양한 관점을 정리하는 방식으로 강의가 이루어졌다.

7주차부터는 후반부에 이루어질 토론을 준비하는 과정으로, 토론의 의미와 실제 토론의 진행방식에 관한 사항을 관련 동영상을 시청하면서 논의하였다. 또한 토론을 위한 팀을 구성하였다. 이와 더불어 토론의 평가기준에 대해서도 의견을 교환하고 이를 확인하는 절차를 가졌다.

3) 토론의 진행과 평가

중간고사 이후 이루어진 토론은 기본적인 규칙 이외에는 학습자들이 토론주제를 선정하고, 토론을 진행하고, 결과를 평가하는 방식으로 이루어졌다. 먼저 토론을 위해 7주차에 팀을 구성하였다. 토론을 위한 팀은 8팀으로 구성하였다. 따라서 각 팀당 학습자 수는 8~9명 정도 되었다. 팀의 구성은 먼저 학번이 가장 높은 4학년 학습자들 8명을 무작위로 1~8조까지 선택하게 하고, 그다음부터 여학생 그룹, 남학생 그룹, 복학생 그룹 등 유사한 성격으로 구분된 학습자를 8명씩 선정하여 추첨을 통해 각 조에 배분하는 방식을 취하였다. 이러한 방식을 택한 이유는 학습자들이 자발적으로 팀을 구성하게 하는 경우 친소관계에 의해 동질적인 집단이 형성되어 창의성을 발휘하기 힘들 수 있다는 점을 고려한 것이다. 또한 학교생활을 소극적으로 한 학습자들은 팀을 형성하기가 힘들 수 있다는 점도 고려하였다. 그러나 근본적으로는 팀을 이루어 학습하는 경우에 이질적인 학습자들과의 관계 형성과정에서 발생하는 갈등과 문제를 스스로 해결하는 경험을 할 수 있도록 하기 위해서였다.

팀을 구성한 후 9주차에는 토론주제를 선정하였다. 토론의 주제 선정은 학습자들에게 전반부에 다루었던 이론적 논의를 통해 확인한 행정윤리 및 철학에서 제기될 수 있는 다양한 논쟁의 가능성에 대한 확인을 바탕으로 학습자들에게 토론을 통해 다루고 싶은 행정현상에 대해 짧은 글을 쓰게 하는 것으로부터 시작되었다. 그 후 학습자들은 팀별로 토론에서 다루고 싶은 주제를 3개씩 선택하였다. 학습자들이 팀별로 제시한 총 24개의 주제에 대해서 각 팀이 간략하게 개요와 토론을 하고 싶은 이유를 설명하였다. 각각의 주제에 대해 교수 역시 간단히 의견을 제시하고, 어떤 주제에 대해서는 다른 팀 학습자들이 질문도 하였다. 이런 과정을 통해 모호한 주제를 정리하는 단계를 거친 후 모든 학습자에게 토론으로 다루고 싶은 세 가지 주제를 선택하도록 하고, 그 가운데 공통적으로 선택되어 우선순위가 높은 주제를 토론의 주제로 선정하였다.

〈표 12-3〉 선정된 토론주제

주차	선정 주제
10주차	사법시험 폐지
11주차	난민수용 정책
12주차	노키즈존
13주차	노인기준연령 상향
14주차	탄산음료 판매 제한
15주차	문·이과 통합교육과정

〈표 12-3〉에서 보듯이 토론주제로는 사법시험 폐지와 같이 사회적으로 크게 이슈가 된 주제도 있었지만 난민수용 정책이나 탄산음료 판매 제한과 같은 주제도 포함되어 있었다. 또한 노인기준연령 상향이나 문·이과 통합교육과정 등의 다양한 주제도 포함되었다. 이는 학습자들이 단순히 현안으로 한창 논쟁 중인 인기 있는 주제뿐만 아니라 다양한 사회 문제 혹은 행정현상에 관심을 가지고 있다는 점을 보여 주고 있다. 또한 다양한 주제는 모두 찬성과 반대의 입장이 어떤 일의 옳고 그름을 판단하는 관점, 즉 가치의 차이에 입각하여 구분되는 것이라는 점에서는 공통점을 가진다.

토론은 경연방식으로 이루어졌다. 이는 학습자들에게 동기를 부여하기 위한 것으로, 토론경연에서 승리한 팀은 3점을 부여하였다. 매주 토론경연은 2시합씩 이루어지도록 하였다. 매주 4팀은 토론 시합에 참여하고, 2주면 8팀이 모두 1회

[그림 12-3] 실제 주제 선정 결과

씩 토론경연에 참여하도록 하였다. 구체적으로는 첫 2주간은 무작위로 대진을 정
하여 모든 팀이 한 번씩 경연을 벌이게 하였다. 그다음 2주간은 첫 2주 경연에서
승리한 팀끼리 그리고 패배한 팀끼리 대진하는데, 추첨으로 정하도록 하였다. 마
지막 2주간 다시 그간의 성적이 2승인 팀끼리, 2패인 팀끼리 그리고 1승 1패인 팀
끼리 경연이 이루어지도록 하여 반드시 3승을 한 팀과 3패를 한 팀이 나오도록 하
였다. 이 역시 토론의 집중도를 높이고, 동기부여를 강하게 하기 위한 것이었다.
그 결과, 3승을 한 팀은 전체 참여 점수 30점 만점을 받을 수 있게 되고, 3패를 한
팀은 전체 참여 점수 21점만 받을 수 있어 전체 성적에서 9점 차이가 나게 되었다.

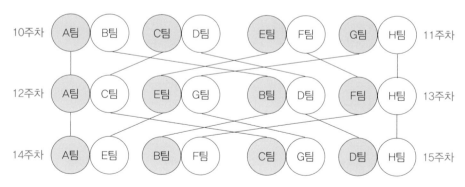

[그림 12-4] **토론경연 대진표(가상)**[3]

---

3) [그림 12-4]의 경우 A팀은 3승으로 30점, B, C, E팀은 2승으로 27점, D, F, G팀은 1승으로 24점, H팀은
3패로 21점을 받았다. [그림 12-4]는 이해를 돕기 위해 제시한 것으로 실제 결과와 일치하지는 않는다.

토론의 진행 규칙은 A대학교에서 개최되었던 토론대회에도 실제로 적용된 칼 포퍼식 토론방식을 적용하였다. 이 방식을 적용한 이유는 칼 포퍼식 토론이 입론과 반론을 주고받는 과정에서 문제를 둘러싸고 있는 쟁점을 명확히 할 수 있는 방법이라고 판단하였기 때문이다. 또한 3인의 토론자가 역할분담을 통해 협업하는 과정에서 역량 개발이 가능하다고 보았기 때문이기도 하다.

〈표 12-4〉에 나타난 것과 같은 규칙을 적용하여 토론시간은 총 40분 내외가 되는데, 숙의시간을 활용하게 되는 경우에는 약 50분 정도의 시간이 소요된다. 강의에서도 실제 토론은 약 50분 정도 소요되는 경우가 대부분이었다. 학습자들은 실제 토론 과정에서 다양한 방식으로 자신의 주장을 입증하려 노력하였다. 다음 [그림 12-5]에서 볼 수 있듯이 학습자들은 파워포인트 등으로 자신의 팀의 주장을 요약해서 함께 발표하거나 그림판 등을 활용해서 주장의 효과성을 높이려고 시도하였다.

〈표 12-4〉 토론 진행 규칙

| 찬성 측 갑 토론자의 입론 5분
반대 측 을 토론자의 첫 번째 확인질문 2분
반대 측 갑 토론자의 입론 5분
찬성 측 을 토론자의 첫 번째 확인질문 2분
찬성 측 병 토론자의 첫 번째 반론 4분
반대 측 갑 토론자의 두 번째 확인질문 2분
반대 측 병 토론자의 첫 번째 반론 4분
찬성 측 갑 토론자의 두 번째 확인질문 2분
찬성 측 을 토론자의 두 번째 반론 4분
반대 측 을 토론자의 두 번째 반론 4분
찬성 측 병 토론자의 최종발언 3분
반대 측 병 토론자의 최종발언 3분 | 〈토론자 순서표〉

  찬성 측 토론자　　　　반대 측 토론자

① 갑 입론 (5분) → 을 확인질문 (2분) ②
　　　　　　　　　　↓
④ 을 확인질문 (2분) ← 갑 입론 (5분) ③
　　　　　　　　　　↓
⑤ 병 반론 (4분) → 갑 확인질문 (2분) ⑥
　　　　　　　　　　↓
⑧ 갑 확인질문 (2분) ← 병 반론 (4분) ⑦
　　　　　　　　　　↓
⑨ 을 반론 (4분) → 을 반론 (4분) ⑩
　　　　　　　　／
⑪ 병 최종발언 (3분) → 병 최종발언 (3분) ⑫ |

* 토론 중 총 5분 내로 팀당 최대 2회에 걸쳐 숙의시간을 요청할 수 있다.
* 각 발언은 제한시간을 준수하는 것을 원칙으로 하며, 초과했을 경우 안내를 하고 안내를 받은 후 15초 내로 발언을 마무리해야 한다.

[그림 12-5] 실제 토론 장면

실제 토론의 진행을 맡는 사회자는 그 주에 토론이 없는 팀의 학습자 중에서 무작위로 선정하였다. 따라서 모든 학습자는 토론의 규칙을 숙지하고 있어야 했고, 실제로 토론을 진행하는 사회자는 교수의 개입 없이 자신의 독자적인 판단으로 토론을 무리 없이 공정하게 이끌어 나가는 역할을 수행하여야 했다. 이 과정에서도 많은 학습자가 문제해결 능력 등의 창의융합 역량, 리더십 등의 협업 역량, 의사소통 능력 등 소통역량 등을 키울 것으로 판단하였다. 또한 토론의 내용이 되는 주제에 대한 전문지식 등의 전문역량 함양과 윤리 문제 통찰을 통한 시민의식의 배양도 동시에 기대하였다. [그림 12-6]에서 볼 수 있듯이 사회를 본 학습자는 교수의 개입 없이 토론의 내용을 정리하고 이를 바탕으로 토론을 이끄는 모습을 보여 주었다.

토론에는 모든 팀의 구성원인 학습자가 최소 1회는 참여하도록 하였고, 토론 주제에 대한 자료의 준비 과정에는 팀의 모든 구성원이 참여하도록 하였다. 그 결과, 모든 학습자는 최소 1회는 토론에 참여하였다. 또한 숙의시간에는 팀 구성원이 모두 함께 토론의 전략을 논의할 수 있도록 하였다.

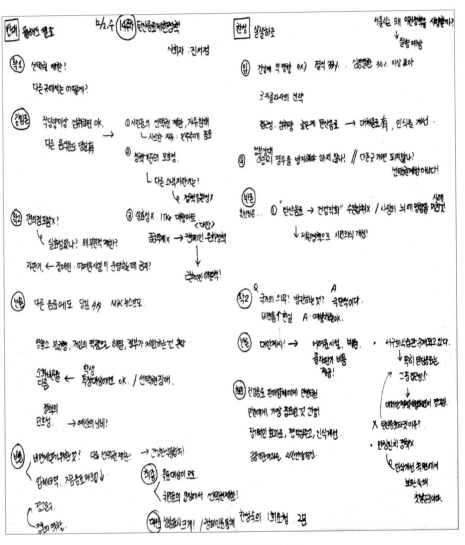

[그림 12-6] 사회자의 정리 메모

[그림 12-7] 숙의 장면

토론 경연 심사표

제9차 토론대회
2015년 12월 2일(수)   장소 : 5309   심사결과 [윤하빈에게조] 팀 승

평가기준		찬성팀 이름: 삼삼하고		반대팀 이름: 월케도쩌쿠즈
공통항목	언어적 표현의 명료성(목소리크기, 속도포함) 토론 예절 및 토론 규칙 준수 여부	각 단계별 평가에서 항상 반영하여 채점함		
입론	토론의 쟁점을 잘 포착하고 명확하게 표현했는가? 주장에 대한 적절한 논거를 제시했는가? 주장에 대한 논거가 다양하고 참신한가?	5 4 ③ 2 1	1(갑) 3(갑)	⑤ 4 3 2 1
확인질문1	확인질문에 효과적으로 답변하였는가? 토론의 쟁점을 명확히 하는 데에 도움이 되었는가? 상대방 주장의 허점을 적절히 추궁했는가?	+1 ⓪ -1 5 ④ 3 2 1	4(을) 2(을)	+1 ⓪ -1 5 ④ 3 2 1
반론1	상대방 입론의 핵심을 문제 삼고 있는가? 상대방 논리의 문제점을 잘 비판했는가? 상대방 지적에 대해 적절히 용수했는가?	⑤ 4 3 2 1	5(병) 7(병)	5 4 ③ 2 1
확인질문2	확인질문에 효과적으로 답변하였는가? 토론의 쟁점을 명확히 하는 데에 도움이 되었는가? 상대방 주장의 허점을 적절히 추궁했는가?	+1 ⓪ -1 5 4 ③ 2 1	8(갑) 6(갑)	+1 ⓪ -1 5 ④ 3 2 1
반론2	남아 있는 중요한 반론거리를 모두 지적했는가? 상대방 논리의 문제점을 잘 비판했는가? 상대방 지적에 대해 적절히 용수했는가?	⑤ 4 3 2 1	9(을) 10(을)	⑤ 4 3 2 1
최종발언	입론에서 미진했던 부분을 적절히 보충했는가? 오늘 토론의 핵심쟁점이 무엇인지를 잘 짚어주었는가? 자신들의 최종 결론을 효과적으로 부각시켰는가?	④ 3 2 1	11(병) 12(병)	④ 4 3 2 1
합 계		(25)점 속의 횟수 ③ ④ ①	속의 횟수 ① ④ ①	(26)점

5. 아주 잘함 4. 잘함 3. 보통 2. 부족함 1. 아주 부족함

[그림 12-8] 실제 심사표와 심사평

팀 구성원 가운데 토론의 준비나 토론자로서의 참여의 의무를 불성실하게 수행하는 학습자들에 대해서는 팀 구성원이 교수에게 의논하여 감점을 받을 수 있다는 점도 공지하였다. 실제로도 그와 같은 사례가 있어 관련 학습자에게 감점이 주어지기도 했다.

토론경연의 승부를 내는 방식은 그 주에 토론에 참여하지 않는 다른 네 팀의 학습자들 가운데 무작위로 선정된 5명의 심사위원과 교수의 평가로 결정하였다. 승부가 3대 3으로 나지 않는 동점의 경우에만 교수의 평가가 승부를 결정짓도록 하였다. 토론이 종료된 후 심사위원들은 차례로 심사평을 하였고, 또 심사위원이 아닌 학습자들 가운데서도 1~2명의 총평을 청취하는 시간을 가졌다. 평가를 위해서는 이미 확인한 평가기준에 따라 작성된 심사표를 활용하였다.

교수는 이와 같은 평가에서 제기된 내용을 간략히 정리하여 토론 참여 팀 학습자들에게 다시 한 번 전달하고, 승패의 결과를 알리는 방식으로 토론을 마무리하였다.

4) 토론수업에 대한 성찰

이와 같이 실제로 토론을 수업에 적용한 경험을 통해 확인할 수 있는 사실은 잘 계획되고, 준비되고, 관리된 토론수업은 걱정보다 훨씬 훌륭하게 진행된다는 점이다. 토론을 수업방식으로 적용하기 전에 가질 수 있는 다양한 우려, 특히 '학습자들이 토론수업에 걸맞는 준비가 되어 있을까?' 또는 '그 때문에 토론수업이 제대로 진행될 수 있을까?' 하는 우려는 어쩌면 기우였을지도 모른다. 학습자들은 생각보다 훨씬 토론수업에 잘 적응하였고, 또 그 과정을 통해 자신의 역량을 발견하고 이를 더욱 키우기도 하였다. 교육이 단순히 지식을 전달하는 과정이 아니고 학습자들로 하여금 자신의 역량을 발견하고 이를 키워 나가도록 도와주는 과정이라는 점을 고려했을 때 토론수업이 지니는 의미는 더욱 중요하다고 할 수 있다. 토론 과정에서 수업 중에 우리 학습자들이 보인 수동적인 태도는 역량의 부족이나 문화의 문제가 아니라 기회의 부재에서 비롯된 것임을 확인할 수 있었다. 많은 교육 현장에서 토론의 방법을 통해 학습자들의 새로움을 발견할 수 있는 귀중한 기회가 공유되기를 기대한다.

참 고
문 헌

강인호, 백형배, 이계만(2011). 행정윤리 교육 실태에 관한 시론적 연구. 한국거버넌스학회
　　보, 18(2), 239-253.

강태완(2003). 토론능력 척도의 타당성 검증연구. 한국방송학보, 17(4), 139-185.

구정화(2009). 학교 토론수업의 이해와 실천. 경기: 교육과학사.

권오남, 이지현, 배영곤, 김유정, 김현수, 오국환, 장수(2013). 반전학습(Flipped
　　Classroom) 수업 모형개발: 대학 미적분학 강의 사례를 중심으로. 수학교육논집, 91-
　　111.

김기홍(2002). 대학생이 갖추어야 할 직업가치관과 자세. 학생생활연구, 7, 1-14.

김두정, 김종한, 이병욱(1998). 중등학교 도덕 교육 방법으로서의 토의 토론식 수업. 한국
　　교원대학교 '97년 교과 교육 공동 연구 결과 보고서.

김범묵, 윤용아(2011). 소통을 꿈꾸는 토론학교 사회·윤리. 서울: 우리학교.

김선명(2011). 참여적 행정학 수업 사례. 한국국정관리학회 학술대회논문집, 113-119.

김연경(2016). 대학수업을 위한 활동이론 기반 플립드 러닝(flipped learning) 수업모형
　　개발. 중앙대학교 대학원 박사학위논문.

김재봉(2003). 반대 신문식 토론학습의 평가 방식 연구. 한국초등국어교육, 22, 239-277.

김정현, 이성훈(2004). 아름다운 리더 양성을 위한 교과목 개발 연구. 한국스피치커뮤니
　　케이션학회 봄 정기 학술대회, 63-83.

김주영(2005). 토론학습을 위한 블렌디드러닝 수업모형 개발연구. 서울대학교 대학원 석사학위논문.

김주환(2009). 교실토론의 방법. 서울: 우리학교.

김주환(2011). 배심원 토론 수업의 교육적 효과. 교육연구, 50, 73-101.

김태영(2008). 행정학 교육 사례연구-heuristic 교육방법으로서의 가상국가 창설, 운영 교육사례. 한국행정학회 동계학술발표논문집, 1-14.

김향숙, 조인희(2014). 협동학습을 통한 중·고등학교 토론수업의 영향: 즐거운 수업분위기를 중심으로. 한국엔터테인먼트산업학회 춘계학술대회 논문집, 38-43.

노경주(2000). 연구논문: 초등 사회과에서의 쟁점중심교육. 시민교육연구, 31, 83-107.

노영숙, 류언나, 최동원, 백선숙, 김상숙(2012). 간호교육에서 TBL의 적용에 관한 연구. 한국간호교육학회지, 18(2), 239-247.

노원경(2007). 교육실습생의 자아성찰에 관한 연구-교육실습생의 성찰저널을 중심으로. 교육발전연구, 23(1), 55-83.

박명희(2006). 대학의 교수학습 개발에 대한 요구분석 연구 II: 동국대학교 학생들의 요구분석을 중심으로. 한국교육문제연구, 17, 5-36.

박삼열(2012). 토론식 수업에서의 교수자 전략. 교양교육연구, 6(4), 237-262.

박상준(2009). 대학 토론교육의 문제와 해결방안 시론. 어문학, 104, 27-56.

박성익(1997). 교수·학습방법의 이론과 실제(I). 경기: 교육과학사.

박재현(2004). 한국의 토론 문화와 토론 교육. 國語敎育學硏究, 제19권.

박준하(2010). 공무원 시험 과목의 변천과 행정학 교육의 발전 방향. 서울행정학회 동계학술대회 및 정기총회 발표논문집, 519-530.

박치성(2008). 응용학문으로서 행정학의 사회적 적실성에 대한 탐색적 연구. 한국행정연구, 17(3), 3-32.

방담이(2013). 칼 포퍼식 토론방법을 기반으로 한 학문 통합 수업의 개발 및 적용. 학습자중심교과교육연구, 13(5), 253-272.

배석원(2003). 시대의 변화와 철학·철학교육. 철학연구, 제88권.

백영균, 한승록, 박주성, 김정겸, 최명숙, 변호승, 박정환, 강신천, 윤성철(2015). 교육방법 및 교육공학(제4판). 서울: 학지사.

설규주, 정문성, 구정화(2011). 사회과 토의·토론 수업 실태 및 개선방안에 대한 교사들의 인식 조사 연구. 열린교육연구, 19(3), 115-148.

신좌섭(2017). 광장의 진화를 기대하며. 경향신문 2017.2.21. 기사

신희선(2006). 의사소통능력 향상을 위한 여대생 스피치 교육의 사례연구. 스피치와 커뮤니케이션, (6), 70-102.

신희선(2012). 의사소통교육으로서의 '토론대회' 사례연구−숙명여대 교육경험을 중심으로. 국어교육연구, 50, 209-244.

안경화(2009). 효율적인 토론 수업의 설계: 내용과 방법을 중심으로. 언어와 문화, 5(1), 149-169.

여은정, 김진백, 한승희(2015). 대학 경영 교육에서 혁신적 교수법 적용에 따른 학습 성과 및 수강생 만족도 분석과 시사점. Korea Business Review, 19(4), 181-202.

오연주(2008). 중등 사회과 교사가 인식하는 토론수업 개념과 실천 전략의 딜레마. 사회과교육연구, 15(4), 45-79.

윤주명(2011). 행정학의 스마트수업: 스마트폰을 활용한 행정학 수업사례. 한국국정관리학회 학술대회논문집, 121-134.

이광성(2002). 교사의 역할에 따른 논쟁문제 학습의 효과 연구. 시민교육연구, 34(1)

이돈희(2017). 논쟁식 토론의 형식과 절차(하). 월간교육, 10, 44-54.

이동엽(2013). 플립드 러닝(Flipped Learning) 교수학습 설계모형 탐구. 디지털융복합연구, 11(12), 83-92.

이두원(2008). 논쟁−입장과 시각의 설득. 서울: 커뮤니케이션북스.

이민경(2014). 거꾸로 교실(Flipped classroom)의 교실사회학적 의미 분석: 참여 교사들의 경험을 중심으로. 교육사회학연구, 24(2), 181-207.

이병량(2010). 행정학의 위기와 행정학 교육: 한국 행정학 교육의 실용성에 관하여. 행정논총, 48(2), 169-188.

이병량, 장경원(2015). 대학 수업에서 토론 활용 사례 연구: 행정학 수업을 중심으로. 학습자중심교과교육연구, 15(9), 235-266.

이상철(2005). 교양교육으로서 스피치와 토론 프로그램의 유익성과 한계점. 한국스피치커뮤니케이션학회 학술대회자료집, 268-283.

이상철, 백미숙, 정현숙(2006). 스피치와 토론. 서울: 성균관대학교 출판부.

이은화(2012). 대학생 직업기초능력 향상을 위한 교수학습모형 개발 연구. 수산해양교육

연구, 24(6), 763-780.

이제훈(2003). 거번넌스 패러다임과 행정학 교수학습방법. 한국행정학회 동계학술대회 발표논문집, 159-182.

이지연, 김영환, 김영배(2014). 학습자 중심 플립드러닝(Flipped Learning) 수업의 적용 사례. 교육공학연구, 30(2), 163-191.

이지은, 최정임, 장경원(2017). 플립드 러닝 수업 컨설팅을 위한 수업분석 전략 탐색: 〈교육방법 및 교육공학〉 과목을 기반으로. 교육공학연구, 33(1), 137-171.

장경원(2009). 토의식 수업. 경기대학교 Teaching Tips, 제7호. 경기대학교 교수학습개발센터.

장경원(2012). 토의수업을 위한 월드 카페 활용 가능성 탐색. 교육방법연구, 24(3), 523-545.

장경원(2014). 초ㆍ중ㆍ고등학생을 위한 AI(Appreciative Inquiry) 프로그램 개발 및 운영 지침 개발 연구. 학습자중심교과교육연구, 14(11), 119-148.

장경원(2015). 대학 수업을 위한 '팀 기반 개별 문제해결학습'에 대한 연구. 학습자중심교과교육연구, 15(4), 255-284.

장경원(2016). 소통하는 수업을 위한 토의수업전략. 대학교육협의회 고등교육연수원 연수자료.

장경원(2017a). 플립드 러닝의 교실 수업 학습 활동에 대한 사례 연구. 학습자중심교과교육연구, 17, 377-406.

장경원(2017b). 학습자 참여형 교수학습방법 이해. 전주: 전북대학교 큰사람교육개발원.

장경원, 경혜영, 김희정, 이종미, 고희정(2018). AI로 수업하기. 서울: 학지사.

장경원, 고수일(2013). 경영학 수업에서의 액션러닝 적용 사례연구. 교육공학연구, 29(3), 689-721.

장경원, 고수일(2014). 액션러닝으로 수업하기. 서울: 학지사.

장경원, 성지훈(2012). 문제중심학습의 소집단 구성방식에 대한 대학생들의 인식. 학습자중심교과교육연구, 12(4), 231-260.

전명남(2006). 토의식 교수법 토론식 학습법. 대구: 계명대학교출판부.

정문성(2002). 협동학습의 이해와 실천. 서울: 교육과학사.

정문성(2004). 토의ㆍ토론수업의 개념과 수업에의 적용모델에 관한 연구. 열린교육연구, 12, 147-168.

정문성(2009). 토의 · 토론수업방법. 경기: 교육과학사.

정문성(2013). 토의 · 토론수업방법(3판). 경기: 교육과학사.

정문성(2017). **토의토론수업방법84**. 경기: 교육과학사.

조경호(2005). 행정학과 학부 교과과정 분석과 발전 방안 연구. 한국인사행정학회보, 4(2), 143-158.

조은순(2006). 인터넷 수업에서의 CEDA(Cross Examination Debate Association) 토론 모델연구. 한국콘텐츠학회논문지, 6(3), 93-101.

조형정, 이영민(2008). 학습과정과 성과개선을 위한 팀기반 학습의 개념적 탐색. **교육종합 연구**, 6(2), 27-42.

차경수(1994). 사회과 논쟁문제의 교수모형. **社會와 教育**, 19(1).

차우규(2000). 토의식 수업과 평가. **교육연구논총**, 21(1), 259-273.

채창균, 박천수, 이수영(2006). 대학생 능력평가제도 도입 방안. 정책연구과제 2006-지정-57. 교육인적자원부.

채홍미, 주현희(2012). 퍼실리테이터. 서울: 아이앤유.

최정란(2014). **사회교과서로 토론하기 2-일반사회편**. 서울: 씨엔씨에듀.

최정임(2007). 대학수업에서의 문제중심학습 적용 사례연구: 성찰일기를 통한 효과성 분석을 중심으로. **교육공학연구**, 23(2), 35-65.

최정임, 장경원(2015). PBL로 수업하기. 서울: 학지사.

케빈 리(2012). **디베이트 심화편**. 서울: 한겨레에듀.

하재홍(2010). 토론식 교수법의 설계와 평가. **경기법학논총**, 9, 211-248.

한형종, 임철일, 한송이, 박진우(2015). 대학 역전학습 온 · 오프라인 연계 설계전략에 관한 연구. **교육공학연구**, 31(1), 1-38.

홍기칠(2016). 거꾸로 교실(Flipped classroom)의 실행에 대한 비평적 분석. **교육방법연구**, 28(1), 125-149.

황일청(1999). 경영학교육 개혁의 우선순위. Korea Business Review, 3(1), 11-31.

Alford, K. L., & Surdu, J. R. (2002). Using in-class debates as a teaching tool. In Frontiers in Education, FIE 2002. 32nd Annual (Vol. 3, pp. S1F-S1F). IEEE.

Anderson, L. W., Krathwohl, D. R., Airasian, P., Cruikshank, K., Mayer, R., Pintrich,

P., & Wittrock, M. (2001). *A taxonomy for learning, teaching and assessing: A revision of Bloom's taxonomy.* New York: Longman Publishing.

Aronson, N., & Arfstrom, K. M. (2013). Flipped learning in higher education. Retrieved May 12, 2015, from http://www.flippedlearning.org/cms/lib07/VA01923112/Centricity/Domain/41/HigherEdWhitePaper%20FINAL.pdf

Artz, A.F., & Armour-Thomas, E. (1992). Development of a cognitive-meta cognitive framework for protocol analysis of mathematical problem solving in small groups. *Cognition and Instruction, 9*(2), 137-175.

Ausubel, D. P. (1963). *The psychology of meaningful verbal learning.* NY: Grune and Stratton.

Baker, J. W. (2000). The classroom flip. Using web course management tools to become the guide by the side. Council for Christian Colleges & Universities Annual Technology Conference.

Banks, J. A. (2012). *Teaching strategies for the social studies* (4th ed.). NY: Longman.

Barkley, E. F., Cross, K. P., & Major, C. H. (2005). *Collaborative learning techniques.* San Francisco, CA: Jossey-Bass.

Barrows, H. S. (1988). *The tutorial process* (3rd edition). 서정돈, 안병헌, 손희정 역 (2005). 하워드 배로우스 박사의 튜터식 교수법. 서울: 성균관대학교 출판부.

Barrows, H. S. (1996). Problem-based learning in medicine and beyond: A brief overview. *New directions for teaching and learning, 68,* 3-12.

Barrows, H. S., & Myers, A. C. (1993). *Problem-Based Learning in Secondary Schools.* Unpublished monograph. Springfield, IL: Problem-Based Learning Institute, Lanphier High School and Southern Illinois University Medical School.

Bartunek, J. M., & Murnighan, J. K. (1984). The nominal group technique: Expanding the basic procedure and underlying assumptions. *Group and Organization Studies, 9,* 417-432.

Bates, S., & Galloway, R. (2012, April). *The inverted classroom in a large enrollment introductory physics course: A case study.* Paper presented at the 2012 STEM Annual Conference. London, UK.

Belbin, M. R. (2010). *Management Teams: Why They Succeed or Fail(3rd Edition)*. NY: Routledge.

Bergmann, J., & Sams, A. (2012). *Flip your classroom: Reach every student in every class every day*. 임진혁, 이선경, 황윤미 공역(2015). 당신의 수업을 뒤집어라. 경기: 시공미디어.

Bergmann, J., Overmyer, J., & Wilie, B. (2013. 7. 9.). The flipped class: What it is and what it is not. Retrieved March 9, 2016 from http://www.thedailyriff.com/articles/the-flipped-class-conversation-689.php

Berrett, D. (2012, February 19). How 'flipping'the classroom can improve the traditional lecture. The Chronicle of Higher Education. Retrieved May 10, 2015 from http://chronicle.com/article/How-Flipping-the-Classroom/130857/

Bligh, D. (2000). *Lecture*. San Francisco: Jossey-Bass Publishers.

Brame, C. J. (2013). Flipping the classroom. Retrieved May 06, 2015 from http://cft.vanderbilt.edu/guides-sub-pages/flipping-theclassroom/

Brookfield, S. D., & Preskill, S. (2012). *Discussion as a way of teaching: Tools and techniques for democratic classrooms*. CA: John Wiley & Sons.

Brown, J., & Isaacs, D. (2005). *The world cafe: Shaping our futures through conversations that matter*. 최소영 역(2007). 월드 카페: 7가지 미래형 카페식 대화법. 서울: 북플래너.

Brush, T., Glazewski, K., Rutowski, K., & Berg, K. (2003). Integrating technology in a field-based teacher training program: The PT3@ASU Project. *Educational Technology Research & Development, 51*(1), 57-72.

Cannon-Bowers, J. A., Tannenbaum, S. I., Salas, E., & Volpe, C. E. (1995). *Defining team competencies: Implications for training requirements and strategies*. Team effectiveness and decision making in organizations, 333-380.

Chen, Y., Wang, Y., & Chen, N. S. (2014). Is FLIP enough? Or should we use the FLIPPED model instead? *Computers & Education, 79*, 16-27.

Clark, B. (2002). *Growing up gifted: Developing the potential of children at home and at school upper saddle river*. NJ: Merrill Prentice Hall.

Darch, C. B., Carnine, D. W., & Kammeenui, E. J. (1986). The role of graphic organizers and social structure in content area instruction. *Journal of Reading Behavior, 18*(4), 275-295.

Dewey, J., & HMH, H. M. H. (1933). How we think: A restatement of the relation of reflective thinking to the educative process. D. C. Heath, Boston.

Dunlap, J. C. (2005). Problem-based learning and self-efficacy: How a capstone course prepares students for a profession. *ETR & D, 53*(1), 65-85.

Edward, R. E.(2008). *Competitive Debate–The Official Guide.* London: Penguin Group.

Evaluation Research Team & Centers for Disease Control and Prevention(2011). *Gaining consensus among stakeholders through the nominal group technique.*

Findlay-Thompson, S., & Mombourquette, P. (2014). Evaluation of a flipped classroom in an undergraduate business course. *Business Education & Accreditation, 6*(1), 63-71.

Frydenberg, M. (2013). Flipping excel. *Information Systems Education Journal, 11*(1), 63-73.

Exeter Humanities Institute (2016). *EHI 2016 Discussion dynamics "Flight".* Boston: Exeter Humanities Institute.

Gagné, R. M. (1985). *The conditions of learning* (4th ed.). New York: Holt, Rinehart & Winston.

Gilboy, M. B., Heinerichs, S., & Pazzaglia, G. (2015). Enhancing student engagement using the flipped classroom. *Journal of Nutrition Education and Behavior, 47*(1), 109-114.

Guba, E., & Lincoln, Y. (1981). *Effective evaluation.* San Francisco: Jossey–Bass.

Hamdan, N., McKnight, P., McKnight, K., & Arfstrom, K. M. (2013). The flipped learning model: A white paper based on the literature review titled A Review of Flipped Learning. Retrieved March 06, 2016 from http://flippedlearning.org/cms/lib07/VA01923112/Centricity/Domain/41/WhitePaper_FlippedLearning.pdf

Heiko, R., & Marianne, K. (2008). *Mapping dialogue: Essential tools for social change.* Ohio: Taos Institute Publications.

Heinrich, R., Molenda, M., Russell, J. D., & Smaldino, S. E. (1996). *Instructional Media and Technologies for Learning.* Englewood Cliffs, NJ: Merrill.

Hoffman, E. S. (2013). Beyond the flipped classroom: Redesigning a research methods course for e3 instruction. *Contemporary Issues in Education Research, 7*(1), 51–62.

Howitt, C., & Pegrum, M. (2015). Implementing a flipped classroom approach in postgraduate education: An unexpected journey into pedagogical redesign. *Australasian Journal of Educational Technology, 31*(4), 458–469.

Hunt, M. P., & Metcalf, L. E. (1968). *Teaching high school social studies.* New York: Harper & Row.

Johnson, D. W., & Johnson, R. T. (1979). Type of task and student achievement and attitudes in interpersonal cooperation, competition and individualization. *Journal of Social Psychology, 108,* 37–48.

Johnson, D. W., & Johnson, R. T. (1994). Pro-con cooperative group strategy structuring academic controversy within the social studies classroom. In R. J. Stahl, Cooperative learning in social studies: A handbook for teachers. MA: Addison-Wesley Publishing.

Johnson, D. W., Johnson, R. T., & Holubec, E. J. (1994). *Cooperative learning in the classroom cooperation in the classroom.* 추병완 역(2001). 학생들과 함께 하는 협동학습. 서울: 백의.

Jonassen, D. H. (2004). *Learning to solve problems: An instructional design guide (Vol. 6).* CA: John Wiley & Sons.

Kelly, T., & Littman, J. (2001). *Art of Innovation.* New York: Bantam Books.

Lage, M. J., Platt, G. J., & Treglia, M. (2000). Inverting the classroom: A gateway to creating an inclusive learning environment. *The Journal of Economic Education, 31*(1), 30–43.

Lambros, A. (2004). *Problem-based learning in middle and high school classrooms: A teacher's guide to implementation.* CA: Corwin Press.

Lang, H. R., & Evans, D. N. (2006). *Models, strategies, and methods for effective teaching*. MA: Allyn & Bacon.

Lynch, T. (1996). Basing discussion classes on learners questions: An experiment in (non)course design. *Edinburgh working papers in Applied linguistics, 7*, 72–84.

Marianne, M. B., Heiko, R., & Marianne, K. (2008). *Mapping Dialogue: Essential Tools for Social Change*. Ohio: Taos Institute Publications.

Marquardt, M. J., Leonard, S., Freedman, A., & Hill, C. (2009). *Action learning for developing leaders and organizations*. Washington, DC: American Psychological Press.

Michaelsen, L. K., Knight, A. B., & Fink, L. D. (2002). *Team-Based Learning: A Transformative Use of Small Groups*. 이영민, 전도근 역(2009). 팀기반 학습. 서울: 학지사.

O'Flaherty, J., & Phillips, C. (2015). The use of flipped classrooms in higher education: A scoping review. *The Internet and Higher Education, 25*, 85–95.

O'neil, J., & Marsick, V. (2007). *Understanding action learning*. New York: American Management Association.

Oliver, D., & Newmann, F. N. (1970). *Clarifying public controversy: An approach to teaching social studies*. Boston: Little Brown.

Onosko, J. J., & Swenson, L. (1996). Designing issue-based unit plans. *Handbook on teaching social issues*, 89–98.

Osborn, A. F. (1963). *Applied Imagination: Principles and Procedures of Creative Problem-Solving* (2nd ed.). New York: Charles Scribner's Sons.

Owen, H. (2008). *Open space technology: A user's guide*. CA: Berrett-Koehler Publishers.

Parmelee, D., Michaelsen, L. K., Cook, S., & Hudes, P. D. (2012). *Team-based learning*: A practical guide: AMEE Guide No. 65. *Medical teacher, 34*(5), e275–e287.

Perelman, C. (1982). *The Realm of Rhetoric*. Indiana: University of Notre Dame Press.

Rank, H. (1976). *Teaching about public persuasion. Teaching and Doublespeak*. Urbana, IL: National Council of Teachers of English.

Revans, R. (1980). *Action learning: New techniques for management.* London: Blond & Briggs, Ltd.

Rohrbach, B. (1969). Kreativ Nach Regeln-Methode 635, Eine Neue Technik Zum Lösen Von Problemen. *Absatzwirtschaft, 12*(19), 73-75.

Savin-Baden, M. (2000). *Problem based learning in higher education: Untold stories.* PA: SRHE and Open University Press.

Schieffer, A., Isaacs, D., & Gyllenpalm, B. (2004a). The world cafe: Part one. *World Business Academy, 18*(8), 1-7.

Schieffer, A., Isaacs, D., & Gyllenpalm, B. (2004b). The world cafe: Part two. *World Business Academy, 18*(8), 1-9.

Schröer, B., Kain, A., & Lindemann, U. (2010). Supporting creativity in conceptual design: Method 635-extended. In DS 60: Proceedings of DESIGN 2010, the 11th International Design Conference, Dubrovnik, Croatia.

Sevigny, P. (2012). Extreme Discussion Circles: Preparing ESL Students for "The Harkness Method". *Polyglossia, 23,* 181-191.

Skeel, D. J. (1996). An issues-centered elementary curriculum. In R. W. Evans, & D. W. Saxe (Eds.), *Handbook on teaching social studies*, NCSS Bulletin 93. National Council for the Social Studies, 3501 Newark Street, NW, Washington, DC 20016-3167.

Strayer, J. F. (2012). How learning in an inverted classroom influences cooperation, innovation and task orientation. *Learning Environments Research, 15*(2), 171-193.

Tan, S., & Brown, J. (2005). The world cafe in Singapore: Creating a learning culture through dialogue. *The Journal of Applied Behavioral Science, 41*(1), 83-90.

Toulmin, S. (1969). *The Uses of Argument, Cambridge.* England: Cambridge University Press.

University of Texas at Austin Faculty Innovation Center (2015). What is Different about a Flipped Classroom? Retrieved from http://learningsciences.utexas.edu/teaching/flipping-a-class/different.

Wilkinson, M. (2004). *The secrets of facilitation.* San Francisco, CA: Josey-Bass.

Woolever, R. M., & Scott, K. P. (1988). *Active learning in social studies: Promoting cognitive and social growth*. IL: Scott Foresman & Company.

국립국어원 표준국어대사전. http://stdweb2.korean.go.kr/main.jsp

http://www.parliament.uk

http://commons.wikipedia.org

CEDA 홈페이지(2016.11.14.). http://www.cedadebate.org

▮ 찾아보기 ▮

내용

▪ 저자 소개 ▪

장경원 Chang, Kyungwon

홍익대학교를 졸업한 후, 서울대학교 대학원에서 교육공학 전공으로 석사학위와 박사학위를 취득하였다. 경희대학교 교수학습센터 교수를 거쳐 현재 경기대학교 교직학부 교수로 재직하고 있다. 문제중심학습(Problem Based Learning), 액션러닝(Action Learning), 프로젝트학습(Project Based Learning), 토의와 토론 등 학습자 중심 교수 · 학습 방법과 긍정탐색(Appreciative Inquiry), Project Design Matrix, 학교컨설팅 등 학교와 조직의 문제해결 및 조직개발 분야에 대한 연구와 강연 등의 활동을 하고 있다.

주요 저서로는 『AI로 수업하기』(공저, 학지사, 2018), 『창의적 리더십이 교육과 세상을 바꾼다』(공저, 학지사, 2017), 『PBL로 수업하기』(2판, 공저, 학지사, 2015), 『액션러닝으로 수업하기』(2판, 공저, 학지사, 2014), 『창의기초설계』(공저, 생능출판사, 2013), 『교육공학의 원리와 적용』(공저, 교육과학사, 2012) 등이 있다.

이병량 Lee, Byungryang

고려대학교에서 행정학 학사, 석사, 박사 학위를 취득하였다. 이후 순천대학교 법정학부 전임강사, 조교수를 거쳐 현재 경기대학교 행정학과 교수로 재직 중이다. 연구자로서는 문화정책, 행정이론 등에 관심을 가지고 관련한 연구를 수행하고 있다. 최근에는 한국의 관료와 관료제의 병리 현상에 주목하여 「관료의 침묵과 자기 정당화」(2017), 「관료 나르시시즘의 원인에 관한 탐색적 연구」(2015), 「관료의 나르시시즘 연구」(2014) 등의 논문을 발표하였다. 가르치는 사람으로서는 학생들과 소통하면서 즐겁게 서로 배울 수 있는 방법에 대해 관심을 가지고 다양한 시도를 하고 있다. 그와 같은 경험의 결과를 「대학 수업에서 토론 활용 사례 연구: 행정학 수업을 중심으로」(2015)라는 논문으로 발표하기도 하였다.

토의와 토론으로 수업하기

Lessons by Discussion and Debate

2018년 7월 20일 1판 1쇄 인쇄
2018년 7월 25일 1판 1쇄 발행

지은이 • 장경원 · 이병량
펴낸이 • 김진환
펴낸곳 • ㈜학지사

04031 서울특별시 마포구 양화로 15길 20 마인드월드빌딩
대표전화 • 02-330-5114   팩스 • 02-324-2345
등록번호 • 제313-2006-000265호

홈페이지 • http://www.hakjisa.co.kr
페이스북 • https://www.facebook.com/hakjisa

ISBN 978-89-997-1567-9 93370

정가 16,000원

이 도서의 국립중앙도서관 출판시도서목록(CIP)은 서지정보유통지
원시스템 홈페이지(http://seoji.nl.go.kr)와 국가자료공동목록시스템
(http://www.nl.go.kr/kolisnet)에서 이용하실 수 있습니다.
(CIP 제어번호: CIP2018016912)

교육문화출판미디어그룹 학지사

심리검사연구소 인싸이트 www.inpsyt.co.kr
원격교육연수원 카운피아 www.counpia.com
학술논문서비스 뉴논문 www.newnonmun.com
간호보건의학출판 정담미디어 www.jdmpub.com